TU
MEJOR
VERSIÓN

Título original: Best Self: Be You, Only Better
Traducido del inglés por Alicia Sánchez
Diseño de portada: Editorial Sirio, S.A.
Diseño y maquetación de interior: Toñi F. Castellón

©   de la edición original
     2019 de Michael Bayer

     Publicado con autorización de Dey Street Books, un sello de HarperCollins Publishers

©   de la foto del autor
     Ragan Wallake

©   de la presente edición
     EDITORIAL SIRIO, S.A.
     C/ Rosa de los Vientos, 64
     Pol. Ind. El Viso
     29006-Málaga
     España

www.editorialsirio.com
sirio@editorialsirio.com

I.S.B.N.: 978-84-18000-05-8
Depósito Legal: MA-1376-2019

Impreso en Imagraf Impresores, S. A.
c/ Nabucco, 14 D - Pol. Alameda
29006 - Málaga

Impreso en España

Puedes seguirnos en Facebook, Twitter, YouTube e Instagram.

MIKE BAYER

TU
MEJOR
VERSIÓN

Prólogo del
Dr. Phil McGraw

NEW YORK TIMES **BESTSELLER**

EDITORIAL
SIRIO

Este libro está dedicado a mi madre, Aina Bayer, quien me enseñó que aunque tuvieras un mal día, siempre has de estar dispuesto a ayudar a quien lo necesite, y a mi padre, Ronald Bayer, quien me enseñó que la integridad es más importante que la oportunidad y a hacer siempre lo correcto. También está dedicado a todos los que estáis buscando la mejor versión de vosotros mismos. Que vuestro viaje sea fascinante y gratificante.

Índice

Prólogo
del doctor Phil McGraw

V amos a hacer un cálculo rápido: si tienes veinticinco años, has vivido 9.125 días. Si tienes cuarenta, has vivido 14.600 días. Y si tienes cincuenta, has vivido 18.250 días. De todos esos millares de días, estoy seguro de que solo unos pocos destacan *verdaderamente*. Ya sean positivos o negativos, únicamente hay unos cuantos «días en letras rojas» que definirías como trascendentales.

Asimismo, me atrevería a decir que de los cientos o, incluso, miles de personas que han pasado por tu vida, solo unas pocas han dejado una huella imborrable, que ha influido en tu forma de ser actual. Solo un reducido número ha escrito en la pizarra de tu identidad con un rotulador indeleble.

Al comprar, y leer, *Tu mejor versión*, del *coach* de vida Mike Bayer, estás sumando a tu «círculo más íntimo» una de esas personas que *nunca* olvidarás.

Cualquiera que lleve encima una tarjeta de presentación y un maletín se puede hacer llamar «coach de vida». No obstante, escasos son los que han acumulado las credenciales, la experiencia y la sabiduría necesarias, que solo se adquieren ayudando a personas complejas a surcar los complejos océanos del frenético y exigente estilo de vida de nuestro cambiante mundo actual.

Mike es un verdadero profesional del *coaching*, y *Tu mejor versión* es su biblia, su manual «detallado» sobre cómo optimizar tu potencial descubriendo la mejor versión de ti mismo, de la manera más eficaz posible. Mike Bayer no es un «dispensador» de palabras de moda. Es un *coach* sensato, orientado a la acción, que te indicará cómo llegar desde tu punto de partida actual hasta tu destino, en todas las áreas de tu vida, tanto si es en el ámbito personal, familiar, profesional o espiritual, como en el ámbito general que los engloba a todos. No es un aprendiz de todo y maestro de nada; simplemente, es consciente de que el denominador común de todas las áreas de tu vida eres: *tú*. Todo empieza y termina con *tu mejor versión*.

Coach Mike* es un auténtico agente de cambio en la vida de las personas. Es genuino: inteligente, perspicaz, sincero, honesto, directo y comprometido. Al haber tenido la oportunidad de conocerlo y de trabajar con él, ayudando a las personas a cambiar para mejor, he podido constatar que encarna las cualidades que he mencionado. Me siento orgulloso de considerarlo mi amigo, de tenerlo en el equipo del *Dr. Phil*** y de que forme parte de nuestra junta de asesores.

En *Tu mejor versión*, Mike Bayer tiene algo que decir. Es el tipo de libro que cuando lo terminas, te sientes considerablemente mejor que cuando lo empezaste. En estas páginas, Mike será *tu coach* de vida y, a lo largo de este viaje, te guiará a través de una serie de profundas y sugestivas preguntas, que seguramente nadie te habrá planteado antes.

Mike ayuda a las personas en el punto en el que se encuentran en el momento que las conoce, sin juzgarlas, y las guía con

---

* Apelativo por el que se conoce al autor en Estados Unidos, muy popular gracias al programa televisivo al que se hace mención en varias ocasiones a lo largo del texto.
** Es psicólogo y escritor, actualmente conduce su propio programa de televisión, *El show del Dr. Phil*, que comenzó en 2002.

amabilidad y compasión hacia su autenticidad. En el transcurso de la lectura de este libro, sentirás esa misma atención y la emoción de hacer nuevos progresos, a medida que vayas examinando todos los aspectos de tu vida, en tu camino hacia lo mejor de ti.

Como suelo decir, no puedes cambiar lo que no reconoces. Ha llegado el momento de que empieces a ser verdaderamente sincero. Puede que pienses que para ti es imposible hacer un verdadero cambio, que has destrozado tus relaciones hasta un extremo irreparable, que has arruinado tu vida, que te has alejado demasiado de tus sueños. Pero te aseguro que eso no es cierto, si estás dispuesto a acometer este trabajo y a admitir que te queda mucho por hacer. Sin embargo, has de contar con los requisitos necesarios: estar convencido de que puedes cambiar, el deseo de hacerlo y *Tu mejor versión*, de Mike Bayer. El pasado es pasado, el futuro todavía está por llegar. El momento es ahora y el libro, *Tu mejor versión*.

Introducción

El avión había iniciado el descenso y ya hacía media hora que estaba notando intensamente los efectos de las horas de vuelo. No hay ningún vuelo directo desde Los Ángeles hasta Erbil, en Kurdistán –ruta no demasiado común, por cierto–, así que llevaba veinticuatro horas viajando. Pero tras ese malestar físico había un entusiasmo que me incitaba a seguir adelante, exactamente de la misma manera que lo hacía el avión.

La mayor parte de mis amigos y conocidos consideraban que estaba loco por hacer ese viaje y no tenían el menor problema en decírmelo. Pero ¿qué *sabrían* ellos? No entendían la atracción magnética que me impulsaba a ir a ese lugar, mi necesidad de ayudar. Esas personas destrozadas y perdidas habían soportado mucho. Cuanto más se acercaba el avión a tierra firme, más seguro estaba de las razones por las que voluntariamente me había marchado de donde estaba, de mi perfecta existencia en el marco del sueño americano, según la opinión general, y me había adentrado en lo que algunos considerarían la más profunda oscuridad.

La oscuridad es un estado interesante. Ausencia total de luz. A veces, hemos de adentrarnos en la oscuridad para comprender qué es la luz realmente. Eso no era nuevo para mí. Ya me había enfrentado a ella, cara a cara, hacía dieciséis años, cuando me miré en el espejo del cuarto de baño, vi mi demacrado y enfermizo aspecto, después de toda una semana de juerga, y descubrí que la oscuridad de mi adicción a la metanfetamina había eclipsado por completo mi luz interior. Como te diría cualquier adicto a la «meta» en tratamiento de rehabilitación, la metanfetamina, más que ninguna otra droga, te roba el alma y el sentido común. No duermes, no comes, bebes muy poca agua, tu tanque de combustible está vacío, pero vas por ahí pensando que eres la persona más inteligente del lugar. En aquel tiempo, tenía veinte años y, simplemente, no podía comprender cómo había pasado de haber hecho una prueba para entrar en el equipo de baloncesto de la Universidad de Fordham a ser un zombi que había perdido de vista la realidad y que vivía en un estado de paranoia pura. Llegué al extremo de creer que estaba poseído por el diablo. Estaba muy mal; totalmente fuera de control. Todavía tendría que pasar algún tiempo desde el día en que me di cuenta de mi terrible aspecto en el espejo hasta que decidí dejarlo, pero todo lo que me ha sucedido desde entonces ha sido la consecuencia directa del camino que yo mismo he escogido para salir de la oscuridad de la adicción.

Mientras intentaba alejar ese recuerdo de mi mente, mi cuerpo se inclinó hacia delante por la acción del tren de aterrizaje del avión, que reducía lentamente la velocidad del aparato al rodar por el asfalto, a la vez que el cinturón de seguridad me tenía firmemente sujeto a mi asiento, que había empezado a moverse un poco. «De vuelta a la realidad», pensé mientras volvía a concentrarme en el aquí y ahora. Al dejar el aparato y bajar apresuradamente por la escalerilla del avión, escoltado por un grupo de hombres vestidos de negro —todos ellos armados— hasta un austero SUV con cristales a prueba de balas, me di cuenta de que la descripción más acertada para todo aquello era que se trataba de un universo diferente. En cuestión de segundos, el vehículo iba a toda máquina por la carretera del aeropuerto. Parecía una escena sacada de una película, solo que vivida en primera persona impresionaba algo más que cuando la ves en la gran pantalla. Llegamos a un edificio cercano, donde tuve que pasar el control de pasaportes. En cuanto tuve oportunidad, pedí que me indicaran dónde estaba el lavabo, me señalaron una puerta y hacia allí me dirigí.

Cuando giré el pomo de la puerta de los aseos, mi mente no estaba pendiente de las instalaciones. En absoluto. Primero, tenía que ocuparme de algo mucho más urgente. He perdido la cuenta de las veces que he repetido ese mismo ritual (probablemente, unas dos mil) pero jamás olvidaré la primera vez. Ahora, hace ya doce años y todavía me cuesta imaginarlo. De haber sabido que se iba a convertir en algo tan importante en mi vida, me lo habría pensado dos veces antes de iniciarlo en un aseo público, aunque en realidad es el lugar más lógico. Adondequiera que vayas —casas, supermercados, aeropuertos, conciertos, estudios de cine— lo más probable es que haya un aseo y que te brinde un mínimo de intimidad. (Aunque, aparentemente, no la suficiente, porque en el transcurso de los años ha habido unas cuantas personas que me han mirado como si estuviera loco y todavía me siento un poco incómodo).

Eran unos aseos normales: había varios inodoros, debidamente separados con sus correspondientes módulos, una encimera con varios lavabos y un espejo de cuerpo entero cerca de la puerta. Perfecto. Dejé mis bolsas de viaje en el suelo, saqué dos toallas de papel del dispensador, sequé un poco el suelo, me arrodillé delante del lavabo y cerré los ojos un momento. Esta es la primera parte del ritual que hago antes de iniciar una nueva aventura y es una forma de simbolizar la humildad. Había llegado a Kurdistán para servir a los demás, no para ponerme medallas. Esta es la manera en la que siempre me planteo mi trabajo. Hace siglos que el acto de arrodillarse es un recordatorio físico para conectar con nuestro aspecto espiritual, con Dios o cualquier otro ser superior en el que creamos. Me he dado cuenta de que al menos para mí es así. Es una potente forma de silenciar mi ego, disolver mis temores y desapegarme del resultado, porque, siempre y cuando actúe desde mi autenticidad, este no es lo más importante.

Acto seguido, me puse en pie y me miré en el espejo: esta es la segunda parte de la rutina. Con mis dos metros de estatura y siendo el único estadounidense que había por allí, era bastante difícil no verme, pero si alguien entró en los aseos y observó mi extraña conducta, no me enteré. Estaba totalmente inmerso en mi práctica. Hubo un tiempo en que todo esto me habría parecido ridículo. Pero ya no era así, porque se había convertido en algo positivamente esencial.

Seguí mirándome fijamente a los ojos en el espejo. Aunque era difícil no fijarme en las oscuras bolsas que tenía debajo de los ojos, después de tantas horas de vuelo, ni en las líneas y surcos que se me habían formado en los bordes externos de ellos, paulatinamente empecé a olvidar el aspecto estético. La finalidad de este ejercicio es trascender todas las distracciones externas y contemplar directamente tu alma. Estaba haciendo una comprobación interna, asegurándome de que estaba totalmente conectado y que actuaba desde mi autenticidad, antes de dar un paso más en ese viaje.

Es un ritual sencillo —mirarte en el espejo, para conectarte mentalmente con el presente—, pero profundo. Esta es una de las cosas que he aprendido por el camino: los actos sencillos pueden ser los más poderosos de nuestra vida. Sé que si dedico unos momentos a entrar en este estado meditativo, a centrarme y a asegurarme de que estoy tomando decisiones desde mi verdad espiritual, podré ofrecer la mejor versión de mí mismo y concentrarme totalmente en mi cliente. Es decir, me ayuda a afrontar cada situación de manera altruista.

Allí estaba yo, en unos aseos públicos kurdos, a escasos centímetros de un espejo, mirándome fijamente a los ojos cuando, como ya me había sucedido en muchas otras ocasiones, me vinieron imágenes de algunas personas con las que había trabajado en el pasado, como si se desplegara ante mí un mosaico de rostros. Te habrás dado cuenta de que, aunque sea un ritual para contemplar mi propia alma, me vienen recuerdos de otros, porque me ayudan a conectar con mi propia verdad, mi propósito y mi pasión. Me estoy refiriendo a personas con las que he estado en situaciones difíciles y a las que les estoy profundamente agradecido por esas experiencias.

La imagen que me vino a la mente ese día fue la de Wyatt, un robusto y acaudalado director ejecutivo, con las mejillas encendidas por la rabia, los ojos hinchados y sanguinolentos. Su caso era, probablemente, la decimoquinta intervención de mi carrera, y fue hace muchos años, pero su historia todavía me persigue. Sarah, su desesperada esposa, estaba aterrorizada por un marido al que ya no reconocía y me había pedido que fuera a su casa para poner fin a la violencia. El que, tiempo atrás, había sido un padre adorable había intentado estrangularla mientras sus cuatro hijos contemplaban horrorizados la escena. Su negocio empezaba a tambalearse, pues sus empleados ya se estaban cansando de aguantar acobardados en un rincón sus violentas y despiadadas broncas. Su ira se había convertido en un tren sin maquinista y nadie sabía cuándo iba a descarrilar. Desde la primera llamada de Sarah, supe que era la persona adecuada para esa situación.

Tuve que ir de compras para prepararme para esa primera intervención. Ella me advirtió que sin un traje y una corbata no tenía la más mínima oportunidad. Extraña petición, pero seguí sus instrucciones con la esperanza de que, al menos, podría ganarme un poco el respeto de ese personaje egocéntrico. Así que allí estaba yo, de punta en blanco, con un traje prestado (en aquel tiempo, no podía comprarme uno), de pie en el dorado vestíbulo de su mansión colonial, esperando.

De pronto, oí sus fuertes pisadas que venían del pasillo. La tensión se disparó inmediatamente e iba en aumento con el eco de cada pisada que resonaba por la casa.

Nada más aparecer en el vestíbulo, frunció el ceño al verme, pero no dijo nada. Wyatt empezó a dar vueltas a mi alrededor, como si fuera un león hambriento, mirándome con los ojos entrecerrados. Al final, me preguntó apretando los dientes:

—¿Quién es usted y por qué ha irrumpido en mi casa?

—Me llamo Mike y su esposa me ha invitado, así que no he irrumpido en su casa. Por cierto, encantado de conocerlo.

—Mi esposa, ¿eh? Bueno, no va a ser ella la que me impida echarlo a patadas por esa puerta —espetó Wyatt.

—Si yo me voy, ella se va —le respondí con calma.

Sarah asintió con la cabeza fortalecida por mi presencia; básicamente, la estaba protegiendo.

Wyatt dio dos zancadas rápidas hacia mí y en un santiamén estábamos, literalmente, cara a cara.

—¿Quién carajo te piensas que eres? ¡Lárgate, AHORA! —vociferó.

Le sonreí con aires de suficiencia y, en lugar de ceder a su intimidación, me dirigí tranquilamente hacia su bonito sofá, lancé de una sacudida mis recién estrenados zapatos negros de charol, que me había comprado para ese día, puse los pies en el reposapiés y extendí los brazos por encima de los cojines. Respondí de esa manera porque había aprendido que si algo no funciona, no debes forzarlo y, con una persona semejante, has de ser lo bastante incontrolable y ridículo como para desconcertarla. Viene a ser como ponerte a su mismo nivel de locura.

—¿Podría ofrecerme un té?

Mi intención era enojarlo... y funcionó. Wyatt me miró como si fuera un bicho raro.

—Claro. Tenemos té negro —respondió Sarah, siempre en su papel de anfitriona.

—¿Tiene alguna infusión de hierbas? ¿Menta?

Me di cuenta de que Wyatt estaba empezando a perder el control. Eso era perfecto. Quería provocarlo porque tras esa fachada de agresividad es donde se encuentra el dolor. Cuanto antes llegáramos a él, antes podríamos hacer algún progreso.

—No, lo siento, solo tenemos té negro —respondió ella.

—¿De verdad? Vaya. Uno se imagina que en una mansión como esta tendrán todos los tipos de té e infusiones imaginables. Vale, el té negro está bien. ¡Ah!, con miel, por favor. —Sarah se fue a la cocina.

¡Bum! Wyatt explotó como una bomba atómica.

—¿Vas realmente a permitirle a este hombre, a este *desconocido*, que se meta en nuestros asuntos personales?

Había atacado verbalmente a su esposa, pero ella permaneció firme, sin alterarse.

—Tienes toda la razón, así es. Y te vas a sentar y a escuchar lo que tiene que decir o agarro a los niños, salgo por esa puerta y será la última vez que nos veas. —Sorprendida de sí misma, buscó mi mirada y me hizo un guiño. Tal como ya habíamos practicado antes, volvió a bordar su papel. Las palabras fluían de sus labios.

Solo habían transcurrido veinticuatro horas desde nuestro primer encuentro, pero fue allí donde reconoció algunas cosas esenciales. Se dio cuenta de que sus hijos habían sido testigos demasiado a menudo de cómo su padre bebía hasta perder el sentido. No solo reconoció que sus hijos estaban aprendiendo que las mujeres merecen ser menospreciadas y maltratadas, sino que había permitido que ese vampiro le arrebatara la vida. Admitió que sus hijos se merecían algo mejor. Y lo más importante, fue consciente de que no quería seguir formando parte del problema.

Wyatt empezaba a desmoronarse. No lograba entender cómo había perdido su poder de manipulación sobre su normalmente servil esposa. Con la cara enrojecida, se fue a la cocina pisando fuerte. En la casa reinaba el silencio a la espera de su siguiente movimiento. Regresó con un *whisky* con soda en la mano.

—Un escocés. ¿Es su favorito? —le pregunté.

—Ayuda a superar las cosas. —Se tomó la bebida, se sentó, se aflojó la corbata—. Bonitos zapatos —dijo bromeando, con un toque evidente de sarcasmo en su voz.

—¡Gracias! Aprecio el cumplido de alguien que, posiblemente, tiene toda una habitación dedicada a sus zapatos —le dije, pensando al mismo tiempo que acababa de comprarlos el día antes, puesto que nunca había necesitado un par de zapatos elegantes para hacer mi trabajo.

Eché un vistazo por la sala y vi un ascensor a lo lejos.

—Bonito ascensor. ¿Quién tiene ascensor en su casa? —le pregunté.

El humor sirve para romper el hielo, pero también es arriesgado. Wyatt me miró de reojo un poco molesto.

—*Yo* lo tengo. Y es un fastidio quedarte encerrado en esa maldita cosa tantas veces.

La conversación prosiguió y, durante un rato, parecía que era productiva, pero ese *whisky* se convirtió en cinco, y su ego tomó las riendas cuando el tema de conversación se desvió hacia el plan que teníamos previsto, que era que ingresara en un centro de rehabilitación. Tal como esperábamos, se puso agresivo y Sarah se marchó con los niños a un hotel. Ya le había amenazado con marcharse, al menos, una docena de veces, pero en esa ocasión cumplió su palabra, pues tenía preparadas las maletas por si se producía esa situación.

No fue la imagen de su familia marchándose de casa lo que lo afectó, sino darse cuenta de lo fácil que había sido para ella abandonarlo cuando estaba enfurecido. Como cualquier otro narcisista, se crecía cuando la gente le tenía miedo. Pero ya se lo habían perdido. Y eso lo *aterrorizó*.

—Tengo algunos asuntos que he de supervisar. No puedo desaparecer sin más.

—Sé de un sitio donde puede usar el móvil e Internet. Así podrá seguir dirigiendo su empresa.

Se produjo una pausa larga.

—De acuerdo, pero no esta noche. Mañana.

—Paso a recogerlo a las ocho.

A la mañana siguiente, como habíamos programado, partimos sentados hombro con hombro en el asiento trasero de un coche, hacia un capítulo totalmente nuevo en la vida de Wyatt.

Parpadeé para deshacerme de ese recuerdo y volver a concentrarme en el momento presente. Repetí mi mantra en voz alta: «Ya lo tienes». Este mantra ha ido evolucionando con el paso de los años. Empezó siendo «Cree en ti mismo», luego fue «Eres adorable», «Sé tú mismo», «Eres lo bastante bueno», «Di tu verdad», «Estás justamente donde has de estar», «Te quiero», y ahora es «Ya lo tienes». El ritual siempre es igual, pero el mantra cambia. Inicié este ritual a los veintipocos años, en mi primera intervención, cuando tuve que enfrentarme a una situación que me superaba. Todo había ido mal, me había quedado sin cartucho de tinta en la impresora y no había podido memorizar la charla que la empresa para la que trabajaba en aquel entonces me había encargado que diera a una familia. Fue un traspié tras otro y cuando ya había logrado resolverlo todo, los clientes llamaron a la empresa para quejarse de mi falta de experiencia y reclamar lo que habían pagado. A pesar de todo, me sentía bien porque *estaba* conectado con lo mejor de mí mismo.

Aquella vez, mi ritual me dio lo que necesitaba, como me lo sigue dando desde entonces: el sentimiento de haber ganado, independientemente del resultado, porque estaba haciendo mi trabajo con un deseo genuino y profundo de ayudar a los demás. No podía controlar o predecir las acciones de los *demás*, pero podía asegurarme de *actuar* siempre desde un estado interno de autenticidad y de saber que soy lo bastante bueno.

Respiré profundo, agarré las bolsas de viaje que había dejado en el suelo, me reuní con mi equipo de seguridad, que me estaba esperando en la puerta, y seguimos nuestro viaje; todavía nos quedaba mucho por delante. En Kurdistán, ir del punto A al punto B no era exactamente tan directo como desplazarse por Hollywood, a pesar de la realidad del tráfico de Los Ángeles. Dicho esto, me sentía como en casa. En realidad, no hay un lugar más acogedor que Kurdistán: allí aceptan y respetan a todas las personas y todas las religiones. Había hablado por teléfono con mi guía kurdo, unas cuantas veces, antes de mi llegada, así que más o menos sabía adónde iba y con qué me iba a encontrar; no obstante, no es fácil prepararse para entrar en un campo de refugiados que se encuentra en el otro extremo del mundo. Lo que sí tenía claro era que necesitaba tomarme un descanso de mi clientela habitual y hacer un uso distinto de mis habilidades.

Siempre he logrado el equilibrio en mi vida buscando el polo opuesto de mi realidad del momento. La dicotomía me ayuda a tener los pies en el suelo y a estar agradecido. Mis clientes más recientes, en su mayoría, han sido celebridades que contaban con todos los recursos inimaginables, mientras que allí se trataba de personas a las que los misiles les habían destruido sus hogares, que habían visto cómo asesinaban a sus familiares y a las que les habían arrebatado todo, salvo lo que podían llevar a cuestas. Pero ese viaje no era meramente el resultado de haber decidido ir a un país donde la gente necesitara ayuda, para convertirme en una especie de salvador. De hecho, sabía que era bastante improbable que realmente pudiera hacer mucho por esa gente en tan solo una semana.

Ya había visitado esa parte del mundo antes, hacía ocho años. Me había sentido atraído hacia Afganistán porque sentía que la forma en que los medios estadounidenses reflejaban esa región —tomada por los terroristas, donde todo el mundo era radical— no podía ser exacta. Tenía que verlo con mis propios ojos. Además, era la capital mundial del opio, y quería ver en primera persona cómo era. Soy un aprendiz experiencial, y cuando quiero aprender algo, he de meterme de lleno en ello. En ese viaje a Afganistán, visité centros de desintoxicación y rehabilitación. En algunos de ellos, utilizaban métodos atroces para desenganchar a los adictos de la heroína. Los encadenaban y dejaban que temblaran, lloraran y se retorcieran de dolor, mientras su cuerpo se desintoxicaba de las drogas duras a las que eran adictos. Fue espeluznante. Necesitaban urgentemente servicios de desintoxicación y rehabilitación modernos y con una base médica. (Hace años que no he estado en esa región en concreto, así que podría ser que ahora ofrecieran mejores modalidades de tratamiento, pero en aquellos tiempos eso era lo que sucedía en algunas de las instalaciones, debido a la falta de recursos). Ese viaje y todos los que siguieron me aportaron una comprensión profunda de las necesidades que tienen los seres humanos en otros lugares y me di cuenta de que ayudarlos formaba parte del propósito superior de mi vida.

Cuando me senté a charlar con los funcionarios del estado para entender mejor su alarmante situación, me enteré de que Kurdistán, desde el inicio de la guerra contra el ISIS, había sido el territorio que más refugiados había acogido, incluidos kurdos yazidíes, cristianos y sirios. Estas gentes habían abandonado sus hogares después de que los terroristas hubieran asesinado a sus familias. Había miles de huérfanos. Eran los protagonistas de las escenas que veíamos en las noticias de la noche o en las portadas de los periódicos, pero había llegado la hora de ser testigo directo de lo que era una crisis de refugiados en el mundo real.

Mientras nos dirigíamos al polvoriento campamento formado por innumerables hileras de tiendas, con ropas harapientas colgadas de las cuerdas que las unían, enseguida me llamó la atención la cantidad de niños que había correteando, riéndose y gritando alegremente. Le estaban dando patadas a una descolorida pelota de fútbol que tenía las costuras rotas, y fue esa imagen lo que me ayudó a entender que, a pesar de todo, había esperanza en aquel lugar, que había luz.

Cuando el coche se paró cerca del campamento, salí de él y empecé a pasear por la zona, y los niños, con sus cabellos polvorientos y su ropa hecha jirones, inmediatamente se acercaron a mí. Sabía que muchos eran huérfanos, y, aunque su realidad pareciera desoladora, pude sentir claramente su felicidad. Sus ojos todavía reflejaban esa inocencia capaz de maravillarse. Aquellos que menos posesiones materiales tenían parecían ser los que poseían más esperanza. A las pocas horas de estar en aquel lugar, a pesar de que había ido hasta allí para ayudarlos, ya sabía que el que más recibiría de todo aquello iba a ser yo. Mi corazón estaba pletórico y desbordado.

He compartido esta historia porque supuso la manifestación física de una conexión mental y emocional con mi auténtico yo. Si unos años antes me hubieras dicho que iría a Kurdistán, te habría hecho el mismo caso que si me hubieras dicho que pisaría la Luna. Pero esta es una de esas cosas increíbles que te suceden cuando vives conforme a quien realmente eres.

A veces, seguir tu autenticidad implica dar un salto de fe sin saber realmente adónde te va a llevar. Cuando me monté en aquel avión, no tenía claro en absoluto cuál era mi meta. Sabía que quería ayudar a una extensa comunidad de personas que habían sido víctimas de la guerra, aunque no tenía ni la menor idea de cómo iba a hacerlo. Pero cuando llegué a ese campo de refugiados y me rodearon los niños, sentí que tenía que hacer todo lo posible para crear programas, y contribuir en ellos, que ayudaran a evitar que a esos menores les lavaran el cerebro y se convirtieran en la siguiente generación de terroristas. Eran tan vulnerables y estaban tan indefensos como pececillos rodeados de tiburones sedientos de sangre. Si los asesoraba y ayudaba a forjarse su autoestima, sería menos probable que cayeran en manos de grupos terroristas. Las piezas del rompecabezas lograron encajar en ese viaje, que aún no ha terminado, porque mi deseo de cambiar el curso de sus vidas sigue vivo.

¿Qué tiene esto que ver contigo? Lo que quiero es que te des cuenta de que *el viaje es el destino*. Todos estamos en un proceso de constante evolución y transformación, y no tenemos idea de qué y quién seremos o dónde estaremos al final de dicha transformación.

Y si por el camino descubres alguna zona oscura —que para mí es un área en la que no estás en sintonía con la mejor versión de ti mismo—, tu trabajo será encender la luz y volver a sintonizar.

En parte, la razón por la que puedo ayudarte a conseguirlo es porque yo también lo he hecho. Tal como te he dicho antes, hubo una época en la que mi forma de vida era *cualquier cosa* menos auténtica, dado que estaba atrapado por una importante drogadicción. Aunque había intentado sinceramente dejarlo muchas otras veces, a través de programas ambulatorios intensivos, no lograba entender por qué seguía recayendo en el consumo de drogas. Me compraba cristal,* me hacía una raya y tiraba el resto al inodoro jurándome que esa iba a ser la última vez, que eso era el punto y final. Sin embargo, a los tres días volvía a comprar otra dosis. No tenía ni la menor idea de lo que eran las dependencias químicas y no podía entender de ninguna manera por qué siempre recaía. Pinté de rojo mi apartamento, convencido de que estaba poseído por el diablo. Creía que en el ojo de la cerradura de mi puerta de entrada había una cámara que me observaba en todo momento. Pensé que si dejaba de consumir «meta», recobraría la lucidez. Mi vida era un caos y yo estaba muy indefenso. Me sucedió una y otra vez, hasta que, al final, supe que no tenía escapatoria y que tendría que someterme a rehabilitación. Así lo hice, y aquella vez seguí todas las recomendaciones al pie de la letra, porque quería darme todas las oportunidades para recuperarme. En el proceso de rehabilitación, por fin, encontré las directrices que tanto necesitaba. Fue agotador, y tardé meses, pero conseguí salir de la oscuridad en la que me tenía sumido esa dependencia.

Cuando logré estar limpio, pude conectar con mi autenticidad. ¡Y vaya si cambiaron las cosas a raíz de eso! A pesar de no haber sido nunca bueno en los estudios, de pronto descubrí una pasión por aprender todo lo posible sobre la rehabilitación de las drogas y del alcoholismo. Y gracias a esa nueva pasión, logré tener la

---

* Metanfetamina pura.

suficiente confianza en mí mismo para crear un negocio próspero y ayudar a mucha gente por el camino.

Me he pasado la mitad de mi carrera ayudando a salir del pozo a personas que estaban en sus peores momentos. La otra mitad de mi carrera, he estado con individuos que no necesariamente estaban pasando una crisis, pero que querían ser más felices y no sabían por dónde empezar. Muchos de esos clientes han llegado a mí de formas inesperadas y estoy seguro de que la razón por la que me han surgido oportunidades es porque he estado abierto a ellas. Me gusta el contrapunto entre trabajar con personas que están intentando afrontar distintos problemas y mi propia búsqueda del equilibrio en todas las áreas de mi vida. Esto me ayuda a tener una visión más amplia; asimismo, significa que sea cual sea tu situación, puedo encontrarte en ese punto y ayudarte a llegar a tu meta, porque creo que existen algunas leyes universales que valen para todos.

Estoy seguro de que la mayoría de las personas con las que he trabajado estaban *mucho* peor que tú en estos momentos. Empecé siendo consejero de alcohólicos y drogadictos, y trabajé en algunos de los centros de rehabilitación más prestigiosos del país. Al cabo de un tiempo, cambié y me hice intervencionista. Eso significa que la gente me llama cuando alguna persona allegada no tiene la menor intención de cambiar. Estas intervenciones suelen ser situaciones altamente explosivas. Nadie se espera llegar a su casa y ver a su familia, a sus amigos y a un desconocido en la sala de estar, serenos y dispuestos a tomar cartas en el asunto. Suelen ser situaciones muy tensas y bastante dramáticas, pero, al final, he podido ayudar a muchos a cambiar aquello que no tenían interés en cambiar. Si estás leyendo este libro es porque deseas cambiar, así que ya has dado un primer gran paso. El cambio está al alcance de tu mano.

Cuando inauguré los centros CAST,* en 2006, lo que me impulsó a hacerlo fue el deseo de crear una estrategia humanista para

---

* Los centros ofrecen programas de tratamiento diurno y nocturno para personas que luchan contra la ansiedad, la depresión, el trastorno bipolar y la adicción al alcohol y otras drogas.

manejar cualquier dificultad que se nos pueda presentar en la vida. Desde los mismísimos comienzos, cuando trabajábamos en mi pequeño apartamento de Venice Beach, en California, ya ofrecíamos varios enfoques, basados en pruebas fehacientes, para ayudar a nuestros clientes a mejorar. Es mucho más que un simple diagnóstico. El verdadero problema es que las personas viven muy alejadas de su verdadera esencia, ya sea porque siguen los pasos de su familia, en lugar de transitar su propio camino, o porque hacen lo que les funcionó hace diez años pero que en su situación actual ya no les sirve, y se han cerrado a lo que les ofrece la vida, por miedo o por cualquier otra razón. Cada situación es única. Algunos necesitan medicación. Otros puede que necesiten un tratamiento específico para su depresión o su trastorno de estrés postraumático. En algunos casos, puede ser necesario realizar terapia cognitivo-conductual. Quizás se trata de alguien que no ha sido capaz de superar una pérdida y no puede seguir avanzando. Me parecía imprescindible idear un plan claro e individualizado, para que los clientes pudieran volver a su camino o a la normalidad después de un acontecimiento que les hubiera cambiado la vida.

Imagínate que a alguien se le incendia la casa. Lo primero que harás será poner a la persona a salvo, sacarla del edificio en llamas. Pero después hay muchos más pasos, ¿no te parece? Una vez que esté fuera de peligro, no la abandonarás sin más y dejarás que se queme su casa hasta que quede calcinada. Llamarás a los bomberos, intentarás apagar el fuego, contactarás con la compañía de seguros, limpiarás el lugar del siniestro, reconstruirás la vivienda para que la persona no se tenga que mudar, comprarás muebles nuevos, etcétera. Sin embargo, cuando alguien experimenta un acontecimiento emocional importante, no se suelen adoptar las medidas necesarias para afrontar dicha situación de una forma saludable. Es como si le dijeras a esa persona que volviera a la casa quemada y que no se preocupara de las cenizas.

Todos estos años, en mi trabajo como intervencionista, he ayudado a ludópatas, que se habían gastado los fondos para la universidad de sus hijos y para su jubilación; a agorafóbicos, que no habían salido de su casa en meses, después del fallecimiento de su cónyuge; a adictos a la ira y a víctimas de la violencia doméstica; a estrellas de la música pop que tenían que desintoxicarse a mitad de una gira de conciertos, y muchos casos más. En todos esos casos, aprovechaba esa experiencia para convertirme en un gestor de crisis. A veces, no es necesario que la persona siga un tratamiento, pero necesita ayuda para superar la crisis y obtener resultados duraderos. Esas experiencias fueron las que, al final, me condujeron a trabajar con celebridades, que según parece se enfrentan a crisis periódicas.

Puedes considerarme como un agente de cambio. Sé qué es lo que hace cambiar a las personas. En nuestra sociedad, la creencia de que no podemos cambiar está muy arraigada. Eso es totalmente falso. Si no pudiéramos cambiar, yo seguiría siendo un drogadicto arruinado. Si no pudiéramos cambiar, nadie conseguiría adelgazar. Si no pudiéramos cambiar, nadie dejaría de fumar. Si no pudiéramos cambiar, prácticamente todos estaríamos *sentenciados*. He visto personas que han superado todo tipo de dificultades —traumas, pérdidas, enfermedades mentales, discapacidades físicas— para cambiar su vida. La gente cambia. Muchas personas lo han hecho. Yo lo he hecho. Tú puedes.

Quizás haya una parte de ti que siente que nadie te puede ayudar y que no puedes hacer más que aceptar tus circunstancias. Bien, si ese es tu caso, te digo que si estás vivo y respirando, hay esperanza.

¿Recuerdas a Sarah, la esposa que me llamó en un acto de desesperación, porque su adorable esposo, Wyatt, se había convertido en un monstruo salvaje? Pues bien, recuperó a su amable y considerado esposo y también se sintió capaz de hacerse oír. Wyatt fue a rehabilitación y participó en un programa para aprender a controlar su ira, pero lo más importante es que se dio cuenta de que la empresa que había heredado le había estado socavando el alma. Había estado trabajando más de setenta horas a la semana en algo que no lo motivaba lo más mínimo. Así que tomó la decisión de vender el negocio familiar y comprar una granja equina. No había montado desde que era adolescente, y eso es lo que había estado echando de menos. Casi sin darse cuenta, no solo tenía varios purasangres campeones en sus caballerizas, sino que dirigía un popular campo de terapia equina. Ahora, todos los días se levanta con un propósito renovado. Suelo recibir correos electrónicos conmovedores de Sarah, con fotos de sus hijos, que están prosperando y beneficiándose de su decisión de plantar cara a sus problemas. El efecto dominó, que se produce cuando una persona elige cambiar y ser genuina en su forma de vida, puede llegar a ser prodigioso.

El año pasado, cuando estaba revisando a todos aquellos que habían llevado a cabo un cambio radical gracias a los centros CAST, se despertó en mí el deseo de compartir estas estrategias con el resto del mundo. Deseaba desesperadamente poder ayudar a aquellos que estaban demasiado avergonzados para hablar de sus sentimientos, que se conformaban con soportar los avatares de su existencia, sin tener un rumbo fijo, o que simplemente no vivían como se merecían. Por eso, creé CAST on Tour ('CAST de gira'), un evento gracias al cual recorremos setenta ciudades, donde participan oradores motivacionales y celebridades que han salido de su propia oscuridad para vivir en la luz.

Más de treinta mil personas han asistido a los actos, cuyas entradas se agotaron nada más salir a la venta. La gente está deseando saber cómo mejorar. Al final de cada evento, se me acercaban docenas de personas que me decían que nunca habían hablado de sus problemas emocionales, pero que ahora estaban dispuestas a cambiar y a sintonizar con lo mejor de sí mismas. Ser testigo de ese momento de conexión, de ese gran paso, en el que alguien, de pronto, descubre su razón de ser, me anima a seguir adelante. ¡Todos podemos ser nuestra mejor versión! Basta con que tengamos muy claro cuál es y encontremos la manera de aceptar quiénes somos realmente.

Recientemente, he realizado una encuesta para la que he recibido miles de respuestas, y una de las preguntas era: «¿Estás viviendo actualmente tu vida ideal?». Puede que te quedes estupefacto al ver que el ochenta y uno por ciento de las personas respondieron «no», pero a mí no me sorprendió lo más mínimo. ¿Qué responderías *tú*? Aquí está la clave: siempre se puede mejorar.

Si te cuesta admitir que tu forma de vida actual dista mucho de ser la que deseas o te mereces, quiero que sepas que no estás solo. Pero como dice mi amigo Doctor Phil: «No puedes cambiar lo que no reconoces». Reconozcamos que hemos de cambiar algo. Aquí estoy para ayudarte. Este es el propósito de mi primer libro. Estoy encantado de compartir contigo mis reflexiones, las lecciones que he desarrollado a lo largo de mis muchos años de trabajo con mis clientes, y los ejercicios que han ayudado a tantas personas a descubrir su mejor versión.

Podemos estar de acuerdo en que la vida solo te da una oportunidad, pero no hay ninguna regla que diga que debes conformarte con lo que tienes. En estas páginas, te ofrezco un plan personalizado para que te reinventes descubriendo y encarnando tu mejor versión. Yo me he reinventado varias veces; de hecho, en el momento en que estoy escribiendo estas palabras, me hallo en medio de otra reinvención. De ti depende provocar el cambio, pero una vez empieces, te sorprenderá ver con qué rapidez suceden las cosas. Ya lo tienes. Así que ¡vamos!

1

Descubre tu mejor versión

Eres único.

Quizás no sea la primera vez que te lo dicen, pero en esta ocasión quiero que sientas esta idea de un modo diferente. Nadie puede saber realmente qué significa estar en tu piel, porque solo *tú* lo sabes. La suma de tus experiencias, pensamientos, sentimientos, genética y espíritu es solo tuya. Nunca ha habido ni habrá nadie como tú. No eres ni mejor ni peor que nadie y aunque te parezca que no eres ni de lejos lo bastante bueno, *sí lo eres*, por una sencilla verdad: tú eres tú. Único e inigualable.

Naciste con algunas características que te distinguen de los demás. Tienes genes específicos que has heredado de tus padres. Probablemente, aprecies a tus progenitores por algunas de esas cualidades genéticas que te transmitieron; otras, sin embargo, ¡preferirías devolvérselas! Pero tu ADN es solo una parte de tu historia, una pequeña parte.

Nuestras historias empiezan a una edad muy temprana, a pesar de nuestra impotencia, en esa etapa de nuestra vida, para controlar qué y quién tenemos a nuestro alrededor. De pequeños somos una tabla rasa y, en nuestros primeros años, nuestros padres y otras personas son los que escriben en ella en nuestro nombre. De todos modos, es importante conocer la historia de nuestros orígenes, para descubrir si nos estamos expresando como adultos que están en armonía con su verdadero yo y, lo más importante, para comprender si alguno de los aspectos negativos de esa historia podría estar afectando, de alguna manera, a nuestra conducta.

Puede que te estés preguntando cómo es posible que dejemos de estar conectados con nuestra verdad, así que vamos a indagar y a observar objetivamente una educación típica. Quizás no represente exactamente tu experiencia, pero basándome en mis años de *coaching*, me atrevería a decir que no se aleja demasiado.

No podemos elegir nuestra educación. Todos nacemos en algún tipo de familia. La dinámica central de cada una varía mucho y dentro de cada sistema familiar existen valores fundamentales que no necesariamente coinciden con nuestros propios valores. Trataremos en profundidad el tema de los valores en el capítulo sobre las relaciones, pero lo que hemos de entender es que gran parte del primer desarrollo de nuestra personalidad está bajo la influencia de la dinámica familiar en la que nos hemos educado. La mayoría vamos a la escuela o asistimos a actividades de grupo, donde aprendemos a socializar. Desarrollamos aficiones. Y en algún momento de nuestra primera infancia, empezamos a desarrollar un sentimiento instintivo del bien y del mal. Al final, a medida que vamos madurando físicamente, nos vamos responsabilizando de nuestro cuidado personal y nuestra salud física.

En la escuela aprendemos la importancia de tener una educación general, pero, posteriormente, muchas personas parecen desconectarse de la idea de aprender y se quedan con los conocimientos que ya tienen. Creo que muchos de nosotros dejamos de sentir interés por adquirir nuevos conocimientos, porque puede que, en algún momento, nos hayan obligado a aprender cosas que después han resultado inútiles, y la consecuencia de ello es la experiencia del desencanto.

Nuestra primera relación empieza en el útero: es la relación con nuestra madre. Posteriormente, a medida que vamos creciendo de bebés indefensos a jóvenes adultos, desarrollamos relaciones con nuestros familiares más allegados. Llega la pubertad, junto con una avalancha de emociones confusas debido a las hormonas, y muchos experimentamos nuestro primer amor.

Cuando nos preparamos para ser independientes, aprendemos lo que es la responsabilidad económica. Puede que empecemos a trabajar en puestos que no coinciden exactamente con nuestro propósito en la vida pero que suponen un buen entrenamiento para nuestra transición a adultos.

Según nuestra educación, puede que abracemos la religión o la espiritualidad. Más adelante, decidiremos conscientemente si deseamos continuar con esas prácticas, realizar algunos cambios o elegir una nueva orientación espiritual.

Lo que acabo de mencionar son pinceladas generales, una visión global, de los caminos más habituales que tomamos al pasar de niños a adultos. Pero ahora te voy a preguntar: ¿en qué momento de ese viaje aprendemos a conectar con lo mejor que hay en nosotros?

En la escuela no nos enseñan esta asignatura y lo más probable es que nuestros padres tampoco, puesto que seguramente ellos también estén desconectados de su mejor versión, y aunque no sea así, es probable que esa conexión no sea constante. Nuestros amigos, con toda certeza, tampoco tienen los medios. Por consiguiente, al final, la mayoría sentimos que hay ciertos aspectos de nuestra vida que nos son totalmente ajenos. No sabemos exactamente qué es, pero tenemos la sensación de que hay algo que no acaba de funcionar. ¿Cuál es el problema? Que hay algún aspecto en que no somos nosotros mismos.

La vida sucede a nuestro alrededor y nuestras experiencias son las que definen quienes somos o quienes *creemos* ser. Algunos acontecimientos nos ayudan a reafirmar nuestra autenticidad, mientras que otros nos alejan de ella. Por ejemplo, puede que descubramos que nos apasiona cooperar en algún campo específico, que es una actividad intrínsecamente gratificante y nos ayuda a afianzar algunos de los atributos de nuestra mejor versión, como la generosidad y el altruismo. Por otra parte, si somos víctimas de algún tipo de abuso o abandono y, a raíz de ello, desarrollamos creencias negativas respecto a nosotros mismos, estas creencias pueden alejarnos todavía más de nuestra mejor versión. Incluso podemos llegar a crear falsas verdades respecto a nosotros y el mundo que nos rodea. Nuestra mente es como una cámara, que es testigo de lo que acontece en nuestra vida y toma instantáneas de los momentos importantes. Estos momentos generan diversos pensamientos y sentimientos, que, posteriormente, se podrán asociar a los recuerdos. Algunos son relevantes y destacan. Otros desearíamos que jamás hubieran existido, y a veces afloran, de pronto, en nuestra mente en los momentos más inesperados.

Antes de embarcarte en esta odisea de autodescubrimiento, quiero que recuerdes que no importa cuál sea tu meta, siempre podrás usar las herramientas que encontrarás en este libro. Aunque todos seamos únicos, como lo son nuestros caminos y metas personales, creo que hay algunas herramientas y conceptos universales que nos ayudan a alcanzar nuestros objetivos. En la actualidad, existe la tendencia de actuar dentro de los parámetros que nos marca una sociedad, a la que le encanta decirnos cómo debemos ser: desde cómo nos hemos de vestir hasta lo que hemos de comer, cuáles han de ser nuestras ideas políticas, cómo hemos de presentarnos ante el mundo e, incluso, qué hemos de esperar de la vida, pero ¡todo eso es falso! Todo esto son decisiones que has de tomar por ti mismo, basándote en lo que sientas que está en sintonía con tu verdadero yo. Muchas de las «reglas» de la sociedad, sencillamente, no nos sirven a nivel individual y si dedicamos toda nuestra energía a intentar ser, hacer, decir y actuar como la sociedad espera de nosotros, estaremos malgastando el tiempo que deberíamos estar empleando en descubrir nuestra mejor versión y en conectar con ella.

La magia de este libro está en que te ayudará a darte cuenta de qué aspectos has de mejorar y cómo hacerlo, si así lo deseas. A lo largo de mi propio camino, he descubierto que me apasiona ayudar a la gente a que se convierta en su mejor versión. Es lo que me motiva todos los días. He podido observar que los mayores retos de la vida se presentan cuando no se está en sintonía con la verdadera esencia. Tal vez te parezca un poco simplista, pero he podido comprobarlo en múltiples ocasiones. No hace mucho, llegué a una etapa en mi carrera en la que sentía que necesitaba recopilar todo lo que había aprendido sobre vivir en armonía con nuestra mejor versión, y darle el formato de libro. Lo que pretendo es ofrecerte un manual que te ayude a resolver problemas y a crecer desde tu interior, donde reside tu mejor versión.

No importa cuál sea tu punto de partida, este libro te ayudará a mejorar tu vida de maneras decisivas y, a veces, inesperadas. Aunque empieces en tu peor momento —quizás te estés enfrentando a algunos de tus mayores retos hasta ahora—, aquí podrás encontrar tu camino, la forma de salir airoso y de sentirte más poderoso que nunca. Tal vez te encuentres en alguno de esos momentos en que «navegas» sin problemas, en los que todo te parece bien, pero en el fondo sabes que quieres y que te mereces más. A través de este libro podrás descubrir o redescubrir tu propósito y encontrar la fuerza de maneras inimaginables. Puede que estés más que satisfecho con todo en general, pero tienes un área problemática que sabes que necesita atención y todavía no has hallado la manera de afrontarla. Aquí podrás descubrir esa claridad que te servirá para abordar y resolver esos problemas con eficacia. Si deseas...

- ... tener mejores amigos;
- ... mejorar tu relación contigo mismo, en lo que respecta a tu diálogo interior o compasión hacia ti mismo;

- ... dar prioridad a tu salud de una manera significativa;
- ... evolucionar más ampliando tus conocimientos o comprensión del mundo;
- ... mejorar tus relaciones;
- ... sentirte realizado profesionalmente;
- ... desarrollar más tu espiritualidad...

... *puedes* alcanzar tus metas. Incluso aunque no tengas claro qué es lo que quieres cambiar, pero sabes que no estás viviendo como desearías, juntos podremos encontrar esa meta y hacer que se haga realidad.

Todos sabemos que la vida es impredecible. Puesto que no estaré físicamente a tu lado para ser tu compañero de pensamiento cuando surjan los problemas o nuevas etapas que te hagan cambiar tu propósito, voy a asegurarme de que tienes una voz interior claramente definida que pueda guiarte. Has de estar preparado para conseguir un pensamiento crítico y sensato, y una opinión lógica y objetiva cuando las cosas se pongan feas. Para ello, utilizaremos el **modelo de mi mejor versión**, que es el compendio de los ejercicios que he realizado con mis clientes en todos estos años. Este modelo es tan válido tanto para un gran ejecutivo como para alguien que a duras penas puede pagar el alquiler.

El modelo te ayudará a evaluarte y a evaluar a tus allegados. Veremos qué es lo que funciona y lo que no funciona en tu vida en el contexto de las siete ESFERAS, cuyas iniciales en inglés forman la palabra *SPHERES*, que hacen referencia a los segmentos que conforman nuestra existencia: la vida social (*Social life*), la vida personal (*Personal life*), la salud (*Health*), la educación (*Education*), las relaciones (*Relationships*), el empleo (*Employment*) y el desarrollo espiritual (*Spiritual development*). Y puesto que creo que el equipo de personas que eliges es muy importante, revisaremos deforma realista y objetiva a esas personas. Determinaremos a quién puedes necesitar más y con quién es mejor que no te relaciones tanto. Tu círculo íntimo puede crearte o destruirte, así que supone un elemento clave en este proceso.

La razón por la que el modelo de mi mejor versión le va bien a tantas personas distintas es porque nadie te va a decir cómo has de ser, salvo por tu propia definición de tu mejor versión. No obstante, hay unas cuantas características que considero universales en nuestras mejores versiones de nosotros mismos; una de ellas es la voz interior amable. En realidad, no estamos hechos para ser críticos con nosotros mismos o con los demás. Por ejemplo, rechazo la idea de que quienes intimidan a otros «solo están siendo sinceros». Creo que, en general, esas personas están expresando su propio dolor, en forma de agresividad. También creo que alguien que tiene la autoestima baja no está siendo su mejor versión. Cuando alguien se menosprecia a sí mismo es porque algo lo ha hecho sufrir. Por otra parte, estoy convencido de que, en lo más profundo de nuestro ser, somos universalmente audaces, atrevidos, sinceros, poderosos, agradecidos y libres.

Encontraremos a tu auténtica voz interior observando las características que más te gustan de ti. En el capítulo dos, veremos lo que denomino defectos de carácter. Todos los tenemos, y normalmente no hacemos nada al respecto hasta que nos vemos obligados a ello o conocemos a otra persona a la que le sucede lo mismo. Preferimos guardar estos «defectos» en la sombra, pero vamos a hacer algo verdaderamente fascinante con ellos cuando los saquemos a la luz: los usaremos en nuestro propio beneficio. Es decir, casi no se podrían llamar defectos; solo son una parte de ti que vamos a empezar a usar de otro modo.

Una vez hayamos identificado esas partes de nosotros mismos, seremos un poco creativos. Crearemos juntos dos personajes (o más en algunos casos; yo, en realidad, tengo varios) muy bien definidos, que coexistirán en tu interior. Puedes considerarlos como los clásicos «ángel y demonio», «héroe o villano», lo que prefieras, pero vas a ser muy específico y vas a darles nombres concretos,

¡incluso te pediré que los dibujes! Te lo digo en serio, cuantos más detalles puedas atribuirles a esos personajes, tanto mejor; de esta manera, cuando te comportes de cierto modo o tengas ciertos pensamientos o sentimientos, sabrás cuál de ellos está actuando.

Este será un ejercicio muy potente y sumamente eficaz, por lo que me aseguraré de que le prestes toda tu atención. Además... ¡es divertido!

El poder de un diario

Muchos de mis clientes me dicen que les gustaría tener más tiempo para escribir un diario. Pues bien, ¡ha llegado el momento de hacerlo! Puesto que en este libro se te va a pedir que indagues mucho en tu alma a través de la escritura, te recomiendo que te compres un diario en el que te apetezca escribir o te descargues una aplicación de diario en tu móvil, si prefieres ese método. El material que vas a escribir ¡te será de utilidad ahora y en el futuro! Puedes recurrir a él en cualquier momento que sientas que has perdido el rumbo, que has de tomar una decisión importante o que, simplemente, desees conservar tu recién encontrada mejor versión.

Cuando pienso en este proceso, siempre recuerdo la historia de una superestrella de la música con quien trabajé hace años. Es uno de los seres humanos más inteligentes, divertidos, amables y generosos con los que he tenido el placer de trabajar. Y por si fuera poco, es un cantante y artista con un talento increíble. Un día, su mánager me llamó para pedirme si podía ir a visitarlo a Nueva York. Hacía tiempo que no nos habíamos visto, pero en cuanto nos reunimos, me di cuenta de que había cambiado bastante desde la última vez.

Había sido el líder y el cantante del grupo. Las mujeres lo adoraban, los chicos querían ser como él y, durante un tiempo, fue la superestrella por excelencia. Pero el hombre que vi ese día no era el tipo vehemente y optimista que yo conocía. Su equipo me explicó que desde la desintegración del grupo estaba intentando «mantenerse a flote». Recibía ofertas para algunos proyectos, pero cuando los iniciaba, de pronto, decidía no seguir adelante. Estaba experimentando verdaderos problemas con su nueva identidad como solista. Tenía que reinventarse, porque su identidad había estado totalmente vinculada al grupo.

Nos pusimos manos a la obra y empezamos a hacer una lista de todo lo que estaba sintiendo en aquellos momentos. Utilizó palabras como *depresión*, *inseguridad*, *desconfianza* y *oscuridad*. Cuando le pedí que le pusiera un nombre a su antihéroe, no tardó mucho en llamarlo «Minus» ('menos'). Me contó que Minus le había estado vampirizando la vida. Le pregunté con qué frecuencia aparecía Minus en las oportunidades que se le presentaban, y me dijo que el ochenta por ciento de las veces.

Luego empezamos a hablar de su mejor versión, a la que llamó «Ralph». En cuanto nos pusimos con los detalles sobre Ralph, fue adquiriendo confianza en sí mismo. Me dijo que Ralph era una ardilla. Esta es la imagen que dibujó de él:

Adorable, ¿no te parece? A medida que Ralph iba tomando forma, mi cliente empezó a darse cuenta de que podía ser este el que llevara las riendas, en lugar de Minus. El cambio no fue inmediato, por supuesto: tuvimos que profundizar bastante en quién era realmente su Ralph interior. Pero enseguida vio que podía pedirle consejo y empezó a considerarlo su mejor amigo, al que podía recurrir en cualquier situación en la que necesitara fuerza y ánimo. Si Minus intentaba cruzar la puerta, podía llamar a Ralph para que se encargara del asunto y volviera a ponerlo a raya. ¡Qué herramienta más potente!

Al poco de haber estado trabajando juntos, mi cliente escribió un tema que fue un exitazo, gracias al cual obtuvo distintos premios. Como puedes ver, el trabajo que realizamos en el mundo interno de la mente tiene efectos tangibles en el mundo real. La razón es que los pensamientos conducen a las acciones o influyen en la conducta. Si eres el dueño de tus pensamientos, eso se reflejará en tu conducta. Cuando le dio el mando a Ralph, dejó a un lado los pensamientos y sentimientos negativos, así como las creencias limitadoras que Minus había generado y ampliado. Redujo el ruido que hacía este último y se centró en la confianza que le inspiraba Ralph. El resultado fue una conducta que lo llevó a componer música significativa y poderosa, que llegó al público, porque había surgido de su propia autenticidad.

Eso no quiere decir que cuando termines de hacer este ejercicio escribas un exitazo que te lleve a la lista Billboard Top 100 (Los 100 principales de Billboard). Lo que quiero decir es que este poderoso ejercicio puede ayudarte a reinventarte o a regresar a casa, donde se encuentra esa parte auténtica de ti que has perdido por el camino.

Tu experiencia es única

No existe una única forma de realizar el trabajo de este libro. Te has embarcado en un viaje de autodescubrimiento, y lo que realmente importa es que mantengas viva la curiosidad, la sinceridad y la voluntad, y que tengas la mente abierta y concentrada durante todo el proceso. Este libro solo funciona si lo trabajas, así que ponte manos a la obra, ¡te lo mereces! Si te limitas a leerlo de una forma pasiva, no obtendrás todo lo que te corresponde. Responde a las preguntas, haz los ejercicios, indaga a fondo y obtendrás la recompensa.

También es uno de esos libros a los que podrás recurrir en el futuro, según las circunstancias que estés viviendo, y te garantizo que nunca obtendrás el mismo resultado. Puesto que tu camino está evolucionando constantemente, podrás aplicar el modelo de tu mejor versión en cualquier situación.

Escribe tus características

Ha llegado el momento de escribir tus mejores rasgos o características, los que consideras que reflejan quién eres realmente. Cuando reflexiones sobre cada uno de ellos, sitúate en diferentes escenarios y pregúntate cómo brillas en esos momentos. Todas han de ser cualidades positivas. Más adelante, verás y entenderás que proceden de tu mejor versión, a la cual también me referiré como tu autenticidad, tu verdad, tu auténtico yo; todos estos términos significan lo mismo, que son tu verdadera esencia. He tenido muchos clientes y amigos que han experimentado una revelación, al darse cuenta de que, en realidad, las cualidades negativas no formaban parte de ellos, que solo eran sentimientos pasajeros. En el fondo, todos somos buenos.

Aquí tienes algunos ejemplos de preguntas que puedes plantearte para iniciar este proceso, pero si consideras que no van contigo, no pasa nada. Simplemente, estoy lanzando ideas para incitarte a reflexionar.

- ¿Eres compasivo contigo mismo y con los demás?
- ¿Eres optimista y buscas siempre el aspecto luminoso o positivo?
- ¿Perdonas a quienes han intentado hacerte daño?
- ¿Eres valiente en el sentido de que hablas en tu propio nombre o das la cara por otra persona?
- ¿Eres imaginativo y sueles tener ideas propias?
- ¿Eres amable con los demás, aunque no te vea nadie?
- ¿Eres eficiente en tu trabajo?
- ¿Consideran los demás que eres un buen amigo o amiga y que se puede confiar en ti?
- ¿Eres amable con los niños?
- ¿Eres creativo y expresas a menudo tu creatividad?
- ¿Recoges y tiras la basura que te encuentras por la calle?
- ¿Intentas resolver los conflictos cuando surgen?

A continuación viene una lista de rasgos positivos que debes tener en cuenta. Puedes hacer un círculo alrededor de los que consideres que se ajustan a ti o bien añadirlos a tu propia lista.

Abierto	Afectuoso	Amigable	Autónomo
Abnegado	Agradable	Amoroso	Autosuficiente
Acaudalado	Agradecido	Apasionado	Aventurero
Activo	Alegre	Astuto	Benévolo
Adaptable	Alentador	Atento	Brillante
Admirable	Alocado	Atractivo	Bueno
Adorable	Altruista	Atrevido	Cálido
Afable	Amable	Audaz	Calmado

Campechano	Descarado	Estudioso	Innovador
Capacitado	Despierto	Ético	Inofensivo
Capaz	Devoto	Experto	Inspirado
Cariñoso	Dichoso	Extático	Inspirador
Cautivador	Didáctico	Fascinante	Íntegro
Centrado	Digno	Feliz	Inteligente
Cercano	Dinámico	Fiable	Intuitivo
Chiflado	Directo	Fidedigno	Inventivo
Compasivo	Disciplinado	Filántropo	Jovial
Competente	Discreto	Firme	Juerguista
Completo	Docto	Flexible	Juguetón
Comprensivo	Dotado	Formal	Justo
Conciliador	Dulce	Franco	Leal
Confiable	Eficiente	Fuerte	Liberado
Confiado	Efusivo	Galante	Libre
Considerado	Ejemplar	Generoso	Líder
Constante	Elegante	Genial	Limpio
Constructivo	Elocuente	Gentil	Listo
Contemplativo	Empático	Genuino	Lógico
Contento	Empoderado	Grácil	Lúcido
Convencional	Emprendedor	Gracioso	Maduro
Convincente	Encantador	Guapísimo	Magnánimo
Cooperador	Enérgico	Habilidoso	Merecedor
Cordial	Entrañable	Heroico	Meticuloso
Cortés	Entusiasta	Hospitalario	Metódico
Creativo	Equilibrado	Humano	Misericordioso
Cuerdo	Erudito	Humilde	Modesto
Cuidadoso	Espiritual	Idealista	Moral
Culto	Espléndido	Imaginativo	Noble
Cumplidor	Espontáneo	Incorruptible	Objetivo
Decidido	Estable	Increíble	Optimista
Dedicado	Estiloso	Independiente	Ordenado
Deportista	Estoico	Ingenioso	Organizado

Orgulloso	Próspero	Responsable	Solidario
Original	Protector	Resuelto	Suave
Paciente	Prudente	Riguroso	Sutil
Pacífico	Pulcro	Robusto	Tierno
Patriota	Puntual	Romántico	Tolerante
Perspicaz	Racional	Sabio	Trabajador
Persuasivo	Rápido	Sagaz	Tranquilo
Pleno	Razonable	Sano	Triunfador
Pletórico	Realista	Satisfecho	Urbanita
Poderoso	Receptivo	Seguro de sí	Útil
Popular	Refinado	Sensato	Valiente
Positivo	Reflexivo	Sensible	Valioso
Práctico	Relajado	Serio	Versado
Preciso	Reservado	Servicial	Vigilante
Productivo	Resignado	Sincero	Vigoroso
Profundo	Resolutivo	Sobrio	Vivaz
Prolífico	Respetable	Sociable	Voz interior
Prolijo	Respetuoso	Sofisticado	benévola

Cualquier atributo positivo que creas que posees y que no has visto reflejado en esta lista, escríbelo aquí abajo:

Los rasgos de mi mejor versión: ....

....

....

....

....

....

....

....

Puede que nos resulte difícil escribir nuestras mejores cualidades, porque no solemos sentarnos a reflexionar sobre lo maravillosos que somos. La naturaleza humana no es así. Tenemos más tendencia a desacreditarnos. Pero albergo la esperanza de que cuando llegues al final de este libro, reconozcas y aceptes realmente tus mejores cualidades. ¡Es una actividad mucho más productiva y proactiva!

Pronto podrás observarte objetivamente, como si estuvieras viéndote desde fuera y, quizás, *viéndote* por primera vez tal como eres. Para esto hace falta haber desarrollado bastante tu autoconciencia, de modo que puede que necesites un tiempo. Tal vez, incluso quieras pedirle a una persona de confianza, si es que la tienes, que te ayude a empezar. Si lo haces, asegúrate de que esa persona no tiene segundas intenciones y de que solo desea tu bienestar.

Ejercicio: crea tu mejor versión

Vuelve a la lista de cualidades que acabas de escribir, las que más te gustan de ti. Esto te servirá para crear tu mejor versión. Quiero recordarte que este proceso ha de ser divertido, puedes hacer este ejercicio con humor o serio. Como lo sientas.

Estas preguntas pueden ayudarte a empezar:

- ¿Es tu mejor versión...
    » ... de un género en particular?
    » ... un animal?
    » ... una criatura mística o una voz interna de sabiduría?
    » ... un personaje inspirado en un libro o en una película?

- ¿Tiene tu mejor versión un lema o mensaje?
- ¿Se comporta tu mejor versión de cierta manera concreta cuando alguien es amable contigo?

- ¿Se comporta tu mejor versión de cierta manera concreta cuando te sientes amenazado?
- ¿Qué opinión tiene de ti tu mejor versión?
- ¿Se mueve/anda/baila tu mejor versión de una manera específica?
- ¿Cuál es el principal superpoder de tu mejor versión?

Escribe una descripción completa de tu mejor versión: ....

....

....

....

....

....

....

Ahora voy a hablarte un poco sobre mi mejor versión, un mago llamado Merlín. Siempre he sido un poco *friki* en lo que respecta a los juegos de fantasía. He jugado, durante años, a un juego de cartas, que es un juego de rol, llamado *Magic: el encuentro*. En este juego todos son magos y para ganar has de usar conjuros. (Lo sé, es muy *friki*. ¡Pero muy divertido!). Mis amigos y yo siempre nos hemos puesto nombres para jugar. Uno de mis amigos se llamaba la Bestia, otro era Gozar, el Guardián de la Verja. Para mí los magos del mundo ficticio representaban la sabiduría, la fe y la prevalencia del bien sobre el mal.

Inspirado por mi pasión por este juego, Merlín, mi mejor versión, es sabio, amable, listo, amoroso, inteligente, tiene una fe absoluta en el funcionamiento del universo, cree que todo es posible y nunca actúa impulsado por su ego. Es un tipo *guay*, porque va a su propio ritmo y nunca pierde el paso. No conoce la inseguridad ni teme perderse. Es paciente y compasivo, se acepta tal como es y confía totalmente en sí mismo. No guarda resentimientos. Perdona sinceramente a los demás, aunque fueran los que estaban equivocados.

Y ahora, ¿qué mejor forma de obtener una imagen de tu mejor versión que dibujarla? Puedes usar bolígrafos, ceras, rotuladores, lápices de colores, lo que te apetezca. Hace muchos años, cuando hice este ejercicio por primera vez, dibujé una imagen de Merlín y a diferencia de mi peor versión (veremos este tema a continuación), se ha mantenido casi igual.

No importa qué es lo que vas a dibujar, estoy muy orgulloso de ti por hacer el esfuerzo. No todos somos artistas visuales, así que si lo único que te ves capaz de hacer es una figura de líneas, ¡está bien! Es probable que la imagen que tienes en tu mente sea más detallada que tu dibujo, y esa es la que importa. ¡Te puedes imaginar la cara que ponen los directores ejecutivos cuando les pido que se sienten a hacer este ejercicio! Pero los resultados siempre valen la pena.

Dibuja aquí tu mejor versión:

Ahora contempla tu obra. Dale un nombre a tu mejor versión y luego escríbelo en la parte superior del dibujo que has hecho.

Estoy seguro de que cuando compraste este libro no sabías que ibas a tener un proyecto artístico entre manos. Me inspiré tanto cuando creé a Merlín que inventé un ejercicio diario para que me recordara su fuerza (¡y de este modo la mía!) y le encargué una obra original al artista Ryan Pratt, quien creó su versión del Árbol de la Vida, y en el árbol, Merlín está pasando frío en las ramas. Lo tengo en la entrada de mi casa y me encanta mirarlo cada día. Aquí tienes un detalle:

Cómo ser tu propio *coach*

La gente solicita mis servicios como *coach* de vida porque quiere mejorar en algún área, se siente estancada y necesita ayuda para salir de esa situación y hallar una nueva perspectiva. El *coach* de vida puede ejercer distintas funciones, pero si es bueno, no solo te ayudará a identificar tus metas, sino que te guiará para que las consigas. Debería hacerlo de tal manera que tú seas el responsable final de lo que quieres crear.

En este libro, irás descubriendo que también te guiaré para que puedas reconocer tus puntos muertos y tus trampas, porque pueden acarrear problemas. Suelo preguntarles a mis clientes si llevan las gafas limpias. Lo que quiero decir es si ven con claridad o si su ego distorsiona su visión. Todos tenemos conductas o patrones de pensamiento que afectan negativamente a nuestras vidas y nos impiden evolucionar y crecer. Algunos ejemplos son la falta de humildad y la necesidad imperiosa de querer tener razón. Ha llegado el momento de afrontar esto y si estos aspectos no te favorecen, déjalos ir y sustitúyelos por otros positivos. O si tienes la tendencia de sentirte un fracasado en ciertos aspectos de tu vida, también le pondremos fin a esto. Puesto que no voy a estar a tu lado físicamente para comentar cada una de tus decisiones, asegúrate de que le concedes algunas de las cualidades de un *coach* de vida a tu mejor versión, para que pueda ponerse en mi lugar de ahora en adelante.

Aquí tienes algunas preguntas para que pienses como un *coach* de vida:

- ¿Cómo te ayudará tu mejor versión a no tener miedo?
- ¿Cómo te ayudará tu mejor versión a no avergonzarte de ti mismo?
- ¿Cómo te ayudará tu mejor versión a ser siempre sincero contigo mismo y con los demás?

- ¿Cómo te ayudará tu mejor versión a mantener siempre ese tipo de voz interior compasiva?
- ¿Cómo te ayudará tu mejor versión a sentir tu poder en todas las situaciones?
- ¿Cómo te ayudará tu mejor versión a ser siempre agradecido?
- ¿Cómo te ayudará tu mejor versión a sentirte libre para ser tú mismo?

Escribe las características de *coach* de vida de tu mejor versión:

....

....

....

....

....

....

....

....

....

A medida que vayamos avanzando con el programa de este libro, podrás empezar a «entrenar» a tu mejor versión para que te haga las mismas preguntas que te haría yo y puedas guiarte a ti mismo, sin olvidar que has de estar totalmente conectado con tu autenticidad. Observa las preguntas clave que te planteo respecto a tus pensamientos, sentimientos y patrones, para que puedas hacerte las mismas preguntas en el futuro.

He querido comenzar este libro pidiéndote que crearas tu mejor versión porque sacarás mayor provecho de todo lo que hagamos más adelante si mantienes una visión clara de ella durante todo el proceso.

La gratitud

Expresar gratitud siempre es una manera excelente de conectar con tu mejor versión. Te garantizo que tu estado de ánimo cambiará para mejor, cuando pienses en los aspectos de tu vida por los que puedes estar agradecido. Cada día escribo listas de gratitud, mientras me preparo el café de la mañana, porque para mí esa es una gran forma de empezar el día. Otras personas quizás hagan esas listas durante una etapa difícil, para cambiar su perspectiva. Las listas de gratitud son muy rápidas de hacer. Voy a compartir algunos ejemplos de listas que han creado mis amigos.

Lista de gratitud de Eddy:

Doy gracias por...
1. ... mi familia;
2. ... mi trabajo;
3. ... mi salud;
4. ... mis amistades;
5. ... mi educación;
6. ... mi cultura hispana;
7. ... hablar dos idiomas;
8. ... mis habilidades físicas;
9. ... mi religión;
10. ... haber tenido una buena infancia.

Lista de gratitud de Jon:

Doy gracias por...
1. ... mi salud y mis habilidades físicas;
2. ... mi hogar;
3. ... mi seguridad y mi bienestar;
4. ... mi pareja;

5. ... mi madre y mi padre;
6. ... *Lucy*, *Kashi* y *Vida* (mis perros);
7. ... mis amigos;
8. ... unos ingresos estables;
9. ... todos mis clientes;
10. ... mi conexión espiritual.

Lista de gratitud de Casey:

Doy gracias por...

1. ... mi fe;
2. ... mi familia;
3. ... un trabajo que me llena;
4. ... mi habilidad para aprender y asimilar nueva información;
5. ... mi cuerpo, que me permite hacer ejercicio y vivir sin dolor;
6. ... mi casa, que es segura y acogedora;
7. ... la habilidad de comprar comida saludable;
8. ... todas las maravillosas obras de arte del mundo;
9. ... la maravillosa comunidad de personas que me rodean;
10. ... cada vez que llevo aire a mis pulmones.

¿Qué hay en tu lista de gratitud?

Ahora, piensa en diez cosas por las que estás agradecido y escríbelas. Recuerda que nada es insignificante para ponerlo en la lista. Si te sientes agradecido por la comodidad de la silla en la que estás sentado, ¡escríbelo! O si has visto un programa en la televisión que te ha hecho sentirte bien, escríbelo. A veces, puedes sentirte agradecido por cosas inesperadas, como un atasco de tráfico, porque te ha permitido tener más tiempo para escuchar un audiolibro, o para estar con tus pensamientos, mientras regresabas a casa. Descubrir nuevas razones para estar agradecido es un ejercicio maravilloso y una forma divertida de estar más conectados con nuestra mejor versión, en el momento presente. Cuando revises cada punto de tu lista, siéntelo realmente y deja que ese sentimiento recorra tu cuerpo.

Después de escribir diez puntos, revísalos. ¿Te sientes mejor que cuando empezaste? ¿Más feliz? Si es así, date cuenta de que acabas de encontrar un ejercicio muy sencillo, que puede ayudarte tanto a crear un día formidable como a superar un bajón. Siempre me ha parecido que es una forma muy potente de volver al equilibrio.

Lista de gratitud de_____:

Doy gracias por...

1. ....
2. ....
3. ....
4. ....
5. ....
6. ....
7. ....
8. ....
9. ....
10. ....

Ahora que ya has finalizado el capítulo uno, debes saber que cuando llegues al final del libro, es posible que cambie tu mejor versión. Probablemente tendrá algunas características nuevas, estará más en sintonía o se transformará en algo totalmente nuevo. Cuando contemples lo que has creado, dirás: «¡Madre mía, soy mucho más de lo que había imaginado!».

En el capítulo siguiente, vas a hacer un ejercicio similar, pero con tu peor versión. Esto es igualmente importante y a muchas personas incluso puede que les dé más fuerza, porque probablemente sea la razón que les impide tener más control sobre su vida. Nuestra peor versión hace lo contrario que nuestra mejor versión, y el primer paso para quitarle su poder es reconocerlo.

2

Entiende a tu peor versión

E staba en su coche parada en medio del tráfico. En un tremendo embotellamiento, bueno, para ser más exacto, en uno de esos atascos que hacen que la autopista parezca un aparcamiento. Hacía un calor insoportable y todavía era de día en el valle de San Fernando, en Los Ángeles. «Hora punta —pensó—, aunque se debería llamar hora de hacer un alto en el camino». Parecía como si los coches fueran a arder espontáneamente, de un momento a otro. Agarró con fuerza el volante. El aire acondicionado le arrojaba aire templado al rostro, mientras sentía que un río de sudor le bajaba incesantemente por el pecho y la espalda. Sonó el móvil.

—¿Hola? —respondió en un tono de ansiedad, no demasiado sutil.

—¡Hola, Suzanne! ¿Tienes un segundo? —Al oír mi voz se le iluminó el rostro con una sonrisa. A pesar de sentirse fatal en medio de aquel atasco, al menos podía pasar un rato charlando con un buen amigo.

—¡Hola, Mike! ¿Qué hay de nuevo? He salido de trabajar y voy de regreso a casa.

—Me gustaría saber si puedes salir a cenar el jueves por la noche. ¡Hemos de ponernos al día!

—¡Me encantaría! De acuerdo, entonces.

—Estupendo. Te mandaré un mensaje para decirte el sitio. ¿Te va bien a las ocho?

—Sí. Perfecto. ¡Estoy deseando que llegue el día!

—Genial. ¡Hablamos más adelante! ¡Ve con cuidado!

—¡Chao!

En cuanto terminó la conversación, se le puso cara larga, dio un suspiró y miró a su alrededor. Parecía que los coches empezaban a moverse. Quizás hasta podría llegar a casa este siglo. En ese momento, un coche la adelantó bruscamente, sin previo aviso, cortándole el paso y quedando a unos centímetros del suyo.

Perdió los papeles.

—Maldito, ¿me estás tomando el pelo? ¡Cabrón! ¿Qué demonios crees que estás haciendo? —Suzanne continuó lanzando una serie de variados improperios a voz en grito, casi rugiendo, a la vez que gesticulaba agresivamente con los brazos, consiguiendo que la violencia de sus movimientos se transmitiera a su conducción y el coche diera pequeñas sacudidas. Estaba fuera de sí.

Después de haber estado vomitando improperios por su boca durante un minuto, como si fuera la lava de un volcán, y de haber tocado tanto la bocina que había incitado a los otros conductores a hacer lo mismo, consiguió calmarse un poco. Se abrió camino entre los coches y se acercó a la persona que le había cortado el paso, pero antes de hacerle el ofensivo gesto de «que te den», vio que la conductora era una adorable anciana, que simplemente se dirigía del punto A al B, como estaba haciendo ella.

Pasados unos días, esa misma semana, quedamos para cenar. Nos sentamos el uno frente al otro en nuestro asador favorito y empezamos a atacar nuestras ensaladas.

—Cuando te llamé el otro día mientras estabas conduciendo, ¿estabas muy estresada?

—Bueno, no más de lo habitual. Tengo mucho ajetreo en el trabajo, pero me las voy arreglando. ¿Por qué me lo preguntas?

—Bueno, porque cuando nos despedimos, no colgaste y pude oír que tuviste un pequeño ataque de ira al volante.

Se quedó de hielo y boquiabierta.

—¡Oh, Dios mío! ¡Qué vergüenza! —exclamó con una risa tonta—. ¡Apuesto a que no sabías que podía echar pestes de alguien de ese modo!

—¡Pues, francamente, no! Desde luego tienes un buen repertorio. ¿Te pasa muy a menudo?

—¿El qué? ¿Gritar a los gilipollas que me cierran el paso? Bueno, claro. Estamos en Los Ángeles. Va incluido en el paquete. No me dirás que nunca has gritado a alguien por conducir como un poseso, porque la mayoría de las personas de esta ciudad lo hacen.

—A mí el tráfico no me pone así. La agresividad al volante es un tema que me fascina. La persona que va en el otro coche no puede oírte. Todo el mundo lleva las ventanas cerradas. ¿De qué sirve?

—No es para que me oiga la otra persona, sino para liberar la tensión que siento.

—¿Y luego te sientes mejor?

Esa pregunta le hizo reflexionar.

—Me gustaría pensar que sí, pero la verdad es que, a veces, me altero tanto que tengo la sensación de que se me va a salir el corazón del pecho. Así que creo que la respuesta es no.

—Toma un par de servilletas. Me gustaría hacer un ejercicio contigo.

—¡Vaya, ya estamos otra vez! ¡Otro de tus ejercicios!

—Venga, ya sabes que siempre te encantan. Este va a ser divertido. Quiero que escribas todas las características que no te gustan de ti o que, de alguna manera, no te dejan ser tú misma. Cualquier cosa que no te permita estar a la altura de tu mejor versión.

Suzanne puso los ojos en blanco con resignación y accedió a mi petición. Todos mis amigos están acostumbrados a que les haga hacer estas cosas cuando nos vemos, y ella no era una excepción. En aquel tiempo, hacía cinco años que nos conocíamos, incluso habíamos trabajado juntos en un proyecto. Sentíamos un gran respeto mutuo. No tardó demasiado en confeccionar su lista y cuando terminó me la entregó un poco indignada.

—Vale, fantástico. Ahora vamos a crear el personaje de tu peor versión.

—¿Mi qué?

—Tu peor versión. Todos tenemos una o varias peores versiones. Estos son los aspectos que se manifiestan cuando suceden cosas negativas, como nuestros miedos y ansiedades. La finalidad de este ejercicio es llegar a conocerlos e identificar qué es lo que los incita a salir a la luz, para que puedas tenerlos a raya. Porque no te interesa que sea tu peor versión la que tome las riendas de tu vida.

—Es decir, ese aspecto mío, desmesuradamente mal hablado y vengativo, que surge cuando estoy al volante y al que podría llamar Regina Furiosa al Volante o algo parecido.

—¡Exactamente! Y ahora, para conseguir que sea más tangible para ti, quiero que me la dibujes en esta servilleta.

—Ummm. Vale. Regina, creo que tienes unas enormes y pobladas cejas de aspecto mezquino, bíceps protuberantes y un encantador par de cuernos en la cabeza.

Garabateó en la servilleta lo que estaba diciendo y me enseñó su trabajo de artesanía.

—¡Perfecto! Ahora, la siguiente pregunta. Además de conducir en atascos, ¿qué más saca a Regina de sus casillas?

Suzanne se quedó pensativa.

—Cualquier situación en la que me sienta totalmente asqueada. Es decir, situaciones frustrantes que me veo obligada a aguantar hasta que ya no puedo más. Entonces, me transformo en Regina y mejor que se aparte todo el mundo. Pregúntale a mi marido.

—¿Habías establecido antes esa conexión? ¿Que este aspecto de tu personalidad se manifiesta cuando estás harta?

—No, en realidad no. Pero ahora que me doy cuenta, veo que quizás podría hacer algo para evitar que sucediera.

—¿Cómo qué? —le pregunté.

—Bueno, probablemente podría intentar hablar antes con mi marido o con quienquiera que me ponga nerviosa, en lugar de tratar de ignorar mis sentimientos o reprimirlos hasta que estallan. Podría decirle que necesito que seque la ducha después de utilizarla para que no se forme moho, en lugar de esperar a que este se forme, invada el cuarto de baño y empiece a gritarle.

—Bien. Ya que estamos en ello, de esta lista de aspectos que no te gustan de ti, ¿puedes crear alguna otra peor versión?

—Desde luego. Pero es muy distinta a Regina. Esta otra es introvertida, cohibida y callada. Siempre que estoy en un territorio nuevo o que me falta experiencia en algo, me cierro.

—Dibújala, también.

Suzanne ya había empezado a hacerlo. Conocía muy bien ese aspecto de sí misma. Estaba dibujando una personita sentada en una enorme mesa de conferencias, con la cabeza gacha y el pelo colgando por delante de la cara haciéndole de escudo protector. Tenía las piernas flexionadas contra el pecho y abrazadas.

—Esta imagen dice mucho. ¿Cómo se llama? —le pregunté.

—Es Nell.

—Entonces, ¿Nell aparece cuando estás de trabajo hasta las cejas?

—Sí, o en cualquier situación en la que no me siento preparada. Literalmente, recuerdo que cuando era pequeña faltaba mucho a clase, porque estaba enferma, y tenía que hacer exámenes de materias que no había estudiado. Era muy perfeccionista, pero me quedaba bloqueada y no podía responder ni a una pregunta. Cada vez que converso de algo que no conozco muy bien o me encuentro en una situación nueva, revivo ese momento.

—Así que ¿sientes que no puedes confiar en tu intuición o tus conocimientos en esas situaciones?

—Así es. Me quedo paralizada. Bueno, Nell se paraliza.

—Exactamente. Ahora que ya sabes qué es lo que la activa, ¿te parece que podrías controlarla?

Su rostro pasó de expresar decepción a iluminarse en cuestión de segundos. Al identificar a Nell y ponerle cara y nombre, de pronto sintió que tenía poder sobre ella.

—¿Sabes qué? Así es. Siento que me he estado aferrando al pasado de una manera extraña y he dejado que me manipulara. ¿No te parece increíble?

—No. En absoluto. Es algo bastante normal. Pero ahora que has retomado el control, no debes dejar que tu pasado vuelva a arrebatártelo.

—Siempre aprendo algo cuando estamos juntos, Mike, pero esto es muy importante. Me alegro de que oyeras mi ataque de ira al volante.

—Yo también. Además, ahora ya me atrevo a ir en coche contigo. Porque, por un minuto, estuve a punto de decirte que no volvieras a conducir.

—¡Oh, vaya! No es que Regina fuera a chocar contra nadie intencionadamente. —En ese momento, levanté un poco las cejas—. Pero tienes razón, ¡quién sabe lo que podía llegar a hacer esa loca! Me alegro de que se haya marchado.

Nos reímos un buen rato y disfrutamos del resto de la velada. Las semanas siguientes, estuve en contacto con mi amiga para comprobar si Nell o Regina habían hecho acto de presencia, y me alegra decir que Suzanne tampoco había tenido noticias suyas.

Descubrir tus peores versiones es un ejercicio muy profundo, y no exagero al decir que puede cambiar tu vida. He visto, en infinidad de ocasiones, cómo las personas conquistaban nuevas e inimaginables cimas para ellas, en todas las áreas, solo por impedir que su peor versión se interpusiera en su camino.

Voy a ponerte otro ejemplo de peor versión que una de mis clientas identificó en su interior. Siempre tenía problemas en sus relaciones sentimentales, pero era incapaz de descubrir por qué no podía mantener una relación sana y estable con un hombre. Iniciaba relaciones que, al principio, parecían maravillosas, pero que al poco tiempo se volvían tóxicas. Todas sus amistades le decían que no estaba con la persona apropiada, pero ella hacía la vista gorda y permitía que sus parejas la insultaran, subestimaran, engañaran e incluso, alguna que otra vez... la maltrataran emocional o físicamente.

Cuando le pregunté cuál era su concepto de buena relación, se iba por la tangente y empezaba a contar una historia que parecía la típica novela o comedia romántica. ¡Pura fantasía! La ayudé a probar sus teorías sobre lo que era una relación perfecta saliendo a la calle a buscar personas que, según ella, podrían ser un ejemplo de la pareja perfecta, que tuvieran todo lo que ella deseaba. Lo bueno fue que la mayoría de las parejas que vimos o estaban concentradas en sus móviles y pasaban la una de la otra o parecía que entre ellas ya no hubiera nada, es decir, que eran de las que se sentaban a comer en la misma mesa, pero que su lenguaje corporal y su contacto visual evidenciaban que están a miles de kilómetros de distancia. También vimos algunas que hablaban animadamente y que, incluso, flirteaban, pero ninguna de ellas se miraba directamente a los ojos, se daba la mano encima de la mesa o jugueteaba con los pies. Cuanto más mirábamos a nuestro alrededor, más se daba cuenta de que sus expectativas de vivir un romance de cuento de hadas no eran realistas. Entendió que actuaba como una romántica empedernida con unos ideales muy poco factibles. Decidió llamar a su peor versión «Rapunzel».

Esto no significa que en la vida real no exista este tipo de relación. ¡Por supuesto que existe! Hay muchas personas que tienen relaciones amorosas apasionadas, muy gratificantes y satisfactorias emocionalmente. Pero no van por ahí flotando en una nube, con vestidos de tul y esmóquines, demostrándose su pasión todos los días con grandes gestos románticos. ¡La vida no es una película! En cuanto esta clienta aceptó esta realidad y volvió a tocar tierra firme respecto a su concepto de las relaciones íntimas, sus expectativas se volvieron más razonables.

En su siguiente relación, fue capaz de preguntarse si sus pensamientos y sentimientos procedían de su versión Rapunzel o de su mejor versión. Esto la ayudó a identificar fácilmente todo lo que se pareciera a un «pensamiento de cuento de hadas» y a desecharlo. Me alegra poder decir que hace años que tiene una relación romántica estable y sana. Como ya no estaba pendiente de encontrar al príncipe azul que le arrebatara el corazón o la rescatara de una torre, pudo encontrar una pareja mucho más apta, porque buscó un hombre estable y honrado. Puede que no suenen campanas cada vez que se besan, pero, afortunadamente, eso ya no es motivo para que abandone una relación.

Todavía hay algo de Rapunzel en ella, aunque tiene muy poca influencia, porque ya sabe cómo manejarla. Me he dado cuenta de que identificar a este personaje es mucho más eficaz que ponerles nombre a nuestros problemas. Si hubiera abordado sus problemas con las relaciones diciéndole: «Vaya, siempre tomas malas decisiones», «No vives en el mundo real y eres una idealista incorregible» o «Eres una adicta al amor», todo esto habría caído en oídos sordos. Tuvo que llegar a sus propias conclusiones y crear un personaje interno al que pudiera entender plenamente, para así evitar que interfiriera en su vida.

Aquí tienes otro ejemplo. Así es como una clienta me contó la historia de su peor versión:

Mi novio y yo acabábamos de pasar uno de nuestros mejores momentos en el concierto de Arcade Fire. Era un acontecimiento que llevábamos mucho tiempo esperando y planificando. Bailamos juntos, cantamos nuestras canciones favoritas y hubo mucha conexión entre nosotros. ¡Fue tan maravilloso que no queríamos que terminara aquella noche!

«¿Nos tomamos otra copa antes de ir a casa o nos quedamos un *poooco* más? —le pregunté a Johnny—. Todavía no me apetece volver».

«Síí, me parece una buena idea», respondió.

Así que nos fuimos a un bonito bar del barrio, donde trabajaba una amiga de Johnny. Fue muy amable y servicial, y nos saludó con grandes abrazos. La estuve observando mientras hablaba con él, era atractiva y tenía una mirada provocadora. Llevaba tatuajes y era desinhibida y seductora. En mi mente empezaron a surgir pequeños desencadenantes y apareció «Jealousa» ('celosa'), mi *alter ego*, el demonio opuesto a mi ángel, mi peor versión.

Jealousa es apasionada, fogosa, dramática, posesiva y celosa, como su nombre indica. Es insegura, no se considera atractiva y se cree inferior a los demás. Está convencida de que su novio actual, y todos los que ha tenido, siempre han mostrado interés por otras mujeres.

Mientras veía a Johnny y a esa chica hablando, empecé a hacerme preguntas: «¿Se siente atraído hacia ella? Parece muy interesado en su conversación. Es demasiado atento».

Se me empezaron a pasar todos estos pensamientos por la cabeza y se me recalentaron las emociones.

En primer lugar, el reproche y la ira proyectaron todas mis emociones negativas hacia su conducta; luego se convirtieron en inseguridad y comparación: «¿La considera más atractiva que yo? ¿Se siente atraído físicamente por ella? Es alta y delgada, yo soy baja y con curvas, jamás seré delgada o alta. Me ama y me dice que soy guapa, pero ¿realmente lo dice en serio?». La magia de la noche cambió inmediatamente y mi estado de ánimo se agrió. La semilla había echado raíces en mi mente y no había suficiente confirmación o intento de comunicación en el mundo que pudiera ayudarme, porque lo peor de mí se había adueñado de la situación y ya había tomado la decisión sobre cómo tenía que sentirme.

Johnny estaba totalmente desconcertado; solo había estado conversando y siendo amable, porque ¡es simpático por naturaleza!

Cuando le conté lo que me pasaba, no tenía ni idea de qué le estaba hablando. Nuestra mejor noche acabó en pelea. Cuando me empezaba a dormir, me pregunté: «¿Tenía algún fundamento real lo que he sentido o me he montado yo toda esa historia?».

Jealousa entra sigilosamente y genera estas situaciones para avivar su fuego, para mantener vivos su sentido de posesión y sus celos; le gusta montarse películas que no son reales.

Ella no tiene motivos para estar paranoica o dudar de Johnny. Él está con ella porque la ama y le gusta.

Ejercicio: identifica las cualidades de tu peor versión

Puesto que la vida está en evolución constante, no es realista pensar que puedes actuar siempre desde tu mejor versión. Nada más lejos de la realidad, aquí se trata de reducir la cantidad de tiempo que pasas con tu peor versión.

Por ejemplo, yo tengo ciertas inseguridades en algunas áreas, así que me he puesto la meta de sentirme seguro de mí mismo, en cualquier nueva aventura que emprenda, y concentrarme en disfrutar del trayecto. Por ejemplo, incluso al escribir este libro he sentido algo de inseguridad. Como verás en otro capítulo posterior, no he sido demasiado buen estudiante, especialmente en lengua. La redacción no era lo mío, ¡así que ya te puedes imaginar lo que ha supuesto para mí escribir todo un libro! Me empecé a preocupar por lo que dirían los demás de mi estilo de escritura y dudé muchas veces de si estaba capacitado para ello. Lo mismo me ocurre cuando me invitan a algún programa en la televisión, que es algo relativamente nuevo para mí. Le daba tantas vueltas a lo que pensarían los productores y los espectadores de mí que afectó a mi confianza en mí mismo. Todo esto es fruto del miedo, y me he dado cuenta de que mis inseguridades surgen cuando pienso demasiado en si les voy a gustar a los demás o si les va a gustar mi trabajo. Sin embargo, cuando intercede Merlín (mi mejor versión), no me siento inseguro. Para mí, nuestra peor versión es la que intenta sabotearnos, la que hace todo lo posible para evitar que seamos nosotros mismos, y, por consiguiente, nos impide disfrutar del viaje de la vida.

En primer lugar, haz como hizo Suzanne, escribe las características que consideras los puntos débiles de tu forma de ser. Algunas de las preguntas que pueden ayudarte a identificarlas son:

- ¿Eres incapaz de perdonarte a ti mismo o a los demás?
- ¿Te enfadas fácilmente?
- ¿Sueles tomar malas decisiones conscientemente?
- ¿Estás casi siempre impaciente?
- ¿Actúas como si lo supieras todo?
- ¿Sueles rendirte antes de conseguir una meta?
- ¿Crees que no eres lo bastante bueno?
- ¿Dejas que los demás te pisoteen?
- ¿Sueles ser egoísta?

Quiero que recuerdes cuándo fue la última vez que actuaste de una forma negativa y luego pensaste: «¡Vaya, realmente no era yo en ese momento! ¡No reaccioné bien!». Quizás no sea algo tan obvio y se parezca más a algo que te incomoda y que sigues llevando dentro. Puede que no te guste la persona en la que te conviertes cuando hablas con algunos miembros de tu familia. Sucede algo, te tocan la fibra y de repente le cuelgas el teléfono a alguien.

Otro ejemplo es cuando las personas que mantienen una relación empiezan a montarse una película sobre la conducta de su pareja. Por ejemplo, un hombre llega a su casa después del trabajo y le apetece relajarse una hora delante del televisor. Pero lo que su esposa interpreta con ese patrón es que no desea estar con ella o que ya no le resulta atractiva. Empieza a darle vueltas a su película y llega a creerse que no es digna de su amor. Esa es la peor versión en acción.

Todo lo que te disguste de ti has de añadirlo a esta lista. Curiosamente, se suele dar el caso de que a mis clientes les resulta mucho más fácil escribir esta lista que la de su mejor versión. Pero esta es la razón por la que me entusiasma tanto tu viaje a través de este libro, porque, al final, vamos a darle la vuelta al guion y a mejorar tu vida.

Es solo para ti, deja a un lado cualquier sentimiento de culpa o de vergüenza. Esconder la cabeza bajo el ala y negar la realidad de ciertos aspectos de nosotros mismos solo aumenta su poder. Recuerda que las cosas dan más miedo cuando se ocultan en la oscuridad. Así que ¡vamos a iluminarlas un poco!

Esta es una lista de las características más comunes de nuestra peor versión. Puedes hacer un círculo alrededor de las que consideres oportunas o añadirlas a tu propia lista.

Aburrido	Autoindulgente	Corto de inteligencia	Deshonesto
Acusador	Avaricioso		Desleal
Afligido	Banal	Criminal	Desmesuradamente testarudo
Aguafiestas	Brusco	Crítico	
Alborotador	Calculador	Cruel	
Aletargado	Carente de visión	Cuestionable	Desobediente
Altivo		Débil	Desordenado
Amargado	Cascarrabias	Dependiente	Desorientado
Ansioso	Celoso	Depresivo	Despiadado
Antipático	Cínico	Desagradable	Despreciable
Apagado	Cobarde	Desagradecido	Destructivo
Apático	Complicado	Desalentador	Distraído
Apesadumbrado	Compulsivo	Desaliñado	Dogmático
	Confabulador	Desalmado	Dominante
Arbitrario	Conformista	Desconsiderado	Egocéntrico
Arrogante	Confundido		Egoísta
Artificial	Conservador en extremo	Descortés	Ególatra
Asocial		Descuidado	
Áspero		Desgarbado	

Emocional-
mente de-
pendiente
Enfadado
Engreído
Equivocado
Errático
Escapista
Estafador
Estirado
Estrecho de
miras
Estúpido
Exigente
Falso
Falto de tacto
Fantasioso
Fatalista
Frío
Grosero
Hostil
Huraño
Ignorante
Impaciente
Impasible
Impresentable
Impulsivo
Incapaz
Incívico
Inconsciente

Indiferente
Indigno
Indisciplinado
Indiscreto
Individualista
Indolente
Indulgente
Inestable
Infantil
Inferior
Infiel
Ingenuo
Inhibido
Inmoral
Inoportuno
Insano
Inseguro
Insensato
Insensible
Insignificante
Insolidario
Insulso
Interesado
Intolerante
Irracional
Irrespetuoso
Irresponsable
Irritable
Ladino
Liante

Maleducado
Malicioso
Mentiroso
Mezquino
Miserable
Molesto
Monstruoso
Narcisista
Negativo
Nervioso
Obsesivo
Odioso
Ofensivo
Opresor
Paranoico
Parcial
Pasivo
Pasota
Pedante
Perezoso
Perfeccionista
Permisivo
Perverso
Pesimista
Poco fiable
Polémico
Pomposo
Posesivo
Quejica
Repelente

Reprimido
Repulsivo
Resentido
Reservado
Rígido
Ritualista
Ruidoso
Sedentario
Soso
Sucio
Sumiso
Superficial
Tacaño
Taimado
Tenso
Terco
Tonto
Torpe
Tosco
Tóxico
Traidor
Vago
Vanidoso
Variable
Vengativo
Voluble
Vulgar
Vulnerable

Cualquier cosa sobre ti que te parezca un atributo negativo y que no hayas visto en la lista anterior, puedes escribirla a continuación:

Rasgos de mi peor versión: ....

....

....

....

....

Ejercicio: crea tu peor versión

De acuerdo con los aspectos negativos que acabas de escribir, vamos a empezar a darle forma a tu peor versión. Al conectar con tu imaginación para hacer este ejercicio, recuerda que se supone que ha de ser una exageración de esta versión de ti mismo. A mí me parece sano reírnos de nosotros mismos, aunque solo sea un poco. Si estamos tan ofendidos que somos incapaces de reírnos de nosotros mismos, es que nos estamos tomando demasiado en serio. El hecho de exagerar esas características también nos ayuda a recordarlas. Por lo tanto, cuando pensamos o nos comportamos de cierto modo, podemos hacer una pausa para reflexionar: «¿Estoy actuando desde mi mejor o mi peor versión?». Y, de este modo, tendremos imágenes poderosas que nos recuerden a ambas.

Una de mis peores versiones es «Angelos». Le encanta provocar a la gente, es impaciente y echa atrás su fea cabeza cuando le parece que los demás no son honestos. No tiene compasión y se niega a aceptar que algunas personas mienten por miedo. Es impulsivo. No soporta las conversaciones sobre las noticias, el tiempo o los deportes. Es desconfiado. Mis amigos conocen a este personaje y me lo han señalado en el pasado, pero ahora puedo decir sinceramente que el volumen de actividad de Angelos es bajo o inexistente. Mientras trabajas en darle forma a tu peor versión, recuerda que es normal que tengas que crear diferentes personajes, pues lo peor de ti puede tener varias versiones. Puedes darle a cada una su propio conjunto de cualidades y apariciones.

Del mismo modo que un guionista desarrolla por completo sus personajes antes de escribir una sola palabra de los diálogos del guion de una película, quiero que tengas una imagen completa y profunda de tu peor versión y que entiendas quién es. Cuanto más clara sea la imagen en tu mente, más fácil te resultará predecir qué podría desencadenar su reacción o influir en tu conducta. Y también ayudará a tu mejor versión a mantenerla a raya.

A continuación tienes algunas preguntas para que empieces a crear tu peor versión:

- ¿Es tu peor versión...

  » ... de un género en particular?
  » ... un animal?
  » ... una criatura mística o una voz interna de sabiduría?
  » ... un personaje inspirado en un libro o en una película?

- ¿Tiene algún eslogan?
- ¿Se mueve, camina o baila de alguna manera específica?
- ¿Se comporta de alguna manera especial cuando alguien es amable contigo?
- ¿Se comporta de alguna forma concreta cuando te sientes amenazado?
- ¿Qué piensa de ti?
- ¿Cómo va vestida?

Escribe una descripción completa de tu peor versión: ....

....

....

....

....

....

Enumera cinco acontecimientos o situaciones recientes en los que ha aparecido tu peor versión:

1. ....

2. ....

3. ....

4. ....

5. ....

Ahora, toma un lápiz o bolígrafo, rotulador o pincel: ha llegado el momento de que la dibujes. ¡Pon la mayor cantidad de detalles que se te ocurran!

Dibuja aquí tu peor versión:

Antes de seguir adelante, piensa un momento en el nombre que le vas a dar y escríbelo en la parte superior de la imagen que has creado.

Ahora pregúntate cómo afrontarías dichas situaciones si obraras desde tu mejor versión. Es decir, ¿qué haría esta última si fuera la que controlara la situación?

1. ....

2. ....

3. ....

4. ....

5. ....

¡Vaya, vaya! ¡Me atrevería a decir que estás viendo un patrón! Te estoy incitando a profundizar y a que te observes. Aunque hayas puesto los ojos en blanco una o dos veces, lo estoy consiguiendo. Quizás hayas salido un poco de tu zona de confort, pero es un trabajo que merece la pena.

Voy a compartir contigo una situación en la que suelo encontrarme y que normalmente despertaba a Angelos. Como director ejecutivo de una empresa, trato con empleados muy variopintos. Cuando veía que alguno de ellos no estaba trabajando como debía, se lo decía claramente sin importarme quién estuviera delante en aquel momento. No se me pasaba por la cabeza lo humillada que podía sentirse esa persona (por supuesto, mi intención no era humillarla *intencionadamente*, pero no solía tener en cuenta sus sentimientos). Ese era Angelos. Actuaba impulsivamente, en lugar de pensar cómo podía incentivar a ese empleado para que hiciera un trabajo excelente. Cuando me ponía en el estado de ánimo de Angelos, no me importaba nada, me enfrentaba a quien fuera, en aquel momento y lugar. Sin embargo, me di cuenta de que este tipo de conducta no me aportaba paz, ¡todo lo contrario! No hacía más que aumentar mi tensión por resolver y, en general, el empleado no mejoraba en su trabajo. Cuando aparecía Angelos, se creaba una situación en la que no ganaba nadie.

La evolución de tu peor versión

Ahora que ya entiendes claramente tus diversas peores versiones, la próxima vez que te enfrentes a una situación que suele provocar su aparición, puedes elegir que sea tu mejor versión la que la maneje. Al principio, será una decisión consciente aunque sea rápida, pero con el tiempo se volverá automática. Cada vez que se te presente un reto o un obstáculo en tu camino, empezarás a invocar subconscientemente a tu mejor versión, en lugar de dejar que aparezca la peor.

La vida no es estática —está en constante cambio y movimiento— y tampoco lo es tu peor versión. Nuestras experiencias dan forma a nuestro escenario mental y emocional, así que es posible que aparezca una nueva versión. Te animo a que te vayas revisando, de tanto en tanto, y que vuelvas a hacer este ejercicio desde el principio. Puede que te sorprenda lo que descubras.

Cada vez que experimentes algún tipo de cambio —un trabajo nuevo o cambio de profesión, un traslado, la pérdida de un ser querido, etcétera— es un buen momento para volver a tomar conciencia de tu peor versión. Esto te puede ayudar a mantener el equilibrio en general.

Como habrás comprobado, el sencillo proceso que hemos realizado en estos dos últimos capítulos puede ser muy poderoso y esclarecedor en tu camino para llegar a ser la mejor versión de ti mismo. En el próximo capítulo, incluiré lo que necesitas llevar en tu maleta para este excitante viaje que tienes por delante.

3

TU CAMINO PERSONAL:

LOS PRINCIPIOS DEL CAMBIO

Todos somos artistas. Para mí un artista es alguien que se expresa a través de su propia autenticidad. Todos estamos dotados para crear cosas hermosas, de las que otros puedan beneficiarse, y eso es lo que nos hace únicos. No me estoy refiriendo al tipo de arte para el que necesitas lienzo y pincel; hay muchas formas diferentes y exclusivas de arte en el mundo, tantas como personas.

Yo descubrí mi arte por accidente, como creo que nos sucede a muchos. En mi camino personal ha habido y hay muchos giros y cambios de sentido, subidas y bajadas e incluso momentos en los que no voy a ninguna parte, y son justamente esas experiencias las que me han ayudado a conectar conmigo mismo y con los demás. Gracias a esas conexiones descubrí mi arte, que es ayudar a los demás a experimentar la libertad de ser la mejor versión de sí mismos. Supongo que se podría decir que *mi* arte es ayudarte a descubrir *tu* arte. Esa es la esencia del camino en el que te encuentras ahora, al aplicar el modelo de tu mejor versión.

Todas las personas con las que he trabajado te dirán que, en algún momento, les he preguntado: «¿Cuál es tu arte?». Cuando lo hago, suelen mirarme extrañadas. Lo que en realidad les estoy preguntando es cómo expresan su verdadero yo en su día a día, si lo hacen a través de la profesión que han elegido, de su forma de relacionarse con su familia, de sus aficiones, etcétera.

Un ejemplo: los terapeutas de mis centros CAST, todos los días, expresan su arte personal trabajando con los clientes y siempre lo hacen con el propósito superior de liberar a las personas de aquello que las tiene atrapadas. El personal de nuestro hogar transitorio ha perfeccionado su arte haciendo que la gente se sienta atendida y amada. La mujer que limpia las consultas, antes de que llegue todo el mundo, tiene el arte de crear un espacio ordenado y pulcro. El director de recursos humanos tiene el arte de mantener la paz y de cuidar al máximo todos los detalles. Es una maravilla estar, a diario, con un grupo de personas que manifiestan activamente sus artes exclusivas y que comparten una meta que los inspira y motiva.

La gente suele decirme: «Debes de sentirte muy bien contigo mismo, porque tu trabajo consiste en ayudar a los demás a mejorar». Pero siempre la corrijo en este punto, porque si vives de acuerdo con tu mejor versión en todas las áreas de tu vida, no importa que tu arte sea la fontanería, crear programas de ordenador, diseñar ropa, servir mesas, fabricar muebles, escribir canciones, cultivar verduras, decorar casas o cualquier otra cosa, ¡puedes sentirte, y de hecho te sentirás, de maravilla contigo mismo! ¡Eso es lo que deseo para ti!

Los cinco principios del cambio

Supongo que, a estas alturas, te habrás dado cuenta de que estoy totalmente convencido de que tu camino es distinto al de cualquier otra persona. No obstante, hay algunas cualidades que está demostrado con creces que son esenciales para tener una buena experiencia con el modelo de tu mejor versión. Estas cualidades o instrumentos, que he llamado los cinco principios del cambio, nos ayudan a prepararnos mentalmente para el proceso que vamos a emprender.

Para conseguir la actitud correcta para el cambio, quiero que te comprometas a verlo todo con:

- Curiosidad.
- Sinceridad.
- Mente abierta.
- Voluntad.
- Enfoque.

Curiosidad

Soy curioso por naturaleza y, por esta razón, hago muchas preguntas, especialmente cuando estoy conociendo a alguien. Ni siquiera me doy cuenta de que lo hago. Pero doy gracias por mi curiosidad innata sobre mí mismo y sobre los demás, porque me facilita extraordinariamente poder ayudarlos. Con frecuencia, gracias a una serie de sencillas y poderosas preguntas, puedo ayudarlos a atar cabos y a que experimenten momentos decisivos. Solo sigo mi curiosidad.

De todos modos, soy consciente de que no todo el mundo tiene esa misma curiosidad innata y, más concretamente, he descubierto que hay muchas personas que tienen problemas con este tema. Viven sin pena ni gloria hasta que llega una crisis que las obliga a replantearse las cosas. Pero cuando sentimos curiosidad por nosotros mismos, eso nos inspira a cambiar.

La curiosidad significa, simplemente, «un deseo intenso de conocer o aprender algo». Si has dejado de ser curioso, no podrás explorarte. Sé que, a veces, nos da miedo profundizar, eliminar capas, quitarle el polvo a algo que lleva mucho tiempo instaurado en nuestra mente, echando raíces insidiosamente. Pero al iluminar los rincones oscuros de tu mente y de tu corazón, te darás cuenta de que no era tan terrible como parecía y empezarás a recuperar tu poder de formas que jamás hubieras llegado a imaginar.

Al pensar en la curiosidad que sentimos en la infancia, es fácil que nos vengan imágenes de niños que toman arena en sus manos y observan cómo se escurre de entre sus dedos, que miran asombrados una bandada de pájaros que alza el vuelo o que gritan entusiasmados mientras salpican en la bañera llena de burbujas. Esto es aprendizaje experiencial; están comprendiendo el mundo que los rodea usando todos sus sentidos, y este tipo de curiosidad es la que quiero que practiques, concretamente aplicada a *ti mismo*. Quiero que seas muy consciente de tus patrones de pensamiento, de tu conducta y de la forma en que te mueves en el mundo.

Walt Disney dijo: «Seguimos moviéndonos hacia delante, abriendo nuevas puertas y haciendo cosas nuevas, porque somos curiosos y la curiosidad nos lleva por nuevos caminos». Creo que eso dice mucho de la naturaleza profunda de la curiosidad y de lo que esta puede hacer por nosotros si la aceptamos y fomentamos. Y mientras el ámbito principal en el que te voy a pedir que seas curioso es el de tu propio paisaje interior, también se proyectará hacia el exterior para incluir el mundo que te rodea, ideas, perspectivas y creencias nuevas. La curiosidad es el medio por el cual puedes adquirir conocimiento. Sin curiosidad no se puede aprender.

Bandera roja

Me gustaría hacerte una advertencia. A veces, cuando las personas sienten una curiosidad profunda hacia ellas mismas, caen en una espiral de autocrítica. Su inmersión solo las lleva a pensamientos y conductas negativos. Si observas que vas por esos derroteros, para inmediatamente y cambia el rumbo.

La razón de ser curioso no es para autocastigarte, sino simplemente para que empieces a descubrir las conexiones entre tus pensamientos y tus conductas, y para verte, y realmente me refiero a *verte*, tal como eres ahora, a fin de que puedas saber hacia dónde quieres ir.

Sinceridad

Puesto que la principal meta que deseamos alcanzar es que conectes con tu mejor versión, entenderás que la sinceridad sea un factor primordial. Si te mientes a ti mismo (cosa que tu mejor versión no haría) sobre algo, incluidos los miedos que has ido cosechando por el camino, estarás poniendo obstáculos a tu progreso. Thomas Jefferson dijo: «La sinceridad es el primer capítulo del libro de la sabiduría». ¿No es la sabiduría lo que realmente queremos alcanzar? Hagamos la elección correcta en todas las cosas. La sinceridad es el comienzo de la sabiduría.

La sinceridad y la integridad son lo mismo: ambas tratan sobre hacer lo correcto. Quiero que hagas lo correcto para ti durante todo este proceso. Sin sinceridad absoluta, no podrás conectar realmente con tu mejor versión. Puede que pienses que te irá mejor si guardas algún secreto, pero te voy a decir algo: fracasarás. Si has estado intentando evitar algo, ha llegado el momento de enfrentarte a ello, y te prometo que la confesión y sus repercusiones no son tan malas como piensas. La magnitud de nuestro mal es equiparable a la de nuestros secretos. Estos últimos y la vergüenza pueden impedir que obtengas resultados positivos, ya que te pones trabas en el camino. Estoy deseando ayudarte a hacer las paces con todas tus «cosas», así que vamos a acordar la mejor manera de avanzar desde la verdad.

Mente abierta

Elegir estar abierto equivale a desarrollar nuestra visión interior, para conocer las respuestas que siempre han estado allí, pero que nuestra ceguera no nos dejaba ver.

Puesto que nuestro cerebro está diseñado para sobrevivir, no solemos estar muy abiertos en lo que respecta a ideas o cosas nuevas. El cerebro reconoce que lo que estamos haciendo ahora funciona bien, así que evitamos el cambio. No corremos ningún peligro grave, nos limitamos a dejar las cosas tal como están. Fundamentalmente, lo que piensa nuestro cerebro es: «Si no está roto, no lo arregles». Pero no estamos hablando de huir de un peligro inminente, sino de mejorar nuestro sistema operativo para pasar del modo supervivencia al modo *prosperidad*.

Es fundamental que permanezcas abierto mientras vas haciendo apaños y ajustes en tu forma de vida. Vamos a poner las cartas sobre la mesa y a revisarlas juntos, para descubrir dónde has de realizar cambios que, aunque sean pequeños, pueden tener enormes resultados positivos. Cuanto más abierto estés a conceptos nuevos, más probabilidades de éxito tendrás. Estar abierto, básicamente, significa estar dispuesto a aprender. Para mí ver lo liberador que resulta tener siempre la actitud de aprender ha sido uno de mis grandes descubrimientos. Te garantizo que tu vida mejorará, si estás abierto a la idea de que no siempre tienes la respuesta, que puedes sumar información nueva a las respuestas que ya tienes y que puedes hacer las cosas mejor que ahora. Como dijo el filósofo griego Sócrates respecto a la verdadera sabiduría: «Solo sé que no sé nada». Acéptalo. Rodea esta creencia con tus brazos y dale un gran abrazo, porque cuando aceptas la idea de que no sabes nada, de pronto te conviertes en una esponja, que siempre está absorbiendo ideas y puntos de vista nuevos.

Imagina que te hubieras pasado la vida detrás de una pared. Que ni siquiera te hubieras atrevido a pensar en salir de allí, hasta que, al final, llegara un amigo, te diera la mano y te arrastrara al otro lado. Y que entonces pudieras contemplar, por primera vez, la majestuosidad de un amanecer. Espero que este libro sea ese amigo que te da la mano y que el amanecer sea la belleza de tu mejor versión. Estate abierto a todo lo que se te presenta en tu camino.

Voluntad

Cuando por fin me rehabilité, hace ya más de dieciséis años, durante el proceso de recuperación aprendí que tenía que hacer todo lo posible para seguir así. Sabía que no quería recaer, así que seguí al pie de la letra todas y cada una de las recomendaciones de mis mentores, patrocinadores y terapeutas. Eso incluía asistir, todos los días, a las reuniones del programa de doce pasos, llamar a un mentor a diario, hacer voluntariado para devolverle a la comunidad lo que estaba recibiendo, rezar cada mañana y revisar lo que había hecho durante el día, cada noche. Estaba desesperado por encontrar una solución, porque no tenía excusa para mi adicción; por tanto, pedía consejo a todo aquel que tenía lo que a mí me faltaba (que era paz mental). Te puedo asegurar que toda persona que ha hecho un cambio radical en su vida, desde estar sobria hasta perder mucho peso o cambiar de profesión, ha conservado su voluntad. La voluntad es el paso de la acción, estar dispuesto a seguir actuando, no solo de pensamiento.

Tú también has de estar dispuesto a hacer lo que haga falta para mejorar. Sí, es posible que esto te obligue a salir de tu zona de confort, así que has de estar dispuesto a hacerlo. Como he dicho antes, ¡no tiene por qué ser duro! Creo que te sorprenderás cuando te des cuenta de que una vez has visualizado adecuadamente tu meta, no es tan difícil hacer el trabajo necesario para alcanzarla. Creo que cuando estás dispuesto a hacer algo, es cuando realmente lo haces. *Sir* Richard Branson, el magnate británico que fundó el grupo Virgin, dijo: «La vida es infinitamente mucho más divertida si dices sí, en lugar de no». Eso es exactamente a lo que me refiero, a estar dispuesto a decir sí y a pasar a la acción. No te arrepentirás.

Enfoque

El último principio para el cambio es la concentración, que también podríamos describir como no perder el rumbo. Puedes preguntarle a cualquier líder cuál ha sido la principal cualidad que le ha ayudado a alcanzar su éxito, y te responderá con una palabra: *enfoque*.

Voy a citar a varios personajes famosos, como Oprah Winfrey: «Siente el poder que surge de estar **enfocado** en lo que te entusiasma». Oprah realmente parece muy feliz haciendo lo que le gusta, ¿no te parece? Warren Buffett: «Los partidos los ganan los jugadores que se **enfocan** en el campo de juego, no los que no apartan la mirada del marcador». L. L. Cool: «Permanece **enfocado**, persigue tus sueños y sigue avanzando hacia tus metas». Es evidente que él ha conseguido hacer ambas cosas, y yo diría que ¡le ha valido la pena! El conocido empresario e inversor Mark Cuban dijo: «Lo que he aprendido es que basta con que estés **enfocado**, creas en ti mismo y confíes en tu habilidad y juicio». El enfoque es la clave.

Un escenario real que puede demostrarte el poder del enfoque es intentar ver el lado opuesto: pensar qué podría suceder si *no* estuvieras totalmente enfocado en una tarea importante. Mandar mensajes mientras conduces es el ejemplo más extremo (y más persuasivo) de intentar repartir la concentración entre tareas... y tiene resultados letales. Según el Consejo de Seguridad Nacional, cada año se producen 1,6 millones de accidentes de tráfico en Estados Unidos, debidos directamente al uso del teléfono móvil al volante. Eso supone uno de cada cuatro accidentes de coche. Al menos nueve personas mueren cada día por la distracción de algún conductor. No podemos estar en dos lugares a la vez, física o mentalmente. Para hacer el trabajo que hemos de hacer para mejorar nuestra vida, hemos de reducir las distracciones y crear un entorno que favorezca ese enfoque.

Ahora, hemos de aclarar qué es para ti estar enfocado. ¿Cuál es tu manera personal de estar enfocado? Digo «personal» porque cada cual se concentra de distintas formas. Por ejemplo, cuando lees este libro, puede que te sea más fácil concentrarte si lo haces a solas en tu dormitorio, con una taza de té y un bolígrafo. Otra opción podría ser que te ayude la energía que hay a tu alrededor y que prefieras leerlo en tu ordenador portátil, en una cafetería. Si no estás seguro de lo que prefieres, haz algún experimento, prueba un par de entornos diferentes y decide cuál te ayuda a concentrarte mejor. Desde el minuto cero, hemos de asegurarnos de que estás presente y totalmente centrado en tu trabajo.

Yo me concentro escogiendo el entorno correcto para mí. Las cafeterías son lugares idóneos para muchas personas, pero yo necesito una silla cómoda y pocas distracciones. Doy prioridad a aquello en lo que estoy intentando concentrarme y desconecto del resto de las tareas y actividades que tengo pendientes.

¿Qué es lo que carga tus pilas de autenticidad?

¿Qué estabas haciendo la última vez que te sentiste verdaderamente vivo, que ibas a toda máquina? ¿Cuándo sentiste que estabas totalmente conectado con tu vida?

Puede que se te ocurran al instante las respuestas y que vuelvas a vivir esos momentos. También es posible que te estés devanando los sesos preguntándote si *realmente* has sentido eso alguna vez. Esos momentos de rejuvenecimiento máximo, de sentir que estás totalmente recargado, es lo que yo llamo cargar tus pilas de autenticidad. Son momentos clave y necesarios en tu vida.

Veamos esto juntos y descubramos qué es lo que recarga tus pilas.

- Piensa por un momento qué es lo que te hace sentir verdaderamente vivo y escríbelo aquí:

....

....

....

- ¿Cuándo fue la última vez que hiciste esa actividad?

....

....

....

- Basándote en el tipo de actividad que has descubierto que recarga tus pilas de autenticidad, ¿qué consideras que te indica esto sobre tu mejor versión?

....

....

....

- ¿Qué áreas coinciden con tu mejor versión?

....

....

....

- ¿Qué áreas no coinciden con tu mejor versión?

....

....

....

Al revisar las respuestas que acabas de dar, ¿te parece que lo que haces está en sintonía con tu verdadero yo? Si es así, fantástico, porque eso significa que el trabajo que vamos a realizar juntos se centrará en pulir o en trabajar los problemas que tienes en áreas específicas.

Por otra parte, ¿tienes la sensación de haber enterrado tu verdadera esencia bajo montañas de basura? También está bien, ¡porque vamos a empezar a escarbar!

Ahora, califica tu predisposición al cambio

Ha llegado la hora de emprender el viaje. ¿Estás preparado? Me gustaría que te puntuaras en una escala del uno al diez, sobre los cinco factores de los que hemos estado hablando: curiosidad, sinceridad, mente abierta, voluntad y enfoque.

> 1 = Nada en absoluto
> 5 = Intentándolo
> 10 = ¡100% en ello!

1. ¿Cuál es tu grado de curiosidad por conocer quién eres realmente, aunque exista la posibilidad de descubrir a una persona distinta de la que eres ahora?

MARCA LA PUNTUACIÓN CON UN CÍRCULO: 1 2 3 4 5 6 7 8 9 10

2. ¿En qué medida vas a ser sincero contigo mismo al hacer los ejercicios de este libro? ¿Encenderás una luz potente en cada rincón de tu vida y de tu mente?

MARCA LA PUNTUACIÓN CON UN CÍRCULO: 1 2 3 4 5 6 7 8 9 10

3. ¿Estás abierto a hacer los cambios necesarios para mejorar?

MARCA LA PUNTUACIÓN CON UN CÍRCULO: 1   2   3   4   5   6   7   8   9   10

4. ¿Estás dispuesto a hacer todo lo que haga falta para mejorar tu vida y crear una conexión estable con tu mejor versión?

MARCA LA PUNTUACIÓN CON UN CÍRCULO: 1   2   3   4   5   6   7   8   9   10

5. ¿Estás enfocado en las tareas que vas a realizar en los ejercicios que te presenta este libro?

MARCA LA PUNTUACIÓN CON UN CÍRCULO: 1   2   3   4   5   6   7   8   9   10

Si no has marcado el diez en todas las respuestas, pregúntate esto: ¿que tendrías que hacer ahora mismo para obtener un diez? Escríbelo aquí:

....

....

....

....

....

Si no estás seguro de lo que tendrías que hacer para estar preparado, sigue leyendo. Y no te preocupes, todo es un proceso. Lo conseguiremos juntos.

Las etapas del cambio

Ahora que ya te has comprometido a ser curioso, sincero, tener la mente abierta, tener voluntad y estar enfocado, quisiera explicarte brevemente las etapas del cambio/mejora.

Las etapas del cambio/mejora[1]

- **Precontemplación:** no tienes intención alguna de cambiar tu conducta actual. Probablemente, ni siquiera eres consciente de que existe el problema.
- **Contemplación:** te has dado cuenta de que has de hacer algo en algún aspecto, pero todavía no tienes intención de cambiar.
- **Preparación:** tienes la intención de emprender una acción para corregir el problema. Estás convencido de que has de cambiar algo para mejorar algunos aspectos de tu vida, o todos, y crees que eres capaz de hacer lo que se te exige.
- **Acción:** estás modificando activamente tu conducta para mejorar.
- **Mantenimiento:** estás manteniendo la conducta que has cambiado y nuevas conductas han sustituido a las viejas.

He estado muchos años ayudando a personas que oponían una resistencia total, porque tenían miedo de las consecuencias del cambio. Muchas terminaron dando un giro de ciento ochenta grados a sus vidas, y en la actualidad algunas de ellas incluso trabajan para mí.

Todos recibimos señales de aviso cuando hemos de hacer un cambio, y si eres como la mayoría, probablemente las habrás subestimado o pasado por alto. Pero mi propósito es ayudarte a identificar las señales que se producen en distintas áreas de tu vida, a fin de que puedas modificar tu conducta y evitar la aparición de problemas aún mayores. No esperemos hasta que se produzca una crisis para reconocer la necesidad del cambio.

Cuando era *coach* de intervención, solía recibir llamadas de padres con hijos mayores que deseaban desesperadamente que estos cambiaran. Dos de estos progenitores eran Cindy y John, que me llamaron porque su hijo Marty, de diecinueve años, había dejado la universidad y se había instalado en el sótano. Se pasaba casi todo el día jugando a videojuegos (sobre todo por la noche y, luego, dormía hasta el mediodía), comía lo que le preparaba su madre y holgazaneaba por la casa. Como es natural, no tenía motivación alguna para cambiar. ¿Por qué debería? Para él, la vida era agradable. Los estudios nunca habían sido lo suyo; por eso regresó a casa, al gallinero, para tomarse un descanso, durante un periodo de tiempo indefinido.

John pensó que la mejor forma de motivar a su hijo a hacer algo en la vida sería contratarlo en su empresa: una cadena de restaurantes local. Se suponía que Marty tenía que trabajar en la sede central (así podría vigilarlo), de nueve a cinco, todos los días. Pero, a pesar de que cobraba por trabajar a tiempo completo, solo se presentaba unas cuantas horas, *quizás* tres días a la semana. Y cuando llegaba a su hora, no era especialmente productivo en la oficina, lo que provocaba las quejas de sus compañeros de trabajo, que decían que ni sabía trabajar en equipo ni tenía el mismo código ético que el resto: llegaba tarde, siempre estaba mandando mensajes desde su teléfono móvil, etcétera.

Me senté a charlar de la situación con esta pareja y, mientras conversábamos, Marty estuvo todo el rato en el sótano jugando con sus videojuegos y a todo volumen. Lo primero es lo primero: tenía que conseguir que John y Cindy se pusieran de acuerdo. Debían estar unidos y comprender que Marty solo tendría motivación para cambiar si, primero, había consecuencias reales de no hacerlo, y segundo, si sufría emocional, física o espiritualmente de tal manera que no pudiera soportarlo ni un día más. Todos éramos conscientes de que vivía con bastante comodidad, así que necesitaba experimentar las consecuencias. Desde ya.

—Vale, ¿hemos de echarlo de casa? ¿Para que vea cómo es vivir en la calle?

—John, es nuestro niño, ¡qué estás diciendo! ¡Eso no es negociable! ¡Yo estoy igual de harta de irle siempre detrás, pero hemos de ayudarlo! Está muy perdido —interrumpió Cindy horrorizada.

—Es una decisión que ha de tomar el propio Marty —les dije—. Si quiere seguir viviendo aquí, tendrá que seguir ciertas reglas. John, si no se presenta todos los días a su hora en el trabajo, habrá consecuencias. De lo contrario, estáis premiando la mala conducta. ¿Se lo permitirías a algún otro de tus empleados?

—De ningún modo —respondió John moviendo la cabeza con vehemencia.

Les planteé una pregunta a los dos.

—Según vosotros, ¿cuál sería la situación ideal en este caso?

—Si Marty quiere seguir viviendo aquí, tendría que arrimar el hombro en la casa. Eso incluye ir a comprar, cocinar, arreglárselas por sí solo y ayudarnos en las tareas domésticas. Es un adulto y necesitamos que se comporte como tal —intervino Cindy.

John asintió con la cabeza.

—Hemos intentado por todos los medios que fuera responsable, pero creo que los dos nos hemos dado cuenta de que no hemos sido coherentes y que, en última instancia, hemos estado fomentando su conducta —añadió él.

En casi todos los casos de este tipo, los padres son completamente conscientes de que son los causantes de la situación. Pero necesitan que alguien les dé permiso para cambiar su visión y recuperar su poder. Ahí es donde entro yo. El paso siguiente fue sentarme a charlar con los tres. Así que fuimos los tres juntos a ver a Marty al sótano. Los padres entraron primero y yo los seguí. La habitación era como esperaba, un escenario que había visto docenas de veces: oscura, desordenada, con envases de comida y latas de refrescos desparramadas; y él, un joven larguirucho, vestido con chándal y cómodamente apoltronado en su sillón. Tenía todo el aspecto y la vibración de un dormitorio universitario. Puso los ojos medio en blanco al ver a sus padres, mostrando de ese modo su descontento ante la visita, pero cuando me vio, se incorporó ligeramente y sus pupilas se dilataron un poco, como el típico ciervo que se queda deslumbrado ante las luces de los coches. Mi tamaño suele despertar cierto temor en los hombres, y en este caso fue útil.

—Marty —empezó su padre—, tu madre y yo ya hemos hablado contigo, en otras ocasiones, respecto a las condiciones para que vivas en esta casa, pero hoy es el día en que van a cambiar las cosas. Te presento a Coach Mike. Le hemos pedido que viniera.

—Hola, Marty. Encantado de conocerte —le dije.

—¡Hum! Vale. ¿Qué está pasando aquí?

Se levantó, con una mirada de desconcierto en su rostro.

—Te queremos mucho, ya lo sabes, pero te hemos estado consintiendo demasiado y así no te estamos ayudando; por consiguiente, a partir de ahora las cosas van a ser diferentes —le dijo Cindy, con una serena fortaleza que sorprendió al propio Marty.

A continuación, nos sentamos a hablar sobre el plan específico que tendría que seguir para continuar viviendo en casa de sus padres, con una fecha límite muy clara. Le informamos de que supervisaríamos todas las fases; yo iría a su casa para reunirme con ellos, una vez a la semana, durante algún tiempo, para asegurarme de que todo el mundo cumplía con su cometido (él, seguir las reglas, y los padres, dejar de consentirlo), y más adelante, a medida que fuéramos avanzando y progresando con las fases de la estrategia, iría cada dos semanas. No le dimos la oportunidad de interrumpir o rechistar. Tenía que tomar una decisión. Podía aceptar ese nuevo régimen y cumplir su parte o marcharse directamente.

A veces, una persona no atraviesa las fases de precontemplacion, contemplación y preparación por sí sola. En este caso, con ese particular conjunto de circunstancias, Marty no tenía ímpetu para enfrentarse a esas etapas del cambio. ¡Él no *quería* cambiar! Pero cuando sus padres se pusieron de acuerdo entre ellos y planificaron una estrategia clara, lo ayudaron a pasar a la acción. Las consecuencias de elegir no seguir sus nuevas reglas eran tangibles, así que eso le sirvió de motivación.

Una vez en la fase de la acción —y recordemos que fue su elección estar en esa fase, porque sus padres le dieron a elegir entre reformarse o marcharse—, empezó a sentirse bien consigo mismo. Hubo un periodo de transición y, como es lógico, tuvo sus momentos de debilidad, pero en general empezó a ser partícipe de su propia vida, en lugar de un mero espectador. Al final, todos estuvimos de acuerdo en que lo mejor para él sería desvincularse y buscar un trabajo fuera del entorno familiar, fue a una entrevista y le ofrecieron un puesto básico como vendedor de seguros. Seguimos con nuestras reuniones para evaluar en qué parte del proceso se encontraban y hablar de las estrategias para seguir progresando. Cuanto más independiente se volvía, más subía su autoestima y menos a la defensiva estaba con sus padres. Empezaba a cambiar: el adolescente recalcitrante pasó a ser un jugador del equipo y un miembro activo en la familia y en la sociedad.

Aproximadamente un año después del primer encuentro, Cindy me llamó para darme una noticia.

—Mike, todavía no me puedo creer la transformación que he visto en Marty. Se ha marchado a vivir a su propio apartamento y el día que hizo la mudanza, bajé al sótano para ver si se había dejado algo y vi su consola de videojuegos junto al televisor. Se lo dije y me respondió que ya estaba harto de los videojuegos, porque ¡le hacían perder demasiado tiempo! ¿Te lo imaginas? Y algo más. ¡Tiene novia! ¡Y es adorable! ¡Muchas gracias!

—¡Por supuesto! También puedes estar orgullosa de ti misma. Sé que John y tú os habéis esforzado mucho para ceñiros al plan, pero habéis sido tenaces.

Pasar a la acción cuanto antes tiene sus recompensas, porque empezamos a vernos de una manera renovada. Somos testigos directos de nuestra capacidad para hacer lo que se pide de nosotros, porque ¡estamos comenzando a *hacerlo*! No tenemos absolutamente nada que perder lanzándonos a la aventura e iniciando el cambio en nuestra vida, mientras que si no lo hacemos, sí tenemos mucho que perder. Entonces, los días pueden convertirse en semanas y estas en meses, hasta que un día, de pronto, nos damos cuenta de que hemos malgastado años haciendo las mismas cosas, cuando podíamos haber empleado nuestro tiempo para evolucionar y mejorar nuestra vida de diversas y extraordinarias formas.

Prepárate el camino...

Lady Gaga dijo: «Nunca dejes que nadie en el mundo te diga que no puedes ser exactamente quien realmente eres». Tiene toda la razón, y a veces eres *tú* quien se interpone en tu propio camino de ser exactamente tú mismo. Esta es la razón por la que, en el capítulo siguiente, vas a aprender a identificar y a manejar cualquier obstáculo que pueda amenazar tu progreso, para lograr vivir todos los días como tu mejor versión. ¡No queremos que nada te lo impida!

4

Identifica tus obstáculos

En todos los caminos hay obstáculos. Pueden asumir distintas formas y difieren ligeramente para cada persona. Mientras realizas tu trabajo para conectar con tu mejor versión, quiero que mantengas los ojos bien abiertos y que seas consciente de cualquier cosa que pueda estar saboteando tu éxito. Si ves venir un obstáculo, puedes esquivarlo.

Existen algunos aspectos universales en estos obstáculos que revisaremos en este capítulo, a fin de que puedas identificar cualquier área potencial en la que necesites enfocarte o muros que tengas que derribar. Si realmente consigues entender qué es lo que te está impidiendo conectar con tu esencia, podrás hallar la manera de superarlo y de seguir avanzando.

Cuestionario para hacer inventario del miedo

A lo largo de nuestra vida sucumbimos al miedo con demasiada frecuencia. Puede que no nos demos cuenta de que la causa de que permitamos que algo se interponga en nuestro camino es el miedo; por tanto, es imprescindible que revisemos qué es lo que nos está frenando y si en el fondo se oculta el miedo. Franklin D. Roosevelt dijo en su famoso discurso de toma de posesión: «Lo único que hemos de temer es al propio temor». ¿Por qué? Porque el miedo es un mentiroso. Te hará creer que no eres lo bastante bueno, lo bastante capaz, que todo el mundo te está juzgando, y actuarás de acuerdo con esas creencias. La mayoría de las veces, aquello que tememos nunca llega a suceder. ¿Te das cuenta? Malgastamos nuestro tiempo y energía preocupándonos por algo que nunca llega a suceder. ¿Y si fuéramos capaces de utilizar ese poder mental para realizar acciones positivas en algo que nos ayudara a progresar, en lugar de permitir que nos paralice y no nos deje avanzar? Podemos hacerlo. Es posible. Todo empieza por sincerarnos con nosotros mismos respecto a nuestros temores, para que no puedan echar raíces en nuestra mente.

No quiero que entre tú y tu mejor versión se interponga ningún miedo, así que vamos a tomarnos nuestro tiempo para identificarlos y trabajarlos, uno a uno.

Primera parte: ¿de qué tienes miedo?

Vamos a iniciar este proceso con un poco de asociación libre. Voy a plantearte una pregunta y quiero que empieces a escribir todas las palabras que se te ocurran, inmediatamente, después de leerla. No dudes ni por un momento: solo empieza a escribir. No pares hasta que se te acaben las palabras o comiences a repetirlas.

Descubrir lo que nos asusta es una parte esencial de este proceso; es un ejercicio muy potente y, a menudo, emotivo. Es muy difícil sacar a la luz nuestros miedos, pero el resultado vale la pena. En algún momento, todos hemos dejado que el miedo dirigiera nuestra vida de alguna manera. Cuando domines la habilidad de reconocer qué es lo que desata tu miedo y, lo que es igualmente importante, cuándo empieza, podrás atajar de raíz que se instaure en ti y te condicione. Eres tú quien toma la iniciativa, no tu miedo. ¡Vamos a deshacernos de él!

¿Listo? Bien. Esta es la pregunta:

¿Cuáles son algunos de los miedos que te han impedido cambiar?

_____

_____

_____

_____

_____

Segunda parte: el patrón del miedo

Puede que no fueras consciente de algunos de esos miedos o quizás, simplemente, los has estado evitando. Bien, ahora mismo, quiero que sepas que no estás solo. Otras personas han superado esos mismos temores. Tú también podrás hacerlo. Gracias a tu atrevimiento y tu valentía, que han hecho que salieran a la luz, ya has dado el primer paso para afrontarlos. Vamos a por el siguiente paso.

Al revisar tu lista, ¿observas algunos patrones? ¿Puedes agrupar fácilmente algunos de tus miedos en categorías más generales, como humillación, inutilidad, falta de aprobación? ¿Quizás todos tus temores se reducen a no ser querido o apreciado por los demás? Al mirar la lista, ¿ves algún tema que siempre se repite? Por ejemplo, ¿te parece que hay un temor de fondo a no ser capaz de ceñirte al plan para cambiar tu vida? ¿O te paraliza el fracaso? ¿O lo que piensan otras personas? ¿O que crees que no te mereces nada mejor? Examina esto detenidamente y escribe lo que observes.

La razón principal por la que he tenido miedo al cambio es:

....

....

....

....

....

....

Tercera parte: pon a prueba tu miedo

Lo estás haciendo muy bien, ¡mira cuánto has aprendido sobre ti en unos minutos! Cuando empezamos a hacernos estas preguntas, es porque hemos iniciado el proceso de comprendernos a nosotros mismos y nuestras motivaciones, en un plano totalmente nuevo. Ahora, vamos a seguir desarrollando el magnífico trabajo que has hecho hasta ahora.

Considera tu cerebro como un músculo. Puedes entrenar tu cerebro, del mismo modo que en el gimnasio fortaleces tus bíceps. De hecho, consciente o inconscientemente, siempre lo estás entrenando para que piense de cierta manera. Si seguimos en esa línea de pensamiento, podríamos decir que has entrenado a tu cerebro a tener miedo de cosas que no has de temer. Así es; puede que cada día estés actuando y tomando decisiones condicionado por el temor a algo que no es *real*.

Te voy a poner un ejemplo, para que lo entiendas mejor. Supongamos que te estás preparando para hacer una presentación en tu trabajo. Te has preparado los puntos de los que vas a hablar, has investigado sobre ellos y sabes lo que quieres decir. Pero cada vez que te pones a ensayar la charla en voz alta, el miedo te paraliza. Te imaginas a tus compañeros de trabajo riéndose a carcajadas, mientras tú estás de pie, junto a la mesa de juntas. Te ves acudiendo a la reunión desnudo. Te centras en hablar de un punto y se te traba la lengua cada vez que intentas abordar ese tema. La realidad es que se trata de una presentación de dos minutos para la que estás más que preparado y tienes experiencia de sobra, pero tu mente está atrapada en una pegajosa telaraña de miedos incontrolables. El creerte las mentiras que te están contando tus miedos, puede tener consecuencias en la vida real.

En tu día a día, ¿dedicas tu valioso tiempo y energía a temer algo irreal y que no supone una verdadera amenaza para ti? ¿Dejas que influya mucho en tus decisiones? ¿Ha conseguido tu imaginación sacar lo peor de ti?

Revisa tu respuesta de la segunda parte, la razón por la que temes el cambio. Ahora, pongamos a prueba ese miedo:

1. ¿Es viable en la realidad?
2. ¿Te ayuda en algo positivamente?
3. ¿Te ayuda a progresar hacia metas positivas?

Estas preguntas te pueden servir para determinar si tu miedo es racional o no.

Por ejemplo, si no estás a gusto en tu trabajo y quieres crear tu propio negocio, ¿has tenido miedo alguna vez de no lograr tu objetivo o de perderlo todo? Eso podría ser un miedo muy racional, pero hay una forma de afrontarlo. ¿Qué es lo que te va a ayudar a superar ese miedo y a crear ese negocio? La respuesta es tener un «colchón» económico de seguridad. En este caso has identificado el temor a arruinarte, así que la forma de evitar que ese miedo se haga realidad es ahorrar suficiente dinero para sobrevivir, durante cierto número de meses _____ (rellena el espacio en blanco con el número que te parezca adecuado), antes de dejar tu trabajo actual. Con esta acción, has reducido el riesgo y has descartado eficazmente ese miedo. Ahora que ya has apartado ese obstáculo del camino, puedes proseguir, con confianza, tu itinerario para llegar a ser tu propio jefe.

A continuación, te voy a pedir que escribas tu miedo racional y legítimo, el que te está impidiendo que hagas algo en concreto, y que crees un plan que puedas poner en práctica para evitar que ese temor se haga realidad.

Tengo miedo a: ....
....
....
....
....
....

Me impide que: ....
....
....
....

Mi plan para evitar que mi miedo se haga realidad es: ....
....
....
....
....

Aquí tienes un ejemplo:

Tengo miedo a: *sentirme rechazado.*
Me impide que: *intente hacer cosas nuevas, conozca a otras personas y permita que mi vida fluya por sí sola. Me pongo nervioso cuando he de conocer gente nueva; hace que no me sienta yo mismo cuando estoy con mis compañeros de trabajo, porque quiero agradarles, y tengo la necesidad de controlarlo todo.*

Mi plan para evitar que mi miedo se haga realidad es: *cuando me sienta rechazado, recordarme que la vida está intentando ofrecerme algo nuevo y mejor, y ser feliz con ese pensamiento.*

Repite este proceso todas las veces que sea necesario para cada uno de tus temores. Cuando tengas un plan para cada uno, les habrás quitado su poder y, por consiguiente, ya no podrán afectarte.

Cuarta parte: la fe siempre vence al miedo

Creo que lo opuesto al miedo es la fe. Hay un antiguo refrán inglés, que hace años mandé grabar en un llavero. Dice así: «El miedo llamó a la puerta. La fe abrió, y fuera no había nadie». Si tienes fe en que las cosas van a funcionar y en que eres capaz de hacer lo que sea, les quitas el poder a tus temores, y, de hecho, estos desaparecen. Para muchas personas, superar sus temores es un proceso de dejarlos ir y sustituirlos por la fe.

La próxima vez que observes que el miedo se ha apoderado de ti y te está impidiendo realizar un cambio positivo, prueba esta técnica de visualización:

1. Cierra los ojos e imagina el miedo. Recopila mentalmente todas las imágenes que acompañan a ese miedo, así como los sentimientos negativos que te generan.
2. Ahora, colócalas todas en una gran caja de cartón imaginaria.
3. Luego, ve reduciendo paulatinamente el tamaño de esa caja hasta que te quepa en la palma de la mano.
4. A continuación, imagina que estás al borde de un precipicio de un gran cañón, tan profundo que no ves el fondo.
5. Lanza la caja y obsérvala hasta que la pierdas de vista.

6. Imagina que te das la vuelta; al hacerlo te encuentras con una ducha de exterior.
7. Abre el grifo y deja que una cálida y agradable sensación lave todo tu cuerpo.
8. Abre los ojos y goza del sentimiento de renovación que te aporta tu fe.

Puedes repetir esta visualización siempre que lo necesites, pues te reforzará y te ayudará a liberarte de tus miedos.

El ego o tu mejor versión: tú eliges

Creo que el ego es la mayor y la única amenaza para tu capacidad de actuar desde tu mejor versión. Quiero aclarar que no soy psicoanalista; por tanto, no contemplo el ego desde una perspectiva freudiana. Cuando me refiero al ego, lo defino como un miedo profundamente arraigado, no un miedo evidente, como el que tienen algunas personas a las arañas o a los perros, sino uno relacionado con nuestra percepción de nosotros mismos y la percepción que pensamos que el mundo tiene de nosotros. Cuando dejamos que los temores se instauren en nuestro interior, pueden llegar a formar parte de nosotros, es como si quedaran grabados en el ADN de nuestra personalidad. Ya sé que parece perverso, pero puede suceder muy fácilmente.

Si te das cuenta de que, de vez en cuando, piensas, haces o dices cosas que no son propias de «ti», es el ego. Cada vez que contestas mal o atacas verbalmente a alguien, o tienes una discusión acalorada y sientes que pierdes los estribos, es el ego. O si dices que eres más bueno en algo de lo que en realidad eres, para no hacer el ridículo, o si prometes demasiado y cumples poco, aunque solo digas una mentirijilla piadosa, todo eso son manifestaciones del ego. Probablemente, se te ocurrirán más ejemplos: todos nos quedamos atrapados en el ego, alguna vez. Pero ¡no quiero que dejes que tu ego se interponga en tu camino para convertirte en tu mejor versión!

Esto es lo mejor de todo: si te preocupa que tu ego te esté bloqueando, ¡hay esperanza! Podrás combatirlo mejor de lo que te imaginas y yo te ayudaré. Primero nos ocuparemos de identificarlo y, luego, de silenciarlo.

Paso 1: identifica a tu ego

Para saber realmente si nuestro ego está involucrado en algunos aspectos de nuestra vida, primero hemos de entender qué tipos de pensamientos y sentimientos, con sus correspondientes acciones, podemos tener cuando estamos bajo su influencia. Y recuerda que el ego no siempre se manifiesta de manera exagerada. Probablemente, todos podríamos pensar en algún personaje popular, estrella del deporte o político que consideramos «egomaníaco» o, como mínimo, «egoísta». No estoy aquí para señalar a nadie, así que no voy a dar nombres. La cuestión es que, en nuestra sociedad, nunca faltan ejemplos extremos de egos desatados. El tuyo, sin embargo, puede que se manifieste de formas más sutiles. Cuando tropezamos con el ego, nuestras reacciones pueden ser desagradables, y eso no es divertido ni para ti ni para quienes te rodean. Me gustaría ahorrarte mucho tiempo y dolores de cabeza; por tanto, voy a ayudarte a que sintonices contigo mismo y puedas detectar cuándo está actuando tu ego, en lugar de tu mejor versión.

Aquí tienes algunas formas habituales en las que el ego puede sacar su desagradable cabeza. Hay egos muy cabezones y evidentes, y egos dominados por el miedo, que son más silenciosos y difíciles de reconocer, de modo que los dividiré en estas dos categorías. No se trata de una lista exhaustiva, pero te ayudará a hacerte una idea general de cómo puede presentarse el ego.

Ego cabezón/ejemplos evidentes

Las personas que están a la defensiva
- ¿Has hablado alguna vez con alguien que fuera especialmente susceptible? Si respondes diciéndole «estás a la defensiva» y esa persona no lo reconoce o lo niega, está demostrando falta de habilidad para aceptar la crítica constructiva.

Las que siempre quieren tener razón o que necesitan ganar
- Cuando una persona hace lo imposible para demostrar que tiene razón. Incluso puede invertir horas en la discusión para probarlo.

Las orgullosas o presuntuosas
- Es un tipo de egoísmo o egocentrismo, la necesidad constante de recordarle a todo el mundo lo maravilloso que se es. Por ejemplo, el exfutbolista que recuerda sus días de gloria, de hace veinte años, siempre que se presenta la oportunidad.

Las vengativas
- Cuando alguien hace daño intencionadamente a los que considera que le han hecho daño. Utilizan una falsa lógica para justificar sus acciones.
- Creen que perjudicar a esas personas les ayuda en algo.

Las posesivas
- Aquellas que se niegan a compartir. Protegen de los demás todo lo que consideran su «posesión» (¡incluidas las personas!).

Las que hablan mal de los demás
- Este tipo de individuos se sienten mejor hablando mal de los demás, ya sea por las redes sociales o en persona. Normalmente, alardean de haber dado con el insulto

perfecto o haber creado una historia desagradable respecto a otra persona.

Las que «hacen flexiones en el gimnasio»

- Son personas tan inseguras que siempre se están mirando en el espejo... en el gimnasio, en los escaparates, en el retrovisor, en su cámara del móvil (¡*selfies*!), etcétera, etcétera.

Las falsas

- Personas que tienen miedo de ser ellas mismas y de ser sinceras por temor a que las juzguen, las rechacen, etcétera, mentirán respecto a sí mismas o a los demás, a fin de crear una falsa realidad que les guste más que la suya.
- Personas que mienten por omisión, saltándose detalles importantes de sus vidas o para proteger su imagen.

Las intimidadoras

- A mi modo de ver, una de las expresiones extremas de un ego descontrolado es cuando alguien recurre a la amenaza o la intimidación. Este es uno de los graves problemas de nuestra sociedad actual, y es el resultado directo del ego.

Las victimistas

- Cuando alguien se niega a aceptar su responsabilidad en un problema. (Indagaremos en este punto en profundidad, más adelante, en este mismo capítulo, pues creo que es una actitud que actualmente va en aumento y ¡no me gustaría que cayeras en ella!). **Nota importante: existen víctimas reales de circunstancias terribles, pero no me estoy refiriendo a esas personas. Ser víctima de un delito no es lo mismo que tener mentalidad de víctima. Ser ofendido por alguien no te convierte automáticamente en una víctima y es una falta de respeto y un agravio hacia las verdaderas víctimas.**

Ejemplos menos evidentes de ego

Las personas que buscan la aprobación o la recompensa fuera
- Estos individuos basan su autoestima únicamente en las opiniones de los demás.

Las que no saben estar solas
- Quienes temen la soledad suelen ser así, porque la soledad no les aporta el ajetreo o la validación que necesitan.

Las falsas defensoras
- Personas que se erigen en defensoras de una idea o ideal y hostigan a quienes no piensan como ellas. Esto tiene una gran prevalencia hoy en día en los campus universitarios. También he visto personas en las redes que se presentan como defensoras de la salud mental pero que también hostigan a quienes no comparten sus creencias.

Las ofendidas por las críticas
- Personas que creen que no tienen defectos de carácter o que no necesitan crecimiento personal. En lugar de aceptar las críticas, reflexionar sobre ellas o considerar si, o cómo, pueden aplicarlas en su vida para mejorar, solo se sienten heridas en su orgullo y, en muchas ocasiones, atacan a los *ofensores*.

Las que están ancladas en el pasado
- Son personas que se aferran a su pasado cuando su presente no les aporta el sentimiento de importancia o las experiencias positivas que vivieron con anterioridad.
- Otra versión de esta manifestación del ego son las personas que recriminan a otras las experiencias negativas del pasado, para que se sientan culpables o mal.

Las inseguras o que dudan de sí mismas

- Personas afectadas por los sentimientos de no ser aptas, que siempre están buscando algo que pueda compensar su sentido de inferioridad, ya sea haciendo que los demás se sientan inseguros o aislándose.

Las que no dejan de disculparse (hasta el extremo de parecer falsas)

- Son individuos que dicen «lo siento» constantemente; lo hacen por su profundo deseo de agradar y de tener la aprobación de los demás, ya que no se aceptan a sí mismos.

Las que se preocupan por lo que piensan los demás

- Personas que están obsesionadas consigo mismas (su aspecto, forma de actuar, clase social, inteligencia, etcétera) y que usan a los demás como punto de referencia para definir su importancia y su merecimiento.

A veces nos cuesta reconocer estos tipos de conducta en nosotros, así que una buena forma de descubrir la verdad es preguntarle a un amigo de confianza o a un ser querido si han observado que tienes una conducta egoica. No siempre es fácil asimilar las respuestas, pero te animo a que estés abierto a los comentarios constructivos.

Otra gran forma de poner a prueba tus pensamientos o tu conducta, para averiguar si la causa es el ego, es pedirle opinión a tu mejor versión. Puedes interpretar, literalmente, una conversación con el personaje de tu mejor versión y hablar del tema. Pregúntale: «¿Me estoy comportando de esta manera por algún miedo profundamente arraigado o estoy actuando de acuerdo con mi mejor versión?» o «¿Es esta conducta un indicativo de mi mejor versión o es más propia del ego?». Este tipo de práctica puede ayudarte a conseguir tus propias respuestas sobre tus patrones de pensamiento o conductas habituales. Trata de recordar la última vez que te sentiste muy frustrado, que sentiste ansiedad o que, en general, no te gustó cómo fueron las cosas en un momento dado. ¿Qué habría hecho o cómo habría reaccionado tu mejor versión en ese momento? Esto puede ayudarte a ser muy específico al respecto.

Ahora bien, si cualquiera de las cualidades o manifestaciones del ego de las que te he hablado hasta ahora te recuerdan cosas que has dicho o hecho, o si se parecen a las características de tu peor versión que has escrito en el capítulo dos, no me gustaría que las convirtieras en una patología. No te pasa nada malo. Tal como he mencionado anteriormente, de vez en cuando todos caemos en la trampa del ego. La meta es empezar a reconocer cuándo está actuando nuestro ego, a fin de ser nosotros quienes lo controlemos, en lugar de ser a la inversa.

Niégate a jugar a la culpa

Si tuviera que elegir un tipo de mentalidad generalizada que me pareciera la más peligrosa de nuestra sociedad actual, me quedaría con el *victimismo*.

Hacer el papel de víctima significa responsabilizar a alguien o algo ajeno a ti de tus infortunios. Esto está relacionado con lo que recibe el nombre de «*locus* de control».

Una persona con un *locus* de control interno está convencida de que puede influir en las cosas y en los resultados, pero una persona con un *locus* externo culpa de todo a las fuerzas ajenas a ella (otras personas, circunstancias o, incluso, el destino). Dondequiera que mire en nuestra sociedad actual, tengo la impresión de que hay un mayor número de individuos que tienen un *locus* de control externo. Por ejemplo, si alguien tiene problemas para conseguir un trabajo y culpa de ello al panorama político o económico actual, está dando muestras de *locus* de control externo. Si alguien se resfría a menudo y culpa de ello a sus compañeros de trabajo o a que su entorno está cargado de gérmenes, también es una actitud de *locus* externo. Otra de estas actitudes es la de quienes siempre están endeudados y culpan de ello a la inflación o al alto coste de la vida, en lugar de responsabilizarse de su propia planificación y administración de gastos. Cuando una persona se divorcia o rompe con alguien de manera traumática y al cabo de cinco años todavía está resentida y sigue culpando de todo a su ex, es *locus* de control externo. Básicamente, cada vez que señalamos con el dedo algo ajeno a nosotros mismos como responsable de lo que nos está ocurriendo, estamos eligiendo un *locus* de control externo.

El problema de esta forma de pensar es que nos quita nuestro poder. Al jugar a la culpa, lo que estás haciendo es desesperarte y decir: «Soy una víctima y no hay nada que pueda hacer al respecto». Cuando culpas a alguien de lo que sientes o experimentas, estás renunciando a tu poder. Renunciar a tu poder significa que tienes una actitud pasiva ante las cosas. Te niegas a responsabilizarte de tu propia vida. Como imaginarás, esto puede ser un patrón muy destructivo. Para permanecer conectados con nuestra mejor versión, siempre hemos de responsabilizarnos de lo que nos sucede. Hemos de hallar la manera de tener el control, incluso en los momentos en que nos parece que el mundo se ha puesto en nuestra contra.

No cabe duda de que suceden cosas malas que no podemos controlar. Pero la clave está en ser conscientes de que nosotros somos plenamente responsables de nuestra forma de reaccionar a ellas. Podemos caer en la depresión, la ansiedad, la rabia, el resentimiento o la frustración y refugiarnos bajo las mantas. O bien reaccionar de manera que nos beneficie a nosotros y a los demás. Si suspendemos un examen, podemos analizar lo que ha ido mal y estudiar con más eficacia antes de presentarnos de nuevo. Si siempre nos resfriamos, quizás deberíamos reforzar nuestras defensas y nuestra salud en general. Podría seguir mencionando ejemplos, pero de lo que se trata es de que seamos conscientes de que podemos elegir entre echarle la culpa a algo (o alguien) sobre lo cual no tenemos control, o encontrar la manera de responsabilizarnos y cambiar lo que estamos haciendo, para obtener otro resultado.

Aquí tienes algunas preguntas que te ayudarán a determinar si estás jugando a la culpa en algunas áreas de tu vida:

❑   ¿Crees que no consigues ningún ascenso en tu trabajo porque no le caes bien a tu jefe?

❑   ¿Crees que algunas personas simplemente tienen «suerte», pero que tú no eres una de ellas?

❑   ¿Culpas a tus padres o a tu educación de todos los problemas que has tenido en tus relaciones íntimas?

❑   ¿Has culpado alguna vez a un profesor por tus malas notas?

❑   ¿Sientes envidia de las personas que ganan mucho dinero cuando tú no eres capaz de salir a flote?

❑   ¿Crees que nunca adelgazarás porque tienes la predisposición genética a la obesidad y, por consiguiente, ni te molestas en intentarlo?

Estas son preguntas específicas que a lo mejor no tienen nada que ver contigo mismo pero que, al menos, te sirven de orientación para que puedas distinguir la mentalidad de las personas victimistas. Mi intención es ponerte sobre aviso para que revises cualquier área en la que, tal vez, le estés achacando la culpa de tu infelicidad, falta de éxito o situaciones difíciles a otra persona o circunstancia.

Otra cosa que deberás tener en cuenta es que tu *locus* de control es para lo bueno y para lo malo. Por ende, si consigues algo positivo, como ganar un premio, ahorrar algo de dinero o, incluso, disfrutar de un gran día, decir que es por otra persona o circunstancia, en lugar de reconocer tu aportación en el logro, también es un ejemplo de *locus* de control externo. Con esto no quiero decir que te atribuyas todo el éxito, sino que reconozcas tu papel en *todos* los aspectos.

Recuerda que otras personas pueden hacer o decir algo para ofenderte, pero, en última instancia, eres *tú* quien decide cómo te va a afectar. Todas las interferencias externas no son más que ruido. Sin embargo, tú controlas el volumen, así que ¡bájalo! Tus sentimientos son tuyos, no dejes que los demás influyan en ellos.

Paso 2: baja el volumen del ruido del ego

Cada vez que pensamos que «no soy lo bastante inteligente para esto», «he de ponerme a prueba en este campo» o «estoy aterrorizado de _____ (que me despidan, pasar inadvertido, ser rechazado, fallar, etcétera), todo esto es «ruido» o pensamientos del ego. Todos están relacionados con el miedo. La falta de confianza en uno mismo es miedo. La necesidad de sentir la aprobación de los demás es miedo. Y cuando nos decimos a nosotros mismos que tenemos miedo de algo y que hemos de intentar evitar que se materialice, simplemente estamos actuando con miedo.

Afortunadamente, existe un potente antídoto contra estos pensamientos originados por el miedo. Se llaman autoafirmaciones y son verdades esenciales sobre nosotros mismos. Si revisas las características de tu mejor versión, en el capítulo uno, son afirmaciones creadas por ti. Están ahí esperando a que las uses. Como sabrás, estas cualidades son las que conforman *tu* verdadera esencia. Al ponerles nombre y conocerlas, se convierten en una energía que destierra al miedo.

Una vez trabajé con una mujer, la cual estoy convencido de que atraía una grandeza increíble a su vida, porque todos los días se dedicaba las afirmaciones más amables y entrañables. Era una actriz extraordinaria, estaba divorciada y tenía que educar a varios hijos; cuando trabajamos juntos, nos dimos cuenta claramente de que sus autoafirmaciones eran lo que necesitaba para tener los pies en la tierra.

Las afirmaciones son como alimento para el alma. Pueden regenerarnos energéticamente. Todavía me sorprendo ante el gran número de personas con las que hablo que nunca se han repetido una afirmación. ¡No sé cómo pueden vivir sin ellas! Reconozco que no siempre son fáciles de formular, pero son muy poderosas.

Recuerda que no existe una forma «correcta» o perfecta de hacer este ejercicio, o cualquier otro de este libro. Encuentra lo que se adapte a ti o utiliza las instrucciones para que te inspiren a crear tu propia versión.

Ejercicio: Autoafirmaciones

- Mírate en un espejo o en tu móvil. Normalmente, cuando nos miramos al espejo solo nos fijamos en el aspecto estético: en lo que llevamos puesto, en nuestro pelo o quizás prestamos atención a un lunar que debíamos haber revisado antes. Pero ahora estamos contemplando algo que trasciende la estética. ¿Cuándo ha sido la última vez que te has mirado al espejo y te has fijado en tus ojos?

- ¿Qué ves? ¿Quién eres? ¿Cuáles son los aspectos que realmente te gustan de ti? ¿Ves a una persona fuerte? ¿Amable? ¿Generosa? ¿Leal? ¿Encantadora? ¿Divertida? ¿Extrovertida? ¿Callada? No pienses en las palabras que describen cómo te ve el mundo, sino cómo te ves tú, palabras **positivas** que son *ciertas*, respecto a ti, en todos los niveles.

- Tu ego puede dificultar la tarea, al intentar alejarte de tus cualidades positivas y querer que te centres en las negativas. Puede que pienses algo **positivo,** como «soy una persona encantadora», pero, entonces, aparece la voz del ego y dice: «Sí, pero si la gente supiera cómo eres en realidad, se daría cuenta de que no eres *tan* adorable». Cuidado con esa voz.

- Escribe de cinco a diez verdades sobre ti, empezando con la frase: «Soy_____». Rellena las líneas que vienen a continuación:

1. Soy ....
2. Soy ....
3. Soy ....
4. Soy ....
5. Soy ....
6. Soy ....
7. Soy ....
8. Soy ....
9. Soy ....
10. Soy ....

Ahora repite estas frases en voz alta, mientras te miras al espejo.

La primera vez que repites las autoafirmaciones, puede que te sientas un poco extraño o que te parezca una tontería, pero te prometo que, con el tiempo, se vuelve más fácil. Son el puntal para el trabajo que haremos juntos, porque van dirigidas a la esencia de tu verdadero yo interior y te ayudan a estar conectado con tu mejor versión.

Baja el volumen

En nuestra sociedad actual recibimos más información de la que podemos procesar y es muy fácil que dejemos que todo ese «ruido» nos aleje de nuestro objetivo y perturbe nuestra claridad mental. Esta es la razón por la que tengo mucho cuidado con el tipo de contenidos que dejo entrar en mi vida. Del mismo modo que hemos de vigilar lo que comemos para estar bien nutridos, considero que también hemos de ser selectivos con las informaciones que consumimos. Se trata de nutrir nuestra mente, no de inundarla de contenidos basura que no nos hacen ningún bien ni fomentan lo que nos apasiona.

Estamos sometidos a un bombardeo constante de información que no elegimos. Esto podría compararse a estar obligados a escuchar un tipo de música que no nos gusta. ¡Vallas publicitarias, anuncios en la televisión, anuncios en las redes sociales, ventanas emergentes en los sitios web..., la lista es interminable!

Súmalo todo y, de pronto, el ruido absorbe todo lo demás. La consecuencia puede ser que nos volvamos reactivos o irritables y ni siquiera sepamos por qué. Antes teníamos un mayor control sobre los canales de información que consumíamos. Ahora, estos proceden de todas partes, constantemente.

Quizás te des cuenta de que estás reaccionando emocionalmente a algo que has visto en las noticias. Creo que, en parte, se debe a la moda de los programas informativos con paneles de «expertos» que debaten sobre las noticias del día. Estos suelen hablar, con todo detalle, sobre la vida de gente a la que ni siquiera conocen personalmente. Imagínate si estuvieran hablando sobre *ti*, como si supieran qué es lo que te está sucediendo. Es insólito. Creo que hemos de estar informados de lo que sucede en el mundo, pero te recomiendo que elijas fuentes que sepas que van a transmitir la información basándose en los hechos y en la imparcialidad, para que no te quedes atrapado en el ego de los transmisores. Cuando apagues la televisión, has de estar más informado, no más exaltado.

La pregunta es: ¿estás subiendo el volumen de tu mejor versión o estás creando más ruido? Hay formas de reducir el ruido y de hacer que este sea más positivo. Por ejemplo, en las redes sociales, puedes elegir seguir solo a las personas que te interesan; de este modo, subirás el volumen de información que te sea útil en tu camino. Por otra parte, he aprendido a dejar de seguir a quienes me llenan de pensamientos negativos. Puedo querer a una persona, pero no gustarme el ruido que hace en las redes. Eso no significa que no puedan ser mis amigas, solo que no quiero oír su ruido.

Una vez trabajé con un cantante de *country* que tenía todas las cualidades para ser una superestrella. Tenía mucho talento y era atractivo; sin embargo, dejaba que el ruido interfiriera y lo alejara de su propio potencial. En este caso, el ruido procedía de troles de Internet, que no dejaban de incordiarlo en las redes sociales. Cualquiera que tenga un poco de fama podrá decirte que este tipo de acoso es de lo más normal en estos días, pero este artista cometió un error letal: hacerles caso a los troles. ¡Nunca les hagas caso a los troles! Una vez hubo llegado demasiado lejos en su hábito de comunicarse con este tipo de personas, se encontró en un callejón sin salida y cuando intentó salir, su carrera se había convertido en un montón de brasas. No pudo bajar el volumen y lo pagó caro. Cuando Doctor Phil y yo hablamos sobre este tema, él siempre dice: «Si te relacionas con cerdos, acabarás manchado y ¡a los cerdos les encanta eso!».

En estos últimos años, mi carrera se ha hecho pública y hay más comentarios sobre mí por Internet. Estar sometido a la opinión pública es algo nuevo para mí; hasta hace muy poco, siempre había trabajado entre bambalinas. Incluso entonces, había demasiado ruido. Ahora que mi vida y mi trabajo son mucho más públicos, el ruido es mayor. Y cuando ese ruido va dirigido hacia ti y proviene de personas que no te conocen, recuerda que no les debes nada, que no es necesario que leas lo que dicen y, por supuesto, que respondas. Permanece centrado en tus metas.

¿Podría tu rutina estar frenando tu progreso?

Tu rutina, especialmente la de las mañanas, puede suponer una ayuda o un impedimento en tu misión de sintonizar con tu mejor versión. Con tan solo unos pequeños ajustes, puedes crear una rutina y un ritmo diarios que te ayudarán a conseguir dicho objetivo con mayor facilidad.

Siempre he dicho que es importante darle la bienvenida al día, antes de que este te la dé a ti. Me estoy refiriendo a que pongas el despertador antes de acostarte y tengas claro que vas a despertarte con una intención positiva para el día siguiente. También te animo a que empieces la jornada dedicando unos minutos a recordar todas las cosas por las que puedes dar gracias a la vida. Cuando hagas esta lista de gratitud, procura pensar en lo intangible; lo material no es tan importante como los dones que recibimos. La lista de gratitud puede hacer que, cada día, vayas por buen camino. Puedes hacerla en cualquier momento en que te vaya bien durante la mañana. Cuando estoy en casa, me siento en mi silla favorita con los pies en alto y me pongo un cojín en la espalda, me resulta muy cómoda.

Disfruta de tu camino personal

De vez en cuando, todos caemos en la trampa de compararnos con otras personas. En una sociedad obsesionada con las redes sociales como la nuestra, parece que existen más medios que nunca para comparar nuestra vida con la de los demás. Por ejemplo, yo podría meterme en las redes y compararme con otros *coaches* de vida, que tienen muchos más seguidores que yo y que dan conferencias por todo Estados Unidos, pero eso supondría comparar en qué soy mejor o peor que ellos. No, gracias, porque sería un acto inducido por el ego y nada tendría que ver con mi mejor versión. Claro está que podría engañarme a mí mismo y decir que solo estoy intentando aprender o que estoy investigando. Pero la conclusión es que si estoy en el camino para mejorar y hacer un buen trabajo para ayudar a los demás, he de concentrarme en las personas que me inspiran, no en aquellas con las que me estoy comparando.

Todos nos sentimos inadecuados. En algún momento, todos nos hemos sentido despreciables, todos hemos pensado que no estamos a la altura. Eso forma parte del camino y todos hemos de soportar esos baches. He trabajado con familias de todo el mundo –ricas, pobres y de todas las clases sociales intermedias– y te puedo asegurar que la lucha siempre es interna. Procura tener algunas soluciones a mano para la próxima vez que se cuelen esos sentimientos; ahora que eres más consciente, ha llegado el momento de crear soluciones que puedas poner en práctica fácilmente cuando las necesites.

Recuerda que has de tener una rutina que se adapte a ti. Pregúntate: «¿Es realista para mí? ¿Me ayudará a conectar mejor con mi verdadero yo?». Por ejemplo, si por las mañanas solo te levantas cuando tu hijo te llama a gritos y luego no tienes ni un momento de asueto, tu rutina estará bloqueando tu progreso. No es fácil conectar con tu mejor versión cuando tu frenético estilo de vida se apodera de ti antes de que hayas tenido un momento para estar contigo mismo. Puedes pensar en tu lista de gratitud cuando vayas al trabajo, te levantes de la cama o salgas a dar un paseo; esos pueden ser buenos momentos para concentrarte en aquello por lo que te sientes agradecido: hazla como y cuando sea, pero hazla.

Otros rituales matinales pueden ser escribir tus metas, practicar yoga o estiramientos, escuchar música relajante, empezar el día con una comida sana que te aporte energía y repetir afirmaciones delante del espejo, después de ducharte.

Sea cual fuere tu situación actual, te animo a que experimentes con algunas rutinas nuevas y descubras lo que te va mejor.

Conecta con el poder de los rituales

A fin de contrarrestar una serie de cosas que pueden estar bloqueando tu potencial para convertirte en tu mejor versión, me gustaría compartir contigo algo que me ha dado resultados extraordinarios: conecta con el poder de los rituales.

¿Recuerdas el ritual del que te he hablado en la introducción? Todos los días, me ayuda a conectar conmigo mismo para toda la jornada. Lo hago antes de las reuniones importantes. Lo he realizado antes de sentarme a escribir cada una de las secciones de este libro. ¡Siempre lo hago! Ahora te toca a ti.

Ejercicio: ¿Cuál es tu mantra?

- Piensa una frase que, al repetirla delante del espejo, te levante el ánimo, te dé energía, te conecte con tu esencia y te ayude a ser humilde, para que no sea tu ego el que actúe por ti o intentes ponerte a prueba.
- Recuerda que tu mantra no ha de ser siempre el mismo; yo he cambiado el mío muchas veces. Ha de evolucionar contigo. Algunos de ellos han sido: «Eres lo bastante bueno», «Ya lo tienes», «Sé tú mismo», «Es el designio de Dios» o «Eres mejor de lo que piensas».

Una vez hayas descubierto tu mantra, te aconsejo que idees algún ritual respecto a cómo lo vas a repetir. Como ya has leído antes, a mí me gusta mirarme a los ojos, realizar el gesto simbólico de arrodillarme y repetir mi mantra. A mí me funciona, pero tú has de encontrar tu propio ritual. Puede que necesites probar algunos métodos diferentes para averiguar cuál es el mejor para ti. Algunos artistas con los que he trabajado se quedan solos en su camerino y hacen ejercicios de respiración antes de salir al escenario. Otro cliente escribía, todos los días, veinticinco cosas por las que estaba agradecido, y eso era su mantra diario. Incluso puede ser jugar con tu mascota en cuanto te levantas por la mañana.

Cuando hayas dado con tu mantra específico, habrá llegado el momento de ponerlo en práctica. Te sugiero que lo repitas antes de hacer una presentación en tu trabajo, de una cita, de una conversación difícil, de un acontecimiento familiar o de cualquier otra cosa que sea importante para ti y para la que necesites estar conectado con tu verdad. Las personas que estén a tu alrededor sentirán la energía positiva que has creado en tu interior.

Sigamos avanzando

Sé que en este capítulo hemos abarcado mucho. Recuerda que puedes volver a esta información y estos ejercicios en cualquier momento en que te sientas bloqueado, estés preocupado o tengas miedo. ¡Y recuerda también que siempre puedes recurrir a tu mejor versión para que te diga qué es lo que tienes que hacer!

Ahora vamos a ser específicos y te voy a ayudar a sintonizar con tu mejor versión, para que puedas vivir como siempre has deseado. Vamos a hacerlo adentrándonos en las siete ESFERAS (*SPHERES*). Ya estás preparado para este viaje y si te lo tomas en serio, puedes estar seguro de que tu vida cambiará para mejor.

5

Las esferas:

Tu vida social

E n casi todas las industrias hay sistemas de evaluación o de cribado. Un médico o un terapeuta puede realizar pruebas médicas, pero yo quería crear un instrumento de cribado que fuera apropiado para el trabajo de *coaching* de vida. Por eso, creé las ESFERAS, que contemplan todas las áreas de la vida, para ayudar a las personas a descubrir sus puntos fuertes y débiles. *Spheres*, en castellano ESFERAS, es un acrónimo de vida social (*Social life*), vida personal (*Personal life*), salud (*Health*), educación (*Education*), relaciones (*Relationships*), empleo (*Employment*) y desarrollo espiritual (*Spiritual development*).

En este capítulo nos centraremos en la primera letra del acrónimo en ingles, la «S», que hace referencia a la vida social. Para nuestros fines, revisaremos tu vida social en lo que respecta a tus habilidades de comunicación, pero también profundizaremos en cómo te sientes cuando te relacionas con los demás. ¿Eres capaz de sacar tu mejor versión en cualquier situación social?

Puede que te preguntes por qué vamos a dedicar tiempo a tu vida social, cuando puede que para ti no sea una prioridad. Bien, como ya sabes, mi principal objetivo en este libro es ayudarte a que te sientas libre para ser *siempre* la mejor versión de ti mismo; eso incluye cuando estás solo, cuando estás con tus seres queridos y cuando te relacionas fuera de tu entorno directo. Ya has empezado a hacer un cambio *interior*; ahora, has de centrarte en manifestar *externamente* tu mejor versión.

Al final de este capítulo, y de todos los relacionados con las ES-FERAS, encontrarás un cuestionario que te ayudará a identificar con claridad qué es lo que te funciona en esa área, lo que no te funciona y qué tipos de acciones puedes realizar para eliminar los obstáculos en esa esfera. En primer lugar, vamos a ir trabajando a lo largo de este capítulo y a reflexionar sobre tu vida social.

Los beneficios de socializar

Se han realizado muchas investigaciones respecto al poder positivo que tiene socializar. Quizás te sorprenda saber que relacionarte con otras personas te puede despertar sentimientos de felicidad, contrarrestar la depresión e, incluso, aumentar tu poder mental.

Investigadores de la Universidad de Míchigan descubrieron que «la interacción social ayuda a ejercitar la mente. Las personas obtienen beneficios cognitivos de la socialización. Es posible que cuando la gente se involucra social y mentalmente con los demás, reciba estímulos cognitivos casi de inmediato».[1] La socialización se podría considerar un tipo de ejercicio mental que puede ayudarte a ser más inteligente, del mismo modo que hacer ejercicio fortalece tu cuerpo.

En una encuesta Gallup-Healthways realizada a más de ciento cuarenta mil estadounidenses, los investigadores descubrieron que somos más felices los días en que pasamos de seis a siete horas socializando con los amigos o la familia.[2] ¡Esto dice mucho! La cantidad de tiempo que pasamos socializando está directamente relacionada con nuestra felicidad. Reservar tiempo para estar con los amigos y la familia es importante; incluso me atrevería a añadir que cuando haces nuevas amistades, tu vida se enriquece.

En el transcurso de tu camino personal, piensa en cómo puedes conectar con la energía y las ideas de las personas que te rodean. Nunca sabes cuándo puede surgir la inspiración o una verdadera conexión: ¡puede ser en una meditación en grupo o en la cola del supermercado! ¡Una cosa es segura, y es que no surgirá si te quedas en casa sentado en el sofá!

Inventario de habilidades sociales

El siguiente ejercicio de hacer inventario puede ayudarte a revisar objetivamente cómo te relacionas con los demás. Asegúrate de que entiendes bien cada afirmación antes de responder y luego responde con la máxima sinceridad.

Primera parte: enviar mensajes claros

	Habitual-mente	A veces	Rara vez
1. ¿Te cuesta hablar con otras personas?			
2. Cuando intentas explicar algo, ¿suelen los demás ayudarte con las palabras o terminan las frases por ti?			
3. En una conversación, ¿te salen las palabras como a ti te gustaría?			
4. ¿Te cuesta expresar tus ideas cuando estas difieren de las del resto?			
5. ¿Das por hecho que la otra persona sabe lo que quieres decir y dejas que sea ella la que haga las preguntas?			
6. ¿Te parece que los demás están interesados y atentos cuando les hablas?			
7. Cuando hablas, ¿te resulta fácil reconocer las reacciones de los demás a lo que dices?			
8. ¿Le preguntas a la otra persona qué opina respecto al punto que estás intentando aclarar?			
9. ¿Eres consciente del efecto que tiene tu tono de voz en quien te escucha?			
10. En una conversación, ¿intentas hablar de temas de interés para ambas partes?			

Segunda parte: escuchar

	Habitual-mente	A veces	Rara vez
11. En una conversación, ¿sueles hablar más tú que la otra persona?			
12. En una conversación, ¿haces preguntas a la otra persona cuando no entiendes lo que te dice?			
13. En una conversación, ¿intentas adivinar lo que va a decir la otra persona antes de que termine de hablar?			
14. ¿Te has dado cuenta de que no prestas atención cuando conversas con los demás?			
15. En una conversación, ¿puedes notar fácilmente la diferencia entre lo que dice y lo que siente la otra persona?			
16. Cuando la otra persona ha terminado de hablar, ¿repites lo que te ha dicho para asegurarte de que la has entendido, antes de dar una respuesta?			
17. En una conversación, ¿sueles terminar las frases de la otra persona o le aportas palabras?			
18. En una conversación, ¿prestas más atención a los hechos y los detalles que al tono de voz emocional de la persona que habla?			
19. En una conversación, ¿dejas que la otra persona termine de hablar antes de reaccionar a lo que dice?			
20. ¿Te cuesta ver las cosas desde el punto de vista de la otra persona?			

Tercera parte: hacer y recibir comentarios

	Habitual-mente	A veces	Rara vez
21. ¿Te cuesta escuchar o aceptar críticas constructivas de otra persona?			
22. ¿Te reprimes para no decir algo que molestaría al otro o empeoraría las cosas?			
23. Cuando alguien hiere tus sentimientos, ¿lo hablas con esa persona?			
24. En una conversación, ¿intentas ponerte en la piel del otro?			
25. ¿Te incomodan los halagos?			
26. ¿Te cuesta contradecir a otra persona por temor a que se enfade?			
27. ¿Te cuesta hacer cumplidos o halagos a los demás?			
28. ¿Te dicen alguna vez que crees que siempre tienes razón?			
29. ¿Te parece que los demás se ponen a la defensiva cuando no estás de acuerdo con su punto de vista?			
30. ¿Ayudas a los demás a que te entiendan explicándoles cómo te sientes?			

Cuarta parte: manejar las interacciones emocionales[3]

	Habitual-mente	A veces	Rara vez
31. ¿Sueles cambiar de tema cuando la otra persona empieza a manifestar sus sentimientos?			
32. ¿Te molesta mucho cuando otra persona te lleva la contraria?			
33. ¿Te cuesta pensar con claridad cuando estás enfadado con alguien?			
34. Cuando te surge un problema con alguien, ¿puedes hablarlo con esa persona sin enfadarte?			
35. ¿Estás satisfecho con la forma en que manejas tus diferencias con los demás?			
36. Cuando alguien te ofende, ¿te dura mucho el enfado?			
37. ¿Te disculpas con la persona a la que puede que le hayas herido los sentimientos?			
38. ¿Eres capaz de reconocer que te has equivocado?			
39. ¿Evitas o cambias de tema cuando alguien expresa sus sentimientos en una conversación?			
40. Cuando alguien se molesta, ¿te cuesta seguir con la conversación?			

Clave de respuestas

¡Has completado el inventario, buen trabajo! Espero que veas lo útil que es para averiguar con qué claridad te comunicas con los demás. Ahora, vuelve atrás, revisa todas tus respuestas y delante de cada una de ellas, anota las puntuaciones correspondientes con la ayuda de la tabla.

Por ejemplo, si has respondido «habitualmente» a la pregunta 1, deberás escribir 0 delante de ella. Si en la pregunta 2 has escrito «rara vez», escribe 3 delante de ella.

Cada parte del inventario cuenta con un total de diez preguntas. Una vez las hayas puntuado, súmalas y escribe la puntuación debajo. Haz lo mismo con cada parte.

1.ª parte (Enviar mensajes claros)   Puntuación total: _____
2.ª parte (Escuchar)   Puntuación total: _____
3.ª parte (Hacer y recibir comentarios)   Puntuación total: _____
4.ª parte (Manejar las interacciones)   Puntuación total: _____

Pregunta	Habitual-mente	A veces	Rara vez	Pregunta	Habitual-mente	A veces	Rara vez
1	0	1	3	21	0	1	3
2	0	1	3	22	3	1	0
3	3	1	0	23	3	1	0
4	0	1	3	24	3	1	0
5	0	1	3	25	0	1	3
6	3	1	0	26	0	1	3
7	3	1	0	27	0	1	3
8	3	1	0	28	0	1	3
9	3	1	0	29	0	1	3
10	3	1	0	30	3	1	0
11	0	1	3	31	0	1	3
12	3	1	0	32	0	1	3
13	0	1	3	33	0	1	3
14	0	1	3	34	3	1	0

Pregunta	Habitual-mente	A veces	Rara vez	Pregunta	Habitual-mente	A veces	Rara vez
15	3	1	0	35	3	1	0
16	3	1	0	36	0	1	3
17	0	1	3	37	3	1	0
18	0	1	3	38	3	1	0
19	3	1	0	39	0	1	3
20	0	1	3	40	0	1	3

Tu perfil de habilidades sociales

Ahora, interpretaremos tus puntuaciones para cada parte.

- Las puntuaciones de 1 a 15 indican las áreas en las que has de mejorar.
- Las puntuaciones de 16 a 21 indican áreas a las que has de prestar una atención más sistemática.
- Las puntuaciones de 22 a 30 indican tus puntos fuertes.

Escribe tus puntos fuertes y las áreas a las que has de prestar más atención o que necesitas mejorar.

Área(s) puntos fuertes: ....

Área(s) que necesita(n) más atención: ....

Área(s) que has de mejorar: ....

Qué hacer a continuación

Enviar mensajes claros

Si tu puntuación indica que has de prestar más atención a esta área, o que puedes mejorarla, pregúntate por qué te resulta difícil. ¿Puede que la causa sea que has desarrollado una convicción que te autolimita respecto a tu capacidad para comunicarte con los demás? ¿Podría ser que algo que te sucedió en el pasado estuviera condicionando tu manera de comunicarte en el presente? ¿Actúas con miedo o desde tu ego? A veces, las personas están tan convencidas de que no van a ser escuchadas que crean una profecía que se cumple a sí misma. Es fácil caer en la trampa de parecer un sabelotodo cuando tienes miedo de que no te tomen en serio. Si estás tan concentrado en el mensaje que quieres transmitir que te olvidas de escuchar con atención las ideas de otras personas, es probable que se pierda tu mensaje, porque no ofreces reciprocidad.

Fobia social discapacitante

Si te enfrentas a una fobia social extrema, me alegro de poder decirte que tiene remedio. Puede que tengas que pedir ayuda a un terapeuta profesional o a un *coach* de vida para liberarte de ella. Ahora que has aprendido a crear tu mejor versión, ya sabes que la fobia social no es una de sus características. Superarla está totalmente al alcance de tu mano.

Normalmente, quienes tienen problemas de comunicación es porque han desarrollado miedos o fobias que se interponen en su camino. Pero también puede tratarse solo de una falta de concienciación respecto a cómo comunicarse con los demás, y si este es tu caso, vuelve a las preguntas de la primera parte del inventario y estúdialas. Piensa en qué metas específicas te puedes plantear para mejorar tus dotes de comunicación.

Escuchar

Si la puntuación te indica que has de trabajar la escucha, pregúntate por qué. Saber escuchar significa que eres capaz de dejar de concentrarte en lo que quieres expresar y que te abres realmente a las ideas de la otra persona. ¿Tienes miedo de lo que pueda decir? ¿Estás empecinado en ser la única persona que tiene buenas ideas? ¿Has permitido que tu ego afecte a tu capacidad de escuchar? La buena noticia es que escuchar es una habilidad que puede mejorar inmensamente con un poco de práctica. La próxima vez que hables con alguien, procura escuchar qué es lo que quiere comunicarte y luego le dices: «Entonces, si he entendido bien...», y repites lo que te ha dicho. De este modo, te puedes asegurar de que has oído y entendido bien lo que te estaba diciendo. Puedes hacer de espejo; así tu interlocutor sabrá cómo te está llegando su mensaje y si era eso lo que realmente quería transmitir. Esto beneficia a ambos. Cuando sabes escuchar, lo más probable es que estés actuando desde tu mejor versión, no desde tu ego, porque no actúas egoístamente, sino que te estás entregando a otra persona. Estás centrando tu atención en ella, en sus pensamientos, necesidades, ideas o deseos. La comunicación es una calle de doble sentido, así que asegúrate de que estás aguzando tanto tus habilidades de escuchar como las de hablar.

Hacer y recibir comentarios

Si tu puntuación te indica que has de estar más abierto a hacer y a recibir comentarios, pregúntate cuándo te diste cuenta por primera vez de que no te era fácil aceptar comentarios de los demás, ya fueran positivos o negativos. ¿Sufriste acoso en el pasado y, ahora, estás dejando que esa experiencia condicione tu presente? ¿Crees que no te mereces halagos? Por el contrario, ¿le has hecho alguna vez un comentario a otra persona y has obtenido una respuesta negativa? Para socializar genuinamente, has de estar dispuesto a dejar atrás todas esas experiencias y vivir el momento con los demás.

Hacer y recibir comentarios es primordial, porque así es la forma en que nos ayudamos unos a otros a mejorar y a continuar en nuestro camino de crecimiento personal, con fuerza para seguir avanzando. Si alguien está dispuesto a ser sincero contigo, es importante que estés dispuesto a aceptar esa franqueza. Por ejemplo, si alguien te hace un cumplido, considéralo un regalo de la más sincera amabilidad y acéptalo con elegancia. Las formas lo son todo: si le haces un comentario a otra persona, hazlo de manera que esta vaya a escucharte. Es decir, bombardear a alguien con negatividad y decirle que lo está haciendo todo mal es la mejor manera de que esa persona haga caso omiso de tus comentarios. A nadie le gusta que lo ataquen. Tus comentarios solo podrán ayudar a alguien si eres capaz de presentar la información con amabilidad, con respeto y con vías a una solución, y lo más importante, cuando te hayas cerciorado de que esa persona está dispuesta a escucharte.

Manejar las interacciones emocionales

Si tu puntuación indica que te has de enfocar en manejar tus interacciones emocionales, piensa en qué haces actualmente en esas situaciones. Todos hemos vivido situaciones con una alta carga emocional que pueden hacer que nos sintamos incómodos. Pero, en realidad, salir de nuestra zona de confort es una oportunidad para conectar más profundamente con nuestro verdadero yo y con la otra persona. En lugar de cerrarte y dejar que tu ego tome las riendas, cuando las emociones son intensas, piensa en cómo puedes coincidir con la otra persona, en ese momento, y actuar con compasión hacia ella y hacia ti mismo. Por ejemplo, si alguien te está expresando una emoción, es importante que seas consciente de que no estás obligado a rescatarla. Cuando alguien llora, puede que sientas que has de hacer algo para que deje de llorar. Pero si, simplemente, permites que exprese sus emociones y no respondes a ellas, al final las eliminará y dejará de llorar. En realidad, creo que el acto más amable que podemos hacer cuando alguien llora es darle un clínex. Pregúntale si necesita alguna cosa; seguro que si hay algo que puedes hacer te lo dirá. Pero es importante que reconozcas que no eres responsable de las emociones ajenas. Solo lo eres de las tuyas. Si alguien está molesto contigo por algún motivo, recuerda que tampoco eres responsable de hacer que se le pase el enfado. Si alguien te grita y estás convencido de que no has hecho nada para merecerlo, no es tu problema arreglarlo, sino el suyo. Por supuesto, si le debes disculpas a alguien, ofréceselas; a partir de entonces, ya será responsabilidad de dicha persona aceptarlas o no.

A veces, la energía que se respira en un lugar o durante una conversación puede ser verdaderamente caótica cuando intervienen emociones fuertes; en esos momentos, me agarro a algún cojín que tenga a mano y no siento la necesidad de intervenir. Si no te involucras en la situación, no participas en ella. En algunas familias, sus reuniones se convierten en una especie de juego de golpear topos emocionales.* Esto suele suceder en los días festivos. Tal vez tengas que estar más en guardia en tu entorno familiar, porque puede que sea más tóxico que tu vida doméstica. No te preocupes, no has de hacer nada para cambiar a tu familia, por la sencilla razón

---

* El autor hace referencia al juego infantil de mesa «Golpea al topo» en el que varios topos suben y bajan mientras los niños tratan de golpearlos con un martillo. Los topos al subir y bajar emiten luces y sonido.

de que no puedes. Tú solo eres responsable de tus propias emociones, no de las de los demás.

La vida está llena de baches. Es caótica y, a menudo, emotiva. De hecho, en ocasiones, parece una montaña rusa. Las emociones son una parte importante de nuestra vida y una de nuestras vías de crecimiento personal y para conectar con los demás. No huyas de las tuyas ni de las ajenas; por el contrario, acéptalas y úsalas para profundizar en tu relación contigo mismo y con las personas que te rodean.

Todos y cada uno de nosotros formamos parte del entramado que conforma nuestra sociedad. Todos estamos interconectados de formas interesantes y maravillosas. Deja florecer tu vida social aceptando las emociones humanas que todos experimentamos.

Herramientas sencillas para socializar realmente

Pocos somos los que nacemos con grandes habilidades sociales. Es algo que, normalmente, se aprende y que hemos de practicar para mejorarlas. A continuación encontrarás algunos consejos para tener una experiencia socializadora positiva la próxima vez que estés en grupo.

Piensa en algo que quieras compartir

Prepárate para la reunión: ten listos uno o dos temas sobre los cuales tengas información o hayas tenido alguna experiencia; así podrás aportar algo a la conversación, sin devanarte los sesos para saber qué decir. Solo asegúrate de que sea apropiado para el grupo en el que te encuentras.

Permanece presente

Cuando socialices, haz lo que haga falta para estar presente. Intenta estar concentrado. Involúcrate en tu entorno, en la conversación y con las personas que te rodean. Así disfrutarás más de tu interacción social y los demás de tu compañía. Yo suelo meditar una hora, aproximadamente, antes de asistir a un acto social y siempre realizo mi ritual y repito mi mantra con antelación; de esta manera, puedo estar conectado con mi verdadero yo y proyectar su autenticidad a quienes me rodean.

Haz preguntas

En general, a las personas les gusta hablar de sí mismas, así que pregúntales por sus intereses, su trabajo, sus aficiones o su familia. No te limites a actuar *como si te importara* realmente su respuesta: haz que *realmente te importe*.

Escucha con atención

Las personas que mejor conversan son las que saben escuchar. Involúcrate en la conversación escuchando detenidamente e identifícate con las respuestas que recibes. No interrumpas a la persona que está hablando.[4] Puede que tengas la costumbre de interrumpir si estás deseando decir lo que piensas, pero te recomiendo que te muerdas la lengua y que esperes para compartir tus opiniones hasta que los demás hayan terminado.

Mantén un lenguaje corporal abierto

Los mensajes que envías con tu cuerpo son muy poderosos. De hecho, algunos aseguran que la comunicación no verbal supone el setenta por ciento de la comunicación. Mantén una postura que refleje seguridad, de pie con la espalda recta y los hombros hacia atrás. Evita cruzar los brazos delante del pecho, para que no parezca que estás a la defensiva o que eres inseguro. Recuerda sonreír, pero asegúrate de que tu sonrisa sea auténtica. Un estudio realizado en la Universidad Estatal de Pensilvania demostró que la gente puede detectar si tu sonrisa es falsa, mientras que una sonrisa real puede hacer que te consideren agradable, cortés y competente. Procura sonreír con toda la cara, no solo con la boca.

Cuando empecé a salir por la televisión, me di cuenta de que, al escuchar a alguien, mi rostro expresaba una mezcla de preocupación, ira, aburrimiento y cansancio. Cuando miraba la grabación me decía gritando a la pantalla: «¿Qué estás haciendo, Mike? ¡Parece que estés pasando de todo!». Pero, en realidad, simplemente estaba observando a la persona, mirando su lenguaje no verbal, escuchando sus palabras y su tono de voz, e intentaba conectar con ella. Esto demuestra que ¡no siempre puedes adivinar lo que piensa una persona por la expresión de su cara! Al ver las grabaciones de los programas, me percaté de que la expresión de mi rostro podía intimidar a quien hablaba. Así que practiqué sonreír más y aprendí a hacerlo, lo cual me ha aportado mejores resultados y hace que me sienta mejor. Sigo siendo auténtico, pero algo menos rígido, más cómodo y consciente.

Sé consciente de tu tono de voz

El tono y el volumen de la voz dicen mucho de la persona que habla. Cada situación requiere un tono de voz; por consiguiente, la clave está en entender a tu público y su entorno. Hay momentos para usar un tono formal en lugar de informal, un tono divertido en lugar de serio, respetuoso o irreverente y entusiasta u objetivo. Elígelo con cuidado, ¡porque lo que transmite tu tono es tan importante como lo que dicen tus palabras!

Habla, no prediques

Todo el mundo tiene su propia opinión, pero salvo que alguien te pregunte la tuya, no vayas por ahí pregonándola. No des por hecho que alguien comparte tu opinión sobre un tema, especialmente si es polémico. Te arriesgas a alienar o a ofender a algún miembro del grupo si te subes al podio con intención de dar un discurso. Tampoco te estoy insinuando que ocultes tus sentimientos respecto a un tema, pero sí que procures buscar el momento adecuado para hablar de ello y dar tu opinión.

Mantén el contacto visual

No hay nada peor que hablar con alguien que no te está mirando. Cuando miramos a la otra persona a los ojos, se siente escuchada. Pase lo que pase, no mires el móvil o las manos cuando estés hablando con alguien. Esto sucede a menudo en nuestros días y a un buen número de personas les molesta mucho. Evita poner el teléfono sobre la mesa cuando estés cenando con alguien y mirarlo cada vez que llegue un mensaje. Recuerda sonreír y mirar a la otra persona a los ojos mientras te está hablando; así sabrá que estás atento a lo que dice.

Haz comentarios positivos

Cuando te encuentres en una situación en la que tengas que socializar, fíjate en los detalles para hacer comentarios positivos de forma que resulte verídica. ¡Haz cumplidos! ¡No hay mejor forma de lograr que una persona se sienta cómoda y abierta que hacerle un cumplido sincero!

Ten en cuenta a los desconocidos

Solo porque no conozcas a alguien que se encuentra en un acto social no es razón para no hacerle caso. Acércate a esa persona, dale la mano y preséntate. Nunca se sabe, ¡quizás se convierta en tu mejor amigo para el resto de tu vida!

Las redes sociales

Ahora, más que nunca, parece que nuestra vida social está entrelazada con nuestra relación con las redes sociales. No cabe duda de que estas últimas se han convertido en un instrumento imprescindible en nuestra era moderna, que nos conecta con amigos y familiares de todo el mundo, a la vez que nos sirve para crear nuestra propia marca y negocio. Es como todo, podemos elegir usar las redes sociales de formas saludables y útiles o hacerlo de formas destructivas. Tu perfil de las redes sociales se ha convertido en la «primera impresión» que das al mundo. Forma parte de tu identidad.

La pregunta es: ¿eres tu mejor versión en dicho medio? ¿O es más bien tu peor versión la que aparece allí? Hazte esta pregunta cuando mires los distintos perfiles sociales y tus comentarios de las páginas de otras personas.

Aquí tienes algunas de las preguntas que puedes hacerte sobre tu forma de relacionarte en las redes sociales:

- ¿Consigues que tus conversaciones sean positivas y edificantes? Es decir, cuando tus amigos y conocidos ven tus comentarios, ¿se ríen, sonríen o se avergüenzan?
- ¿Coincide tu identidad en las redes sociales con tu identidad real? No me estoy refiriendo a los filtros o herramientas de edición que usas para las fotos: ¿lo que dices en las redes (a amigos y desconocidos) refleja tu mejor versión?
- ¿Cuánto tiempo dedicas a revisar las distintas noticias? ¿Sabías que dos horas al día en las redes sociales equivalen a un mes entero cada año? ¿Estás seguro de que es así como quieres pasar el tiempo?
- ¿Te implicas en los comentarios negativos que te entristecen, deprimen, enfadan o indignan? ¿Te hacen algún bien?
- ¿Haces comentarios o publicas cosas en las redes a modo de denuncia, pero no haces nada en la vida real?
- ¿Has utilizado las redes sociales para afrontar problemas que no te atreves a manejar en la vida real?
- ¿Has atacado a alguien en las redes sociales, en lugar de hablar con esa persona?

Basándote en las respuestas a las preguntas anteriores, ¿crees que has de corregir algo respecto a tu forma de relacionarte en las redes? No olvides esto cuando te pongas a responder al cuestionario sobre tu vida social, que viene a continuación.

Cuestionario sobre la ESFERA de tu vida social

PRIMERA PARTE: puntúa tu vida social en una escala del uno al diez. «Uno» significa que esta ESFERA está en grandes apuros y necesita atención inmediata. «Diez» significa que te parece fantástica y necesita poca o ninguna mejoría. Los aspectos de tu vida social que debes tener en cuenta para dar la puntuación son:

- Tus dotes de comunicación, como saber escuchar a los demás y aceptar comentarios.
- La calidad y la cantidad de tus interacciones sociales.
- Tu relación con las redes sociales.
- Y lo más importante, si es tu mejor versión la que presentas en los actos sociales.

Puntuación de la vida social: a____ de_____ de____(fecha)

SEGUNDA PARTE: ahora, enumera algunas conductas útiles en tu vida social y di por qué lo son.

Ejemplos:
- Me siento seguro de mí mismo y soy yo mismo cuando estoy socializando.
- Busco tiempo para crear una vida social sólida.

Las conductas que funcionan en mi vida social son:

_____¿Por qué?_____

_____¿Por qué?_____

_____¿Por qué?_____

TERCERA PARTE: ¿cuáles son algunas de las conductas que te impiden conseguir lo que deseas en tu vida social?

Ejemplos:

- No me considero bueno en las situaciones en que he de socializar, así que hago todo lo posible por evitarlas.
- No soy yo mismo cuando me relaciono con los demás en persona o en mis redes sociales.

Las conductas que no funcionan en mi vida social son:

_____¿Por qué?_____

_____¿Por qué?_____

_____¿Por qué?_____

CUARTA PARTE: basándote en todo lo que has escrito hasta ahora, me gustaría que pensaras qué puedes hacer para superar tu puntuación actual y lograr un diez en esta ESFERA.

Para hacerlo has de observar las conductas que debes *mantener*, porque funcionan; las que debes *abandonar*, porque te impiden conseguir tus objetivos, y las que debes *empezar* a realizar.

Para conseguir un diez en mi vida social:

Debo mantener: _____

Debo abandonar: _____

Debo empezar: _____

Al final de los siete capítulos de las ESFERAS, verás que dedico uno a crear y adquirir nuevas metas para cada área. Tendrás que recurrir a la interesante indagación que has realizado en tu vida social y usar esa valiosa información que has descubierto para avanzar en tu camino y mejorar tu vida en general.

A continuación, vamos a adentrarnos en tu vida personal y a descubrir información nueva sobre tu relación más importante: la que mantienes contigo mismo.

6

Las esferas:

Tu vida personal

En el capítulo anterior, hemos visto cómo has de proyectar externamente tu autenticidad al mundo en los actos sociales. Aquí, sin embargo, nos centraremos en dirigir nuestra atención hacia dentro e indagar sobre la relación más importante: la que tienes *contigo mismo*.

El objetivo principal de las siguientes páginas es asegurarnos de que sientes un gran respeto y compasión hacia tu persona. Parece obvio, ¿verdad? Te sorprendería lo difícil que es esto para algunos. O quizás no te sorprenda nada, porque tal vez eres una de esas personas que no se gustan a sí mismas. Ahora recuerda esto: el tiempo que dedicas a cuidarte y a crear tu imagen auténtica y positiva es un tiempo bien empleado y sus beneficios influirán en las otras ESFERAS.

Aquí, evaluaremos y mejoraremos tu conducta actual en estas áreas tan importantes: diálogo interior, cuidar de ti mismo y tus pasiones expresadas, como aficiones y juegos. Gracias a mis clientes y amigos he descubierto que, en la crispación de la vida diaria, perdemos de vista fácilmente la esfera de la vida personal. Otras

ESFERAS pueden proyectar sus grandes sombras y, si se lo permitimos, pueden hacer desaparecer la riqueza de nuestra vida interior. Esa es la razón por la que me llama tanto la atención una cita de Robin McGraw, la esposa de Doctor Phil. La considero una persona brillante y nos transmite un mensaje de suma importancia, que vale la pena recordar: «No es egoísta cuidar primero de ti mismo». Aunque es muy sencillo, es muy fácil olvidarse de ello. Robin es una fuente de inspiración para mí y ha llegado a grandes conclusiones en su vida. Sabe que los padres, muchas veces, tienen problemas con esto, porque desean tanto el bienestar de sus hijos que se eliminan de la lista de prioridades. Fue testigo de ello con su propia madre. En su libro *What's Age Got to Do with It?: Living Your Happiest and Healthiest Life* [¿Qué tiene que ver la edad con todo esto? Vive tu vida más feliz y más sana], escribió:

Muchos de los recuerdos que tengo de mi madre son de cuando estaba haciendo algo por los demás: cocinando para nuestra familia de siete, horneando nuestras tartas favoritas para nuestros cumpleaños, planchando las camisas de nuestro padre, inclinada sobre su máquina de coser para confeccionar toda nuestra ropa, y muchos años después, cuidando de sus nietos y consintiéndolos. Incluso en sus últimos momentos en este mundo, pensó en los demás antes que en ella misma: una verdadera muestra de cómo había vivido. Entonces, yo tenía treinta y dos años, y Phillip y yo acabábamos de mudarnos a una casa nueva. La mudanza no fue tan fácil como pensábamos, el camión se retrasó y llegó pasada la medianoche, llovía a mares y todas las cajas con nuestros objetos personales acabaron empapadas y convirtiéndose en una apestosa masa de cartón desecho. Mi madre, para intentar consolarme mientras me veía tratando de recuperar nuestras pertenencias empapadas, se puso a preparar un pastel de calabaza. Eso fue lo último que hizo antes de morir. ¡Imagina, le dio un infarto de miocardio mientras estaba amasando la masa para la tarta! Han pasado veinte años y, cuando recuerdo eso, todavía se me hace un nudo en la garganta y se me saltan las lágrimas. Admiro a mi madre e intento emular muchas de sus cualidades, como su fe cristiana, su amor incondicional por su familia y su fortaleza en los momentos difíciles, pero su decisión de descuidarse no es una de ellas. El día de su muerte, me prometí no seguir con ese legado de autodescuido.

Para presentar tu mejor versión como padre o madre, modelo de rol, empleado/empleador, amigo o amiga, hijo o hija, hermano o hermana, etcétera, primero has de velar por ti. Si no cuidas de ti mismo, no tendrás la energía física o emocional necesaria para cuidar de tus seres queridos como realmente deseas. Por consiguiente, te sugiero que te recuerdes esta verdad todas las veces que haga falta hasta que te quede grabada.

Sin olvidar esto, ¡adelante!

El diálogo interior

¿Has reparado alguna vez en los mensajes que te envías a ti mismo? Hay investigaciones de prestigio que demuestran que podemos cambiar la estructura de nuestro cerebro cuando cambiamos nuestra forma de hablarnos.[1] Esto me parece un concepto increíble. Creo que muchas personas piensan que su cerebro tiene una estructura determinada, que no podemos cambiar. Pero según han descubierto los neurólogos, nuestro cerebro es maleable. Es el concepto de la neuroplasticidad, que los científicos definen como «la capacidad del sistema nervioso de responder a estímulos intrínsecos o extrínsecos, reorganizando su estructura, función y conexiones».[2] Básicamente, esto significa que el cerebro y el sistema nervioso cambian a lo largo de nuestra vida como respuesta a lo que sucede dentro y fuera de nuestro cuerpo. También podemos considerar la plasticidad del cerebro como «la capacidad de realizar cambios adaptativos relativos a la estructura y función del sistema nervioso».[3] Lo que verdaderamente me entusiasma sobre los últimos descubrimientos acerca de la neuroplasticidad es que no tienes por qué conformarte con tu cerebro tal como es ahora. Todos tenemos la facultad de cambiarlo y existen muchas formas de hacerlo. Ahora, vamos a ver cómo puedes cambiar tu estructura y tu función cerebrales a través de tu diálogo interior: los mensajes que tu mente envía a tu cerebro. Si nos decimos que somos capaces, fuertes e inteligentes, nuestro cerebro actuará como corresponde. Por el contrario, si nos decimos que somos incompetentes, débiles y poco inteligentes, nuestro cerebro interpretará esas órdenes literalmente. Vivimos de acuerdo con la verdad que nos contamos a nosotros mismos. En un estudio realizado por investigadores del Instituto de Psiquiatría, Psicología y Neurociencia del King's College de Londres, se halló que el pensamiento negativo repetitivo podía aumentar el riesgo de desarrollar la enfermedad de Alzheimer.[4] En otro estudio, los investigadores descubrieron que cuando practicamos el autocontrol, podemos mejorar la facultad cerebral de ejercitarlo.[5] Todos hemos oído hablar de esto, pero ahora existen pruebas científicas que demuestran que nuestra mente tiene el poder de modificar nuestro cerebro.

En este viaje eres tú el que conduce. Le dices a tu cerebro lo que tiene que hacer y él lo hará, no a la inversa. Vamos a sintonizar con nosotros mismos, a escuchar nuestro diálogo interior y a cambiar de marcha. Le vas a hablar sobre el tipo de persona que eres y cómo quieres vivir; la consecuencia será que todo eso se hará realidad.

Los siguientes ejercicios te ayudarán a concentrarte en tus hábitos y patrones y a liberarte parcialmente de tu diálogo interior negativo.

Ejercicio 1: ¿qué te dices a ti mismo en un día normal?

¿Con qué frecuencia te detienes a escuchar lo que te estás diciendo? La mayoría de las personas rara vez analizan su diálogo interior, si es que lo hacen; sin embargo, es una práctica muy útil y esta es la razón: nuestros pensamientos crean nuestras emociones. Las emociones generan más pensamientos y, según las circunstancias, estos pueden volverse negativos, a menos que nos demos cuenta de ello, pongamos el freno y cambiemos de dirección.

Las críticas más duras surgen de lo que se encuentra entre tus orejas, pero ¿sabes una cosa? Tu mejor amigo, el que más te apoya, también puede residir en ese mismo lugar. En este momento, quiero que seas consciente de lo que te dices a lo largo del día. Puedes escribir aquí tus pensamientos, en un diario, en tu móvil o en tu tableta. Puedes hacer este ejercicio un día o una semana, tú decides. Es una forma maravillosa de conectar contigo mismo y reconocer los mensajes que te estás transmitiendo.

A partir de ahora, cada dos horas, harás una pausa y dedicarás un par de minutos a interiorizarte y responder a las siguientes preguntas. Escribe lo que te has estado diciendo:

- ¿Qué has estado haciendo en las dos últimas horas?:

....

....

....

....

- Tu inteligencia:

....

....

....

....

- Tus conocimientos:

....

....

....

- Tus dotes y habilidades:

....

....

....

- Tu valía, para ti mismo y para otras personas:

....

....

....

- Tu aspecto:

....

....

....

Si prefieres escribir las cosas a medida que te vas dando cuenta de ellas, en lugar de cada dos horas, hazlo. Aquí, de lo que se trata es de desarrollar una idea clara sobre cómo es tu diálogo interior, pero sin alterar tu rutina diaria.

Ejercicio 2: ¿qué te dices cuando estás bajo presión?

Imagina que mañana tienes que hacer una presentación crucial en tu empresa. Asistirán varios clientes importantes, compañeros de trabajo y tu jefe, todos te estarán mirando. Es la noche antes. Estás en la cama, a oscuras, pensando en la presentación. ¿Qué te estás diciendo?

Dedica unos momentos a reflexionar, sincera y profundamente, sobre el tipo de mensajes que rondan por tu cabeza. Estás conversando contigo mismo, ¿qué te estás diciendo? Escribe todo lo que puedas sobre esta conversación. Profundiza e imagina esta situación, como si estuviera sucediendo realmente.

Ejercicio 3: ¿cuáles son algunos de tus temas habituales en tu diálogo interior?

Revisa lo que has escrito en los ejercicios 1 y 2. ¿Ves temas comunes o conexiones en las dos informaciones? Si es así, ¿cuáles son? Descríbelos aquí:

Ejercicio 4: ¿cuál es el tono de tu diálogo interior?

Al revisar lo que has escrito en los ejercicios 1 y 2, ¿cómo describirías el tono o el estado de ánimo general de tu diálogo interior?

- ¿Suele ser animado y positivo?
- Si es positivo, ¿es racional? Es decir, ¿son realistas los mensajes positivos que te estás enviando?

- ¿Es pesimista o derrotista?
- ¿Hay momentos en que tu diálogo interior se recrudece o se vuelve más crítico?
- ¿Es demasiado optimista o halagador en ciertos aspectos, pero no en otros?
- Haz un círculo en las partes que has escrito que te parecen especialmente positivas o negativas de tu diálogo interior.

Ejercicio 5: ¿cuál es tu *locus* de control?

Vuelve a mirar lo que has escrito en los ejercicios 1 y 2 y hazte la siguiente pregunta: ¿qué te indica lo que has escrito sobre tu *locus* de control o el grado en que crees que tienes el control sobre lo que te ocurre?

- ¿Parece indicar que **tienes** el control sobre tu vida (*locus* **de control interno**), que está bajo la influencia de **fuerzas externas o individuales** (*locus* **de control externo**) o que tener un buen o un mal día depende, básicamente, de la **suerte**, de la fuerza del destino?
- Escribe tu respuesta:

....

....

....

....

....

Ejercicio 6: ¿qué tipo de *coach* eres para ti mismo?

Solo queda una cosa más que quiero que hagas con la valiosa información que has recopilado sobre tu diálogo interior. Puesto que tu objetivo es desarrollar tu propio *coach* interior, como no voy a estar a tu lado todos los días, hemos de crear sus habilidades y escuchar su opinión. ¿Es un mezquino que se ensaña contigo cuando te desvías de tu camino, o te da ánimos? Responde a estas preguntas cuando hayas revisado de nuevo lo que has escrito:

¿Qué tipo de *coach* eres contigo mismo durante el día? Revisa los mensajes que has escrito en los ejercicios 1 y 2 y observa si eres el tipo de *coach* en el que se puede confiar para que te levante el ánimo. Por el contrario, ¿eres un *coach* que te hunde y refuerza tus peores miedos respecto a ti mismo? *Tú* eres el que habla contigo, todo el día, todos los días. ¿Estás creando un entorno interior insalubre para ti y que tiene una influencia negativa en tu forma de experimentar el mundo? ¿Se caracterizan los mensajes que te envías por un optimismo racional y productivo? Por ejemplo, si decides comer *pizza* y helado por la noche antes de acostarte, te dices: «Mírate, ya estás, otra vez, comiendo todo lo que se supone que no has de comer. ¡No tienes fuerza de voluntad!». O bien piensas: «Bueno, no te castigues. Estaba bueno, y no comes *pizza* o helado tan a menudo. No te vas a levantar con dos kilos más por la mañana». O te dices: «Bueno, como ya te has saltado las normas, ¡te puedes comer otra *pizza*! ¡Segundo asalto!». Otra línea de pensamiento podría ser: «¡La próxima vez haré una fiesta para comer *pizza* y helado e invitaré a amigos!». La finalidad es elegir de qué forma hablas contigo mismo respecto a una actividad o decisión. Esa voz es tu *coach* de vida interior y su objetivo es ayudarte amablemente a que consigas conectar con tu mejor versión.

¿Qué tipo de *coach* eres para ti mismo? Concreta:

....

....

....

....

....

Al completar estos ejercicios, habrás obtenido información muy útil respecto a cómo te diriges a ti mismo. En nuestra cabeza siempre estamos conversando y al reconocer este hecho y escuchar atentamente lo que nos estamos diciendo, podemos empezar a reescribir ese diálogo. Ahora que ya has identificado las áreas en las que te estás enviando mensajes desagradables y desalentadores, puedes empezar a eliminar esos pensamientos y sustituirlos por tu mantra o alguna autoafirmación. La próxima vez que notes que empiezas a construir un pensamiento negativo sobre ti, imagina que se dispara una alarma en tu cabeza. Cuando la oigas, detente de inmediato y rechaza ese pensamiento. Luego elige otro mensaje.

Por ejemplo, supongamos que te estás preparando para un acto social donde puedes conseguir contactos laborales. Mientras te estás vistiendo y preparando para salir, te miras al espejo y piensas: «No sé por qué me preocupo por estas cosas. Nunca sé qué decirle a la gente nueva. Soy muy raro». O piensas: «Vaya, se me ve mayor y cansado. ¿Qué está haciendo ese nuevo michelín alrededor de mi cintura? ¡Ug!». Ahora, en cuanto surja ese tipo de pensamiento en tu mente, imagina que oyes una molesta campana o un zumbido en tus orejas. Mírate en el espejo y repite en voz alta: «Confío en mi habilidad para socializar. Sonreiré, seré amable, haré preguntas a los demás y conseguiré hacer nuevos contactos y amistades». Hazlo, una y otra vez, hasta que los pensamientos positivos y de afirmación se conviertan en un audio que se reproduce constantemente en tu cabeza. De esta manera, crearás nuevos senderos neuronales en tu cerebro. Se trata de que puedas ir con el piloto automático y crear externamente la nueva realidad que has visualizado en tu interior. Como ya te he explicado antes, siempre me hablo mirándome al espejo, porque quiero ser la mejor versión de mí mismo. Si esta práctica todavía te resulta extraña, busca otro método, ¡haz lo que haga falta para cambiar tu diálogo interior negativo! ¡Hemos de descubrir lo que a ti te va bien!

Cuidar de ti mismo

La vida puede avanzar a un paso trepidante; a veces, puede parecer un río crecido después de una gran tormenta. Cuando hemos de realizar alguna tarea en medio del ajetreo diario, es posible que nos sintamos abrumados, y esa es justamente la razón por la que hemos de dedicarnos tiempo para cuidarnos. Cuidarnos suele ser lo primero que pasamos por alto en nuestros intentos de no sucumbir a la presión laboral, familiar, de los amigos y de otras responsabilidades, pero hemos de ser cautos. Prestarnos atención a nosotros mismos es imprescindible para gozar de una vida ideal.

Cuidarse significa ser compasivo con uno mismo. A muchas personas les resulta más fácil ser compasivas con los demás que consigo mismas, pero estoy convencido de que cuanto más compasivo eres contigo, más compasivo podrás ser con los demás. Si tienes el depósito lleno y rebosante, tendrás más para dar.

Hay algunas formas prácticas de ser más compasivo contigo. La primera es aprender a manejar el estrés. Te voy a dar algunas herramientas prácticas y un sistema, a fin de que puedas evitar estresarte, pero primero evaluaremos tu nivel de estrés actual. Responde sinceramente a las veinte preguntas siguientes y luego trabajaremos juntos en interpretar la puntuación.

Cuestionario del estrés

1. ¿Con qué frecuencia sientes que no estás a la altura de lo que se te exige?

    ❑ Siempre ❑ La mayoría de las veces ❑ Rara vez

2. ¿Tienes problemas para conciliar el sueño o para dormir toda la noche de un tirón?

    ❑ Siempre ❑ La mayoría de las veces ❑ Rara vez

3. ¿Pasas menos tiempo con tus amistades, familia y compañeros, cancelas planes o no respondes a sus llamadas porque te supone una carga más que has de «afrontar»?

    ❑ Siempre ❑ La mayoría de las veces ❑ Rara vez

4. ¿Sientes que trabajas más que antes, pero que rindes menos?

    ❑ Siempre ❑ La mayoría de las veces ❑ Rara vez

5. ¿Tienes miedo de tomar decisiones?

    ❑ Siempre ❑ La mayoría de las veces ❑ Rara vez

6. ¿Tienes ansiedad? ¿Te late rápido el corazón y te sudan las manos?

    ❑ Siempre ❑ La mayoría de las veces ❑ Rara vez

7. ¿Estás tenso? Por ejemplo, tienes contracturas musculares, vas con los hombros levantados y tu cuello y tu espalda están agarrotados?

    ❑ Siempre ❑ La mayoría de las veces ❑ Rara vez

8. ¿Estás nervioso?

    ❑ Siempre ❑ La mayoría de las veces ❑ Rara vez

9. ¿Te sobresaltas y no puedes relajarte? ¿Tienes la sensación de que si te sientas un momento y respiras profundo, te va a ocurrir algo malo porque no te estás preocupando de un asunto?

❑ Siempre ❑ La mayoría de las veces ❑ Rara vez

10. ¿Te molestas y enfadas por tonterías?

❑ Siempre ❑ La mayoría de las veces ❑ Rara vez

11. ¿Culpas a los demás cuando las cosas van mal?

❑ Siempre ❑ La mayoría de las veces ❑ Rara vez

12. ¿Criticas los esfuerzos de los demás?

❑ Siempre ❑ La mayoría de las veces ❑ Rara vez

13. Cuando otros familiares padecen problemas de estrés, ¿consideras que tú eres el responsable de ellos?

❑ Siempre ❑ La mayoría de las veces ❑ Rara vez

14. ¿Estás evitando conversaciones potencialmente estresantes con tu familia y tus amigos?

❑ Siempre ❑ La mayoría de las veces ❑ Rara vez

15. ¿Discutes por «cualquier cosa inútilmente» con tu pareja o familia directa?

❑ Siempre ❑ La mayoría de las veces ❑ Rara vez

16. ¿Compartes menos satisfacciones con la familia y con los amigos?

❑ Siempre ❑ La mayoría de las veces ❑ Rara vez

17. ¿Eres consciente de que padeces estrés y de que te está afectando?

❑ Siempre ❑ La mayoría de las veces ❑ Rara vez

18. ¿Tienes síntomas físicos de estrés, como hipertensión, tensión muscular y cansancio?

❑ Siempre ❑ La mayoría de las veces ❑ Rara vez

19. ¿No te tomas tu tiempo para refrescar tu mente y tu cuerpo después de una situación de estrés? Por ejemplo, después de haberte estresado por algo, ¿descuidas realizar actividades que te ayudan a cuidarte, como hacer ejercicio, meditar, dormir profundamente e hidratarte?

❑ Siempre ❑ La mayoría de las veces ❑ Rara vez

20. ¿Estás triste y deprimido sin razón?

❑ Siempre ❑ La mayoría de las veces ❑ Rara vez

Puntuación del cuestionario del estrés

Si has marcado «Siempre» o «La mayoría de las veces» en, al menos, una de las preguntas, es posible que, en estos momentos no tengas un buen sistema para gestionar el estrés. Es importante que hagas todo lo que esté en tu mano para cambiar esa situación, ahora mismo, porque el estrés es como una bola de nieve que no hace más que crecer y empeorar, si no se hace nada por remediarlo. Si has marcado «Siempre» o «La mayoría de las veces» en **más de cinco** preguntas, es todavía más urgente que tengas una estrategia para gestionar el estrés. No tienes por qué vivir de este modo, pero si empiezas a darle prioridad a cuidarte y te das cuenta de que eso no es «egoísta», podrás controlar el estrés. ¡Nunca es demasiado tarde!

Crea tu sistema de gestión del estrés

Has de crear un sistema para afrontar el estrés cuando aparezca, en lugar de crear una solución cuando ya estás demasiado estresado. Es la diferencia entre prevención y tratamiento. Es mucho más fácil evitar estresarte que eliminar el estrés, como suele suceder con las enfermedades físicas.

1. Ejercicios de respiración consciente

Cuando tienes un pensamiento que te provoca estrés o sucede algo que, normalmente, te desequilibra, has de encontrar la manera de frenar ese pensamiento; por ejemplo, puedes cambiar tu forma de respirar. Primero, toma conciencia de tu respiración y, luego, haz tres o cuatro respiraciones profundas de limpieza, así podrás evitar que el factor de estrés se apodere de ti. Una mente sometida a estrés es como si estuviera experimentando una tormenta neurológica y el antídoto más potente e inmediato es la respiración consciente.

La respiración consciente y rítmica no es una práctica nueva y la razón por la que se usa, desde hace siglos, en todo el mundo es porque funciona. Incluye ejercicios respiratorios en tu rutina diaria, porque cuanto más los hagas, más relajado será el funcionamiento básico de tu cerebro. De esta manera, si sucede algo que te provoca estrés, no llegará a convertirse en la gota que colma el vaso ni hará que te descontroles. Si tus cimientos son sólidos, los vientos de la vida no podrán contigo.

Puedes elegir cuándo practicarlos; por ejemplo, dedica un par de minutos por la mañana, antes de empezar el día, y luego repítelos al mediodía y antes de ir a dormir. Si sigues otro horario que a ti te vaya mejor, también está bien. Basta con que te asegures de que conectas con tu respiración, al menos una vez al día, como parte de tu programa antiestrés.

2. Ejercicio físico

En segundo lugar, si dedicas aunque solo sean veinte o treinta minutos al día, cinco días a la semana, a hacer ejercicio, estarás reiniciando químicamente tu cerebro y reforzando tu sistema para controlar el estrés. En el capítulo de la salud, profundizaremos en los beneficios que tiene hacer ejercicio para tu cerebro y todos los órganos de tu cuerpo, pero, por el momento, basta con que sepas que es una parte imprescindible de tu programa general de cuidados. No importa el tipo de ejercicio que hagas, correr, caminar rápido alrededor de la manzana, ir en bicicleta, utilizar la máquina de cardiovasculares en el gimnasio, levantar peso o hacer algún ejercicio en el salón de tu casa, todo esto es fantástico. Busca algo que te guste, tengas ganas de hacerlo y te siente de maravilla. Si detestas esa actividad, no obtendrás los mismos beneficios.

3. Celebra tu vida

No es necesario que esperes a tu cumpleaños para celebrar tu vida. Cada día que estamos sobre la Tierra es un verdadero regalo y si diariamente dedicas unos momentos a sentir alegría, a reírte y a aceptar todas las cosas buenas, le estás diciendo a tu cerebro que has elegido la alegría, en lugar del estrés. Este es el valor terapéutico de sentir alegría y puede (¡y debe!) proceder de tu interior.

Hazlo como te plazca, por ejemplo, puedes celebrarlo cada día con una pequeña fiesta en tu honor. A mí me gusta poner la música alta y bailar en mi sala de estar. (¡Mi perro también se apunta a la fiesta!). Incluso estar un rato en contacto con la naturaleza y reconocer su belleza y complejidad es una celebración. Siéntate en un banco de un parque y huele el aire, observa los pétalos de una flor o siente el tacto de la hierba fresca bajo tus pies. Sonríe y deja que te inunde un sentimiento de alegría. Para valorar realmente todo lo que tienes, busca tiempo para estar a solas y reflexionar sobre las cosas positivas de tu vida y del mundo que te rodea. O convida a tus amigos y familiares a una cena divertida... ¡porque sí!

Otra forma de celebrar la vida es ofrecer tu tiempo para ayudar a alguien que lo necesite. Entregarte a los demás es siempre una poderosa forma de experimentar alegría. Es fácil dejar pasar este tipo de actividades; sin embargo, puede que sean las más gratificantes y, a veces, las que nos aporten los momentos de mayor inspiración.

4. Revisa tu rutina de sueño

Cuando los médicos hablan de la higiene del sueño, se refieren a los hábitos y rutinas que creamos para dormir adecuadamente y estar bien atentos en nuestras horas de vigilia. El sueño es básico para poner a prueba al cerebro. Si duermes bien regularmente, significa que has marcado una de las casillas más importantes de la lista de cuidados personales. De lo contrario, el efecto dominó puede ser desastroso. Se ha demostrado que la falta de sueño afecta negativamente a la función cognitiva, los reflejos e, incluso, al estado de ánimo. Si pretendes sobrevivir en un estado de falta de sueño constante, te lo estás poniendo muy difícil para ser tu mejor versión. Esta propuesta no es negociable, así que te animo sinceramente a que encuentres la manera de que tu cuerpo y tu mente consigan las horas de sueño que necesitan.

Puedes hacer un pequeño experimento durante tres noches; así descubrirás cuántas horas de sueño precisas para estar a pleno rendimiento al día siguiente. La primera noche vete a dormir en cuanto tengas un poco de sueño y no pongas el despertador; levántate cuando te despiertes. Anota cuántas horas has dormido. Luego observa cómo te sientes durante el día: ¿has necesitado mucho café o estimulantes para concentrarte o tenías la mente clara y enfocada? La noche siguiente, acuéstate treinta minutos antes que la noche anterior y despiértate sin despertador. Anota cuántas horas has dormido y observa cómo te sientes a lo largo del día. La última noche, permanece despierto una hora más, después de que empieces a notar que te entra el sueño, y pon la alarma del despertador una hora antes de la que te levantaste el día anterior. ¿Cuántas horas has dormido y cómo te sientes? ¿Qué has aprendido del experimento? ¿Has podido averiguar cuántas horas de sueño necesitas para rendir al máximo y estar brillante al día siguiente?

Algunas personas dicen que si duermen más de siete horas, al día siguiente no están despejadas y no son capaces de concentrarse. Otras no pueden funcionar si duermen un minuto menos de las ocho horas. Una vez hayas averiguado cuál es tu tiempo óptimo de sueño, crea una rutina realista para irte a la cama a tu hora cada noche y poder levantarte cuando lo necesites y totalmente renovado. Hay todo tipo de técnicas que puedes probar para intentar mejorar tu sueño, desde poner unas gotitas de aceite esencial de lavanda en tu almohada hasta una máquina que emita ruido blanco, como un ventilador; tómate tu tiempo para descubrir cuál es tu ambiente ideal para dormir.

Yo necesito al menos ocho horas de sueño. Cuando no las duermo, siento que necesito hacer siestas a lo largo del día, estoy más nervioso, menos concentrado, con el temperamento más variable y tengo menos paciencia; básicamente, no estoy a la altura de mi mejor versión. También recurro al estimulante de la cafeína varias veces al día, pero al final me quedo frito. Hasta mi piel se resiente cuando no duermo suficiente.

En mi rutina vespertina, me aseguro de no comer nada antes de acostarme; sé que si mi cuerpo está trabajando digiriendo comida, me alterará el sueño. Luego, cuando me estoy relajando para ir a dormir, llevo las camas de mis perros a mi habitación, juego al Scrabble diez minutos, reviso cómo me ha ido el día y lo que me ha gustado de él y me pregunto si he de pedir disculpas a alguien. Reflexiono sobre mi jornada con satisfacción. Por último, apago la luz y me voy a dormir.

5. Desconecta de la tecnología

Vivimos en un mundo obsesionado por la tecnología, que está reduciendo nuestra capacidad para afrontar el estrés. Si estás bajo el acoso constante de las campanitas, silbidos y sonidos varios de tu móvil, tableta u ordenador durante todo el día, estás poniendo en peligro tu habilidad para manejar adecuadamente incidentes estresantes, cuando estos se producen. La razón es que nuestro cerebro no está diseñado para este tipo de interrupción constante que crea la tecnología. Concéntrate en lo importante, porque si siempre divides tu atención entre las tareas y las comunicaciones, tu cerebro no tiene la oportunidad de relajarse.

Dedica un tiempo todos los días a desconectar por completo. Nada de pantallas, efectos sonoros o aparatos que vibran. Solo *sé*. (También es un buen momento para practicar tus ejercicios de respiración consciente). Al principio, puede que te cueste, pero pronto estarás deseando que llegue tu momento de desconexión, y tu cerebro te lo agradecerá.

6. Conecta con tu relajación

¿Qué te ayuda a relajarte por completo? Tu respuesta será única y lo que importa es que entiendas realmente qué es la relajación y qué te induce a ella. A algunas personas les basta con ver una camilla de masaje para notar que le bajan las pulsaciones y la presión arterial. Otras entran en estado zen cuando nadan o se dan un baño de burbujas. He conocido a muchos que me han dicho que se relajan completamente cuando van en bicicleta o salen a dar un paseo al sol. O en mi caso, es cuando dedico un tiempo a jugar con mis videojuegos.

Suelo preguntar a la gente si medita, pero muchas personas me responden que no saben; a veces, incluso les asusta un poco la idea. Meditar es relajar la mente, conectar con tu respiración y estar en tu cuerpo en el momento presente. Meditar es un método sencillo y rápido de relajarse y de conectar con tu mejor versión.

Si no sabes cómo entrar en un estado de relajación, o si te apetece probar algo nuevo, te animo a que practiques alguna técnica de meditación guiada, que es un tipo de meditación. Te puedes descargar aplicaciones en tu móvil y escucharlas con auriculares o puedes probar una sencilla como esta:

Ejemplo de técnica de visualización guiada

1. Siéntate en un lugar cómodo y tranquilo y concentra tu mirada en algo que tengas delante o en cualquier objeto que te transmita paz.
2. Desconecta al máximo de todos los pensamientos que se te pasen por la cabeza y sigue concentrando tu mirada únicamente en ese objeto.
3. Cuando notes que bajan tus pulsaciones, empieza a abandonar la concentración en el objeto y cierra lentamente los ojos.
4. Imagínate haciendo algo que te gusta o que te aporta paz. Puede ser un paseo por la arena blanca de una playa, bajo los rayos del sol, con una suave brisa en el rostro, el dulce sonido de un oleaje tranquilo que baña tus pies. Puedes imaginarte en la cima de una montaña, contemplando la maravillosa vista que te rodea. O tumbado en una hamaca en un porche de madera, con un campo de flores silvestres delante de ti. Visualiza cualquier imagen que reconforte tu corazón y calme tu alma.

5. Permanece lo más quieto y presente que puedas. Cuando otros pensamientos intenten usurpar esa imagen, imagina que los apartas amablemente con el dorso de la mano.

6. Al terminar abre lentamente los ojos, respira lento y profundo tres veces y repite tu mantra personal en voz alta (recuerda que lo has creado en el capítulo cuatro).

No importa qué es lo que te induce a ese estado, dedica un tiempo cada día a relajarte, y además, una o dos veces al mes, haz un hueco en tu agenda para profundizar en la relajación y el silencio durante un periodo más largo, como una o dos horas. Por ejemplo, de vez en cuando dejo en casa el móvil y salgo a pasear para estar en contacto con la naturaleza: a la playa, a la montaña o a algún parque bonito. Esta práctica reducirá tu estrés en el momento y evitará que sufras un ataque de nervios cuando algo te provoque estrés. Una vez más, te recuerdo que estamos intentando bajar tu nivel básico de estrés para que no estés siempre funcionando a ocho y cualquier cosa te ponga a más de diez. Si siempre permaneces entre cero y dos en la escala del estrés, estarás más preparado para afrontarlo cuando se presente.

Tus pasiones

El tercer componente de la ESFERA de tu vida personal son tus pasiones. ¿Qué es lo que te hace sentir que estás conectado con la corriente de la vida y te hace vibrar en la frecuencia más elevada? Si ya no estás seguro o hace mucho que no te has planteado esta pregunta, no hay mejor momento que el presente para interiorizarte y volver a descubrir tu pasión. Cuando la encuentres, tanto si se manifiesta en forma de afición o voluntariado como si es jugando a algo, tu misión será hallar la manera de expresarla. Quizás tienes una amplia gama de pasiones que puedes expresar de distintas formas. ¡Adelante con todas ellas!

Si no sabes por dónde empezar, diviértete un poco proban-
do cosas nuevas que no has hecho nunca. Ponte retos y sal de tu
zona de confort. Apúntate a una clase de baile. Haz de voluntario
en algún albergue para los sin techo o en un refugio de acogida de
animales. Compra pinturas y pinceles y ponte a pintar. Ve al teatro
o a un musical. Aprende un idioma nuevo mientras te desplazas
para ir al trabajo. La única limitación a tu lista de actividades es tu
imaginación. Se trata de que recuerdes la última vez que te sentiste verdaderamente vivo haciendo algo y de que vuelvas a crear esa
sensación regularmente.

Una vez, trabajé con una mujer cuyo nombre era Deborah,
vivía en el Upper East Side de Manhattan, tenía una gran fortuna,
estaba divorciada y sus hijos ya eran adultos, pero había perdido la
pasión por las cosas. Había llegado al extremo de que casi no salía
de casa, todo se lo llevaban a domicilio. Incluso tenía un pequeño
salón de peluquería, servicio doméstico, *personal shoppers*, etcétera.
Se había programado su entorno de tal manera que, literalmente,
no necesitaba salir. Por consiguiente, había dejado de relacionarse
con el mundo exterior. Cuando la conocí, no solo la desafié a que
saliera de su apartamento por primera vez en muchos meses, sino
que también dejara su móvil y su cartera (salvo algo de efectivo para
tomar un taxi si lo necesitaba); así podría dedicar unas horas a ir a
alguna parte de la ciudad en la que no hubiera estado nunca.

La acompañé en esa primera excursión y, por ejemplo, le en-
señé a sentir curiosidad por las personas que la rodeaban y a descubrir la magia de vivir en Manhattan, una de las ciudades más ex-
céntricas, interesantes y variopintas del mundo. No tardó mucho
en darse cuenta de lo que se había desconectado del mundo. Al
principio, se sintió un poco abrumada, pero al final del día, literalmente, había vuelto a la vida. Era como si hubiera congelado la
imagen de su propia película y el mero hecho de salir a dar una vuelta por el barrio, hablar con desconocidos y sumergirse en diversos
escenarios, sonidos y sensaciones, le sirvió para darle al botón de

reproducción y poder proseguir con su vida. Cuando estamos desconectados, no podemos sentir pasión por nada. Había permitido que su existencia se fuera convirtiendo en un círculo cada vez más cerrado, se estaba marchitando por falta de pasión. Es muy fácil entrar en una dinámica en la que haces lo mismo, una y otra vez, y con tanta repetición la pasión no puede medrar. Pero puedes cambiar la situación radicalmente, romper la rutina o los patrones y conectar con nuevas, apasionantes y enriquecedoras formas de hacer las cosas.

Te lo mereces. Esto te convertirá en una persona más completa y reforzará tu nuevo vínculo con tu mejor versión, de maneras inconcebibles. He tenido clientes que, cuando han descubierto sus pasiones, han encontrado la forma de ganar dinero con ellas. Este no tiene por qué ser tu principal objetivo, pero ¡pensar que puedes acabar viviendo profesionalmente de algo que te ilumina desde dentro es una posibilidad fantástica! Recuerda que puedes tener muchas pasiones distintas. Por ejemplo, algunos de mis empleados de los centros CAST se encargan de dar la bienvenida a los posibles clientes que entran por la puerta. Es una función muy importante, pues estos empleados son los que ofrecen la primera impresión de nuestra empresa. Siempre busco personas a las que les apasione relacionarse con los demás. Quiero que cada una de ellas sea una «persona sociable», no porque esto hará que hagan mejor su trabajo (aunque no voy a negar que eso ayuda), sino porque disfrutarán haciéndolo. Quiero que conecten con el amor que sienten por la gente y que, gracias a ello, encuentren auténtica dicha en su profesión. Pasamos casi la mitad de nuestra vida trabajando y ganando dinero para subsistir. ¿Por qué has de estar en un trabajo que no te hace sentirte vivo? El mero hecho de conocer algo de tu personalidad y lo que te gusta hacer puede darte mucha información sobre el tipo de trabajos que serán más gratificantes para ti. Sintonizar tus ESFERAS (vida personal + empleo) puede ser un punto de inflexión. ¡Estamos hablando de lograr la realización de tu mejor versión!

Ahora, al leer esto, puede que pienses: «Sí, vale, Mike, ahora mismo me pongo a ello. Entre lavadora y lavadora, hacer la cena, trabajar para ganar un sueldo y conseguir dormir algunas horas, haré algo que me apasione». Te invito a que vuelvas al capítulo tres y revises tu agenda. Estoy dispuesto a garantizarte que podrás hallar suficiente tiempo en tu rutina diaria, en un plazo de treinta días, para descubrir qué es lo que te apasiona. He trabajado con algunas de las personas más ocupadas del mundo: sus duras jornadas son de cinco de la madrugada a diez de la noche; sin embargo, todas ellas encuentran el momento para sus pasiones. Si ellas pueden, tú también.

Vivir conectado con tu mejor versión significa encontrar tiempo para realizar lo que te apasiona, porque con frecuencia es lo que refleja tu arte. Nadie ha lamentado jamás haber dedicado tiempo a hacer algo que le apasiona; en realidad, *no* existe ninguna desventaja en ello. No dejes que se ponga el sol, ni un día más, sin haber conectado con tu pasión y haber hecho algo por ponerla en práctica. ¡Vive el momento!

Para los que sufrís

Antes de concluir este capítulo sobre la vida personal, quisiera abordar el tema del dolor emocional profundo. Por lo que he visto en mi trabajo, existen dos tipos de sufrimiento: por el rechazo y por la pérdida. Cuando experimentas rechazo por parte de algún miembro de tu familia, de una expareja o incluso de tus propios hijos, en parte la razón por la que te afecta tanto es porque la persona que crees que puede remediar ese dolor está viva y coleando y, aparentemente, feliz sin ti. Por el contrario, con el sufrimiento por la pérdida que sobreviene tras el fallecimiento de un ser querido, podemos sentir que nuestra vida ha quedado destrozada en el momento en que esa persona se marchó definitivamente de nuestro lado. Esto sucede tanto si se trata de una muerte esperada, para la que has tenido tiempo para prepararte, como si ha sido inesperada y has sufrido un *shock*.

Voy a dedicar un momento a hablar de ambas formas de sufrimiento emocional, porque cuando estás pasando una temporada difícil, es fácil que te sientas solo y que pienses que esa situación no va a terminar nunca. Pero *no* estás solo. Y el sufrimiento actual *desaparecerá*.

A veces, nuestro sufrimiento es tan intenso y nos duele tanto el corazón que no sabemos qué hacer con el dolor. Queremos apartarlo, ocultarlo de nosotros mismos, encerrarlo en algún lugar profundo de nuestra mente y tirar la llave al mar. Habrá veces en que al responder a una llamada recibirás una noticia que te parecerá surrealista y sentirás que eso no te puede estar sucediendo a ti o a tu familia. Habrá preguntas para las cuales nunca obtendrás respuesta. Habrá momentos en los que te quedarás sin palabras y no podrás hacer otra cosa que inspirar y espirar, e incluso eso te supondrá una tarea titánica. Desearás desesperadamente apretar el botón de rebobinar y retroceder en el tiempo. Puede que hasta llegue un día en que oigas un estruendo que te indicará que tu mundo acaba de partirse por la mitad y, sin lugar a dudas, tu existencia habrá cambiado para siempre, en un instante pasajero. Basta con un parpadeo para que cambie tu vida.

Mi amiga Cindy era lo que se suele llamar una persona «sensitiva»; altamente emotiva. Siempre admiró a su hermano mayor, que aunque solo tenía dos años más que ella, era su protector. Cuando eran jóvenes, Wayne siempre la llevaba a todos sus actos sociales. Iba con ella a las fiestas que organizaban en su barrio y cuando salía con sus amigos. Era el hermano mayor amable que cualquier niña o niño podría desear.

Cada día, la llevaba en coche al instituto durante el primer y segundo año. Cindy, que nunca acabó de encajar con la gente «guay», siempre se sentía guay cuando estaba con él. Él sabía lo que ella necesitaba emocionalmente. Al estar con él se atrevía a ser ella misma. Cuando Wayne tuvo que ir a la universidad, tampoco se alejó demasiado de casa y seguía viéndolo los fines de semana. Lo tenía en un pedestal y se sentía muy afortunada de ser su hermana.

Un día, en tercer curso, cuando estaba en clase de lengua, entró alguien de la escuela para decirle que fuera inmediatamente a la secretaría. Enseguida supo que algo no iba bien, pero jamás hubiera podido imaginar lo que, al cabo de unos momentos, le comunicaría el director. Su adorado hermano se había suicidado esa misma mañana. Ni ella misma reconoció su propia voz cuando se le escapó un grito primario y escalofriante. Cerró los puños, miró al cielo y exclamó: «¿Por qué?». Sintió que no podía respirar y empezó a jadear involuntariamente. Los que estaban con ella en aquel momento hicieron todo lo posible para tranquilizarla.

Meses más tarde, recuerda que escribió en su diario sobre la tormenta de fuego emocional que se había desatado en su interior desde la muerte de su hermano. Hacía todo lo posible para contenerla, para achicar las llamas hasta que eran del tamaño de la llama de una vela, pero, sin previo aviso, se avivaban de nuevo. Esto es lo que escribió:

Es una sensación muy real. Como si realmente le estuviera pasando a mi cuerpo; sin embargo, estoy sentada en un despacho, en un lugar seguro. Es incongruente. No tiene sentido. ¿Cómo puedo ir por ahí y hacer ver que no me pasa nada, mientras estas emociones me están quemando viva por dentro? Es exagerado. Exagerado. No obstante, en el fondo, muy muy en el fondo, en mi esencia, protegida en el interior de mi corazón, existe paz. Hay una parte de mí inalterable, una parte que permanece serena, callada. El ojo de la tormenta de fuego. Ese espacio sagrado, protegido del resto de mí, es *poderoso*. Puede que sea silencioso, pero encierra un gran poder concentrado en su diminuto tamaño por una razón, porque está directamente conectado con Dios a través de mi fe. «Sí, aunque camine por el valle de la sombra de la muerte —como siempre hemos dicho en la iglesia—, tu vara y tu cayado me reconfortarán». Todavía siento todo eso y derramo lágrimas desde los ríos más profundos de tristeza de mi alma, pero puedo descansar, porque sé que Dios me sostiene en la palma de su mano.

No siempre recibimos las respuestas que anhelamos y muchas veces, en los casos de suicidio, no podemos entender las razones, ni tan siquiera llegar a imaginarlas. Pero Cindy, al final, pudo hacer las paces con la pérdida de su hermano y, aunque su vida nunca volvería a ser como antes, supo que podría seguir adelante. Asimismo, entendió que a su hermano no le hubiera gustado ver que siempre estaba llorando su pérdida, sino que hubiera querido que rehiciera su vida.

El sufrimiento es inevitable y a veces sentirás que tienes que rendirte a él. Eso no significa que tu dolor haya vencido, sino que eres humano. No se trata de ganar o perder. La vida es una serie de experiencias y el sufrimiento es una de ellas.

Si hoy estás sufriendo, permítete tener un consuelo. Acepta el consuelo de Dios, de tu familia, de tus amistades y compañeros, y si prefieres hablar con una persona anónima, existen recursos. Ahora, incluso puedes hacerlo por Internet en www.doctorondemand.com* y hablar con un profesional de la salud mental de la zona donde resides. O llama a tu médico y pídele que te remita a un terapeuta o haz cualquier cosa que te ayude a sentirte mejor. Si sientes que la oscuridad se cierne sobre ti y que ya no tienes más opciones, llama o entra por Internet en www.suicidepreventionlifeline.org. Alguien podrá ayudarte, por muy angustiado que estés.

El deseo de consolar es un atributo universal de la mejor versión. Las personas deseamos consolarnos las unas a las otras. Por

---

* Un sitio web para hablar con un médico. Más adelante se nombra un sitio web para la prevención de suicidios. Conviene consultar los servicios del país donde uno vive (N. de la T.).

difícil que nos pueda parecer, al principio, aceptar la solidaridad, la empatía y la atención de los demás, hazlo de todos modos. Tu alma se sentirá reconfortada.

El inventario de tu vida personal

PRIMERA PARTE: puntúa tu vida personal en una escala del uno al diez. «Uno» significa que esta ESFERA **está en grandes apuros y necesita atención inmediata. «Diez» significa que te parece fantástica y necesita poca o ninguna mejoría.** Los aspectos de tu vida personal que debes tener en cuenta para dar la puntuación son:

- El diálogo interior: los mensajes que te envías cada día.
- Cuidar de ti mismo: tu sistema de gestión del estrés, cómo tratas tu cuerpo y tu mente.
- Pasiones: tus aficiones, tu tiempo de juego.

Puntuación de la vida personal: a____ de_____ de____(fecha)

SEGUNDA PARTE: ahora, enumera algunas conductas útiles en tu vida personal y di por qué lo son.
Ejemplos:

- Estoy modificando activamente mi diálogo interior para que sea positivo y realista.
- Les doy prioridad a las actividades diarias que me ayudan a cuidar de mí mismo.
- Busco el momento para divertirme y disfrutar.

Las conductas que funcionan en mi vida personal son:

¿Por qué?

¿Por qué? ....

¿Por qué? ....

TERCERA PARTE: ¿cuáles son algunas de las conductas que te impiden conseguir lo que deseas en tu vida personal?
Ejemplos:

- Paso demasiadas horas vegetando delante de la televisión o realizando actividades que no me gustan.
- Permito que mi diálogo interior refuerce creencias negativas acerca de mí mismo y de mis habilidades.

Las conductas que no funcionan en mi vida personal son:

¿Por qué? ....

¿Por qué? ....

¿Por qué? ....

CUARTA PARTE: basándote en todo lo que has escrito hasta ahora, me gustaría que pensaras qué puedes hacer para superar tu puntuación actual y lograr un diez en esta esfera.
Para hacerlo has de observar las conductas que debes *mantener*, porque funcionan; las que debes *interrumpir*, porque te impiden conseguir tus objetivos, y las que debes *empezar* a realizar.

Para conseguir un diez en mi vida personal:

Debo mantener: ....

Debo abandonar: ....

Debo empezar: ....

A continuación...

Ahora que ya conoces mejor tu relación contigo mismo y con tus emociones y que tienes bastante idea de qué áreas has de mejorar en tu ESFERA personal, vamos a pasar a la esfera de la salud. Si tu salud no está en armonía y no priorizas tu bienestar físico, todas las demás ESFERAS se verán afectadas. Hagamos que tu mejor versión esté sana físicamente: ¡así podrás disfrutar cada día al máximo!

7

Las esferas:

Tu salud

Tu mejor versión quiere que hagas todo lo necesario para conservar, proteger y promover tu salud física. ¿Por qué? Porque si te falla la salud no puedes rendir al máximo en cada una de tus ESFERAS. Tu salud es fundamental. Cuando te encuentras bien, rara vez piensas en ella. Pero cuando tienes un problema, este puede alterar toda tu vida. En este capítulo nos aseguraremos de que hagas todo lo posible para conservarla. Para *ser* los mejores, hemos de *sentirnos* lo mejor posible, y para sentirnos lo mejor posible, hemos de cuidar nuestra salud. Cuando esta es óptima, las posibilidades de lo que podemos lograr en este mundo son infinitas. Así es como quiero que te sientas.

Me gustaría empezar compartiendo la historia de un buen amigo mío. Tuvo algunos problemas de salud importantes con los que puede que te identifiques, en algún grado. James me contó que siempre fue un «niño rellenito». Recuerda que le echaba tanta mantequilla al puré de patatas que se acababa formando un laguito en el plato, y a pesar de ello, pedía más. Cuando pasaban por delante de un restaurante de comida rápida, pedía a gritos una hamburguesa con patatas fritas. Uno de sus primeros recuerdos es de un verano, antes de empezar el primer curso escolar. Fue a unos grandes almacenes con su madre a comprar unos tejanos y ella tuvo que pedir la talla grande para él. En ese momento, se quedó cabizbajo, se sintió abochornado y acomplejado.

A diferencia de muchos niños obesos que son ridiculizados en la escuela, nunca sufrió acoso por su peso. Adelantarse a cualquier posible insulto fue lo que lo salvó; se sentaba a la mesa y proclamaba: «¡Que todo el mundo se aparte, llega el gordito!». El humor fue su escudo y le funcionó de maravilla. Era muy popular, todos lo querían y todos los años era elegido portavoz de la clase. Los fines de semana, su casa era el centro de reunión y tenía un grupo de muy buenos amigos. Era muy activo, vivía en la Costa Este y podía ir a esquiar casi a diario. Era su actividad favorita.

A eso de los trece años, tuvo un accidente de esquí, que le provocó una lesión grave de rodilla. Por este motivo, su estilo de vida se volvió más sedentario. Como podrás suponer, con sus hábitos alimentarios, su peso se disparó. Su madre, alcohólica rehabilitada, un día le planteó claramente que creía que era un comedor compulsivo. Veía en él la misma personalidad adictiva con la que había tenido que lidiar en su propia vida, y pensó que cuanto antes lo reconociera, menos se apoderaría de él la adicción.

Su madre se lo había dicho con amor y solo quería lo mejor para su hijo, pero en lugar de conseguir el resultado deseado, sus palabras despertaron en él sentimientos de culpa y de vergüenza respecto a la comida.

Esta es la representación de la peor versión de James, «James Dormilón y Autodestructivo», que adora tumbarse a ver la televisión y comer comida basura. James está totalmente absorto en sí mismo, no se preocupa de los demás y le gusta autocastigarse.

Empezó a almacenar comida y a comérsela a escondidas. Se ponía mantequilla en un bollo y además le añadía queso para untar, para ingerir el máximo número de calorías posible de golpe. Su madre dejó de preparar postres, porque tenía miedo de sobrecargar a su familia con un exceso de calorías, especialmente a James. Pero él se iba a casa de algún amigo y se comía seis postres a sus espaldas. Al final, empezó a utilizar la comida como un arma contra sí mismo.

Cuando llegó a la pubertad y sus compañeros empezaron a encontrar pareja, enseguida se convirtió en el único que no tenía novia. Eso fue muy doloroso. Tenía un amigo que le propuso ayudarlo y comenzaron a hacer ejercicio, los dos juntos. También le enseñó cómo se alimentaban los atletas universitarios, para que empezara a elegir alimentos más saludables a la hora de comer. Adelgazó veintisiete kilos bastante rápido, hasta llegar a los noventa. El plan funcionó y tuvo su primera novia de verdad. Pero fugaz, como suelen ser los amores de instituto, su amor se quemó rápidamente y volvió a recurrir a la comida para consolarse. No había resuelto el problema real que se escondía tras su exceso de peso; su motivación para adelgazar seguía siendo puramente estética.

Hizo dietas yoyó durante años, y a los ciento ochenta y cuatro kilos dejó de pesarse, aunque seguía engordando. Una vez, logró dominar su peso hasta llegar a los setenta y nueve kilos, con una dieta muy estricta y haciendo ejercicio, pero al final siempre le sucedía algo (como romperse un hueso) y volvía a lo mismo de antes (generalmente, ganaba más kilos de los que había perdido en sus etapas de máxima obesidad).

Esta es la representación de su mejor versión «James Conserje Feliz», que es feliz ayudando a los demás, entregándose y actuando desinteresadamente.

Recuerda que una noche estaba junto al fregadero de la cocina y empezó a desenvolver barritas de chocolate; devoró ocho, una detrás de otra.

Después de más de veinte años, estaba muy harto de este peligroso ciclo, y a pesar de todos los conocimientos que había adquirido sobre nutrición y ejercicio, era incapaz de encontrar una solución duradera. Tomaba dos medicamentos para la presión y le habían diagnosticado síntomas de esteatohepatitis no alcohólica, es decir, tenía el hígado graso. Le dolían todas las articulaciones, tenía muy poca energía y sufría un malestar general. Había pagado un precio muy alto, en salud y bienestar, por su estilo de vida, y corría verdadero peligro. No podía practicar ninguna de las actividades que le gustaban, como esquiar (recuerda cómo le dolió la pierna cuando intentó embutirla en una bota de esquí), le dolía todo el cuerpo y se sentía abatido. Aunque su esposa lo apoyaba, no podía hacer mucho más; en última instancia, era él quien tenía que tomar la decisión final de controlar su salud, de una vez por todas.

A los treinta y cinco años, sabía que se encontraba al borde de un precipicio: podía tomar una decisión drástica o tirar la toalla definitivamente. Sus miedos se desataron, se preguntaba si era un fracasado. Incluso dudaba de si era lo bastante bueno. Había tocado fondo. Por fin, tomó la decisión de someterse a una intervención quirúrgica de manga gástrica.

Ya ha pasado un año desde la operación y ahora tiene un peso perfectamente normal. Pero lo más importante es que se ha curado de su relación tóxica con la comida y, a raíz de ello, también ha cambiado su visión de las cosas. Ha reconocido que le había cedido el mando a su peor versión, pero que cuando se lo traspasó a su mejor versión, experimentó un despertar. Siempre había vivido en un estado mental egocentrista; su única motivación para hacer algo por alguien era conseguir algo a cambio. Recuerda que hubo una época en que la única razón por la que limpiaba en casa era para conseguir que su esposa le diera «puntos de *brownie*», y ni se le había pasado por la cabeza hacer voluntariado o aportar algo a la comunidad; sencillamente, estaba demasiado absorto en sí mismo. Ahora, disfruta haciendo cosas por los demás y, en general, está mucho más conectado con sus relaciones. Es considerado, paciente y amable, todas cualidades de su mejor versión.

En cuanto a su salud, goza de una forma física increíble, y no porque se entrene obsesivamente en el gimnasio, como si fuera un Navy SEAL. Hace ejercicio varios días a la semana y come alimentos saludables. Gracias a ello, su hígado se ha recuperado y ya no toma medicamentos. Su médico está muy contento con los resultados de los análisis de sangre, todos están perfectamente normales. James es la prueba viviente de que el poder del espíritu humano prevalece ante circunstancias aparentemente imposibles.

He compartido su historia porque me parece un clásico ejemplo de lo que puede suceder cuando la peor versión se apodera de tu salud. Lo que nos sucede interiormente se puede manifestar en nuestro cuerpo, es inevitable. El primer lugar donde creas un cuerpo sano (o enfermo) es en tu *mente*. Y como hizo James, puedes elegir y responsabilizarte. Quizás tus retos no sean de esta magnitud, o quizás sean mayores, pero cualquiera que sea tu punto de partida, *puedes* hacerte cargo de tu salud y convertirla en tu prioridad.

No soy médico, ni pretendo tener todas las respuestas en este ámbito. Pero he dedicado mucho tiempo a la selección de mi equipo y uno de mis valiosos compañeros es el director médico de mis centros CAST, el doctor Jorge E. Rodríguez o «Doctor Jorge», como lo llamamos afectuosamente. Doctor Jorge posee un verdadero don para transformar la información médica compleja, de manera que una persona profana pueda entenderla con facilidad. Eso es justamente lo que ha hecho para los lectores en este capítulo. Ha convertido complicados estudios e investigaciones médicas en digestivas «raciones» de información, que puedes empezar a aplicar inmediatamente en tu día a día.

Todos sabemos que existen millones de libros, artículos, blogs y otros medios de información sobre cómo lograr y conservar la salud óptima. Además, la información médica está en evolución constante, puesto que los científicos siguen investigando y hacen nuevos descubrimientos. En este capítulo, en lugar de intentar abarcar todo lo que necesitas saber sobre tu salud (puesto que eso *alargaría* demasiado este libro y ¡quedaría desfasado en el momento en que se llevara a imprenta!), voy a ser realista.

En primer lugar, vas a evaluar tu salud y a descubrir áreas en las que puedes hacer pequeños o grandes cambios, a fin de que te asegures de que es tu mejor versión la que cuida de ella. El aspecto más importante es que seas consciente y eso es lo que te voy a ayudar a conseguir.

Asimismo, nos centraremos en algunas herramientas y temas específicos, nuevos y apasionantes, relacionados con la salud, que creo que te ayudarán a que te sientas de maravilla. Entre ellos se encuentran:

- La interconexión entre el cerebro y el intestino.
- La *newtrition** o lo que a mí me parece la visión correcta sobre la nutrición, que favorece que vivas como tu mejor versión.
- Hacer ejercicio y lo que supone para tu mente, cuerpo y espíritu.
- Opciones alternativas para prevenir la enfermedad y promover el bienestar.

Toda la información que contiene este capítulo puede tener un efecto directo altamente positivo sobre tu calidad de vida y aportarte el marco funcional y físico que necesitas para actuar desde tu mejor versión en todas las ESFERAS. Buda dijo: «Tenemos el deber

---

* Término acuñado por el autor, a partir de la unión de *new* ('nuevo') y *nutrition* ('nutrición').

de conservar la buena salud de nuestro cuerpo...; de lo contrario, no podremos tener una mente fuerte y clara». Lo sé, porque lo he vivido en primera persona cuando no me cuido bien físicamente, no tengo la mente clara ni fuerte.

¡Descubramos cómo puedes hacer que tu cuerpo goce de buena salud!

BANDERAS ROJAS DE LA SALUD

Antes de dar un paso más, quisiera decirte algo. Si tienes algún problema de salud específico que sabes que has de tratar o que has de cambiar tu forma de abordarlo, te animo a que empieces a hacerlo hoy. A muchas personas el miedo a los resultados las paraliza de tal modo que no hacen nada para afrontar su problema de salud. No hacer nada puede ser más peligroso que el propio problema. Deja a un lado tus temores. Sé proactivo. Asume el mando. Ve al médico. Busca un especialista, si es necesario. Busca una segunda opinión, contempla tu problema desde distintos ángulos, da los pasos necesarios, pero no arrastres *nunca* un problema de salud. Eso ha de ser siempre tu prioridad número uno.

¿Cómo te encuentras?

Me gustaría que hiciéramos juntos una exploración corporal. Normalmente, no estamos conectados con nuestro cuerpo; por consiguiente, no dedicamos tiempo a revisar cómo estamos. Cierra los ojos revisa tu cuerpo físico. Empieza desde la parte superior de la cabeza y ve bajando hasta llegar a los dedos de los pies mientras vas haciendo comprobaciones. ¿Notas el intestino lleno, sientes tensión en el cuello, tienes dolor de cabeza? Estamos condicionados a aceptar pequeñas o, incluso, grandes dosis de dolor, pero ese dolor físico nos está intentando revelar algún problema subyacente. En cierto modo, podemos tratar a nuestro cuerpo como si fuera una casa, y esperar a que nuestra estructura esté a punto de derrumbarse, para empezar a tratar la causa.

Resultados de la exploración corporal

Siento la cabeza:

Siento la espalda:

Siento las piernas:

Siento las manos:

Siento el estómago o el sistema digestivo:

Siento la respiración:

En general, me siento:

Muchos de nuestros problemas de salud son congénitos. Pero hay otros que se deben a nuestros hábitos. Veamos algunas de las conductas que pueden afectar a nuestra salud. En la lista que viene a continuación, haz un círculo alrededor de las que te afectan a ti y añade las tuyas personales que no estén en la lista.

Conductas y problemas que afectan a tu salud

Fumar

Alcoholismo

Drogas recreativas

Falta de sueño

Estrés

Alimentos y bebidas que afectan a la salud

Bebidas azucaradas

Comer en exceso

Comer tarde por la noche

Alimentos salados

Frituras

Procesados

Insuficientes frutas y verduras

Comer fuera de casa demasiado a menudo

No beber suficiente agua

Problemas de salud física

Dolor crónico

Tendencia a las enferme-dades

Alergias fuertes

Dolor muscular

Dolor articular

Problemas orgánicos (como enfermedad cardiovascular o pulmonar, trastornos respiratorios, problemas renales o de la vesícula biliar)

Forma física

No hacer ningún tipo de ejercicio.

Hacer ejercicios con los que te puedes lesionar.

Hacer ejercicios que no son lo bastante rigurosos.

Si tienes algún problema de salud que no está entre los que he mencionado, escríbelo aquí: ....

....

....

....

Ahora, revisa las palabras que has marcado con un círculo y pregúntate sinceramente: «¿Quiero cambiar esto?». Si la respuesta es afirmativa, anótala en el capítulo de las metas y piensa un plan para resolver los problemas.

Si tu respuesta es «no», escribe cómo tendrían que ser las cosas para cambiarlas. Es decir, ¿cuál es la línea que no quieres cruzar? O si notas una resistencia cuando piensas en qué momento querrías cambiarlas, pregúntate por qué sientes esa resistencia. ¿Quizás sea porque no las aceptas? Si en estos momentos no te preocupa cambiar un asunto de salud, ¿en qué momento querrías hacerlo?

Te has comprometido a sentir curiosidad por ti mismo, a ser sincero, abierto, a estar dispuesto a realizar los cambios que sean más convenientes para tu mejor versión y concentrarte en ello. En este capítulo, no pretendo que te esfuerces para lograr la salud *perfecta*, sino para estar más sano. El caso de James ilustra que las dietas yoyó y los cambios superficiales, en lugar de ir a la raíz del problema, le provocaron más trastornos de salud y más sufrimiento y pusieron muchas trabas en su camino hacia la recuperación. Lo que pretendo es que muevas el trasero, y con esto quiero decir que no esperes a «tocar ese fondo» del que todos hemos oído hablar. En lugar de esperar a que tu salud se haya deteriorado de tal modo que necesites una hospitalización o algún otro tratamiento extremo, busquemos la fórmula para que «muevas el trasero» a un nivel más aceptable, mientras todavía puedes hacer algo y conseguir algún resultado.

Con los temas de salud y la necesidad del cambio, la gente suele decir «estoy en ello», pero cuando le pregunto cómo van a hacerlo, en realidad no tienen ningún plan. Solo están más dispuestos a reflexionar sobre el tema, pero carecen de un plan de acción específico. Quiero que llegues a desarrollar lo mejor de ti mismo, y para ello tienes que pedirle a tu mejor versión que contemple detenidamente los asuntos de salud. Entabla esa conversación contigo mismo, porque es probable que estés intentando evitar algo, y de ese modo, te estarás infligiendo más sufrimiento en tu proceso, así que afróntalo.

Intuición visceral

Doctor Jorge me ha enseñado mucho sobre la conexión entre el cerebro, las emociones y el tracto intestinal. ¿Cuántas veces has estado tan angustiado o asustado que se te ha hecho un «nudo en el estómago»? Hay una razón por la que, literalmente, puedas sentir el miedo o la ansiedad en tu sistema digestivo, y es que el intestino y el cerebro están vinculados de diversas e interesantes formas.

En los últimos años, se han realizado investigaciones fascinantes sobre la conexión entre la microbiota intestinal y el cerebro. Por si te estás preguntando qué es eso, la microbiota intestinal es la flora (bacterias) del tracto gastrointestinal. Tenemos billones de bacterias que habitan en nuestro intestino y sabemos que dichas bacterias desempeñan un papel primordial en nuestra salud integral. Son imprescindibles para que estemos equilibrados o gocemos de una salud óptima. Cuando se encuentran en la proporción correcta, estamos sanos. Pero si se altera su delicado equilibrio, nuestro sistema inmunitario sufre las consecuencias. Si eres propenso a enfermar o ya padeces algunas enfermedades (aunque solo sean resfriados o alergias), por ejemplo inflamatorias o autoinmunes, una de las primeras cosas que hay que hacer es mejorar la proporción de bacterias intestinales tomando probióticos y prebióticos.

Quizás el descubrimiento más alucinante en cuanto a este tema sea que algunas de esas bacterias pueden controlar nuestra mente. ¡No estoy bromeando! Hay un tipo específico de bacterias, conocidas como psicobióticas, que desempeñan un papel principal en el eje cerebro-intestino, que es la comunicación entre el intestino y la mente.[1] De hecho, en un futuro no muy lejano, cabe la posibilidad de que los médicos receten ciertos prebióticos y probióticos para tratar la depresión y la ansiedad a través del intestino, en lugar de los medicamentos que se utilizan actualmente, los inhibidores selectivos de la recaptación de serotonina y otros fármacos que aumentan la serotonina y que actúan a través del sistema cerebral y neurológico.[2] Pero la depresión o la ansiedad no son las únicas causas por las que has de mantener el equilibrio de tus psicobióticos: el estado de ánimo de cualquier persona puede mejorar gracias a ese equilibrio. El poder de estas diminutas bacterias que viven en nuestro sistema gastrointestinal es verdaderamente increíble. Esta microbiota intestinal no es la única causa que puede provocar ansiedad, depresión o, incluso, alzhéimer, pero la ciencia se ha dado cuenta de que juega un papel fundamental. Y ahora que lo sabemos, tenemos más control sobre nuestra salud, de un modo totalmente innovador.

Según los autores de *The Psychobiotic Revolution: Mood, Food, and the New Science of the Gut-Brain* [La revolución psicobiótica: estado de ánimo, alimentación y la nueva ciencia de la relación cerebro-intestino]:

Los trastornos intestinales, como el síndrome del colon irritable y la enfermedad inflamatoria intestinal, están muy relacionados con la depresión y la ansiedad, pero muchas veces nos olvidamos de esta conexión. Curar el problema gastrointestinal subyacente, a menudo, resuelve los problemas mentales. Pero sin una sintomatología intestinal clara, los pacientes no siempre reciben los tratamientos adecuados. Si vas al psiquiatra para que te trate la ansiedad o la depresión, el doctor rara vez te preguntará sobre tu intestino, pero es probable que eso cambie cuando se entienda mejor la relación entre el intestino y el cerebro.

Lo que has de saber por el momento sobre este tema, sin meternos en entresijos científicos, es que los alimentos y los suplementos con los que nutres a tu intestino también alimentan directamente a tu mente y, por consiguiente, influyen en tu estado de ánimo y, con frecuencia, en tu conducta. No solo eres lo que comes, sino que ¡*sientes* y *actúas* de acuerdo con lo que comes! Los científicos que estudian los psicobióticos han aislado varias cepas específicas de bacterias que pueden mejorar el estado de ánimo; este es un campo de estudio que está en pleno desarrollo. La gran noticia es que muchas de estas cepas (y los prebióticos que «alimentan» a estas importantes bacterias) se pueden encontrar en alimentos como el yogur y el kéfir sin azúcar y los alimentos fermentados. Ahora, hablaremos de tu dieta actual y veremos dónde puedes hacer algunas modificaciones que te ayuden a estabilizar tu estado de ánimo, aclarar tu mente y darte la energía que necesitas para ser tu mejor versión.

La *newtrition*: qué has de pensar respecto a lo que comes

Existe una extensa gama de información sobre nutrición y dietas; por consiguiente, intentaré simplificarla, para que te resulte más fácil adaptar tu dieta. Es muy fácil quedarse atrapado en las informaciones contradictorias que recibimos, casi a diario, sobre qué hemos o no hemos de comer, cuándo y cuánto. Por tanto, del mismo modo que revisas las sietes ESFERAS de tu vida para ser tu mejor versión, me gustaría que revisaras tu dieta y tus conceptos sobre nutrición. La razón por la que lo llamo *newtrition* es porque vas a abordar la nutrición de una forma nueva y más sencilla. La comida va a ser el combustible para tu mejor versión. En cada comida tienes la oportunidad de escoger: ¿voy a alimentar a mi mejor o a mi peor versión?

La moraleja es: lo que metes en tu cuerpo está directamente relacionado con lo que sacas. Si tu dieta es rica en azúcares y alimentos procesados (¿quién sabe lo que es eso realmente?), tendrás pereza, estarás cansado, tu estado de ánimo será variable y te desconectarás de tus actividades diarias. ¿Se parecen mucho a las cualidades de tu peor versión? Las razones: los procesados suelen contener aditivos químicos que nuestro cuerpo no puede procesar tan fácilmente como los compuestos naturales de los alimentos y el azúcar provoca picos de glucosa en la sangre. Estos picos de glucosa hacen que nuestro cuerpo libere más insulina, una hormona que almacena la grasa y que provoca cansancio o pereza. Consumir comestibles y bebidas altamente procesados es como si comieras en una montaña rusa. Si consumes más alimentos integrales, ricos en nutrientes, rendirás más en todas las áreas de tu vida. Estarás atento, vital, conectado y equilibrado. La razón por la que estos alimentos favorecen a tu mejor versión es porque aportan a tus células la energía y la hidratación que necesitan, sin las sustancias nocivas añadidas. Se absorben más despacio; por eso, no tienes hambre continuamente.

Para ayudarte a entender mejor los tipos de alimentos que has de comer para estar en armonía con tu mejor versión, empezaremos por lo básico. Hay tres tipos de nutrientes: los hidratos de carbono, las grasas y las proteínas. Necesitamos los tres. Punto. Sigamos. ¡Estoy bromeando! Pero es cierto, necesitamos estos tres bloques fundamentales de nutrientes para conservar nuestra salud. Veamos cada uno más de cerca.

1. Hidratos de carbono

Los hidratos de carbono, o carbohidratos, son compuestos que tienen los alimentos y que nuestro cuerpo utiliza para obtener energía rápidamente: son los azúcares, las féculas y la celulosa. Sé que se han puesto de moda algunas dietas que dicen que *todos* los hidratos de carbono son malos, pero eso no es cierto. Tu cuerpo necesita carbohidratos porque los convierte en la energía que utilizas para realizar tus actividades; si intentas eliminarlos por completo, no te encontrarás bien y, a la larga, tampoco tendrás un buen rendimiento.

Los alimentos procesados, como el pan blanco, la pasta, los postres preparados, los alimentos empaquetados, todos los tipos de *chips*, los *bretzel*, las palomitas, los caramelos y cualquier otro que no sea un alimento integral ralentizan nuestro organismo, sobre todo cuando nos hacemos mayores. Aunque son muy sabrosos, nuestro cuerpo no necesita ninguno de estos alimentos. Lo mismo sucede con las bebidas: nuestro cuerpo no necesita bebidas azucaradas o con edulcorantes artificiales. Podemos funcionar a pleno rendimiento bebiendo solo agua; siempre puedes darle sabor añadiéndole un chorrito de algún cítrico, pepino, fresas, etc.

Los hidratos de carbono saludables, que son ricos en nutrientes, nos ayudan a alimentar nuestro cerebro y el resto de nuestro cuerpo. Las verduras, frutas, cereales integrales, frutos secos, semillas y legumbres de cultivo ecológico son excelentes opciones para consumir carbohidratos. En lo que respecta a las verduras, lo mejor es cocerlas muy poco o tomarlas crudas, en lugar de prepararlas a fuego alto o fritas. Cuanto menos las cocines, más nutrientes básicos obtendrás.

CUANDO ERA JOVEN

En capítulos anteriores, he mencionado que de niño tenía problemas en la escuela. Cuando pienso en ello, creo que parte de mis problemas se debían a que siempre me sentía agotado. Recuerdo que estaba mucho más cansado y apático que otros niños de mi clase. En aquel tiempo, no sabía que los *donuts* y la comida rápida que tomaba para desayunar me estaban afectando. Mi dieta me impedía ser mi mejor versión. Siempre me notaba la cabeza espesa, no podía concentrarme y no paraba de bostezar. Todos aquellos nocivos hidratos de carbono simples no me hacían ningún favor, ni a ti tampoco, así que ¡elige mejor que yo!

2. Grasas

Puede que todavía seas de la vieja escuela que piensa que una dieta baja en grasa significa que vas a perder grasa corporal, pero esto ha resultado no ser del todo cierto. En estudios recientes se ha observado que el enemigo[3] no es la grasa y, de hecho, la tendencia de seguir una dieta baja en grasa, que nos ha tenido atrapados durante muchos años, puede hacer más mal que bien. Las grasas son imprescindibles para regular las hormonas, porque las alimentan con los nutrientes que estas necesitan. Cuando las hormonas no obtienen el combustible adecuado, se pueden producir un sinfín de problemas de salud, desde cansancio hasta falta de claridad mental, caída del cabello, irregularidades en el ciclo menstrual, deficiencias de vitaminas y piel seca. Recuerda: ¡tu cuerpo, incluido tu cerebro, necesita grasa para funcionar!

La clave está en el tipo de grasa que consumes. Las grasas muy procesadas (algunos aceites vegetales, como el de semilla de algodón, el de colza o la grasa animal) pueden provocar inflamación en todo el cuerpo, deterioro de la memoria y aumento de peso.[4] (¿Te das cuenta de qué va esto? ¡Los alimentos procesados no te ayudan a convertirte en tu mejor versión!). Busca siempre grasas saturadas e insaturadas saludables y naturales, como aguacates, aceite de coco, mantequilla de vacas de pastoreo, huevos de gallinas camperas y aceite de oliva. Estas grasas saludables te ayudarán a saciarte, a concentrarte, a tener la mente lúcida y a estar de mejor humor.[5]

3. Proteínas

Las proteínas están hechas de aminoácidos y son esenciales para el buen funcionamiento de los órganos, las hormonas y los tejidos. Son las encargadas de formar masa muscular y células, incluidos los músculos del corazón y del cerebro, así que desempeñan una función principal en mantener nuestro cuerpo en plena forma. Las mejores fuentes de proteína las encontrarás en los huevos ecológicos de gallinas camperas y en la carne de animales de pastoreo, en las legumbres y en los frutos secos; todos ellos son productos que puedes encontrar en tus puntos de compra habituales, junto con fruta y verdura de cultivo ecológico: ¡ya no son productos de lujo! Si optas por tomar también proteína en polvo en algún batido, te recomiendo que elijas una marca que no lleve aditivos entre sus ingredientes; la proteína deberá proceder únicamente de fuentes ecológicas y no contener ningún edulcorante. Si quieres endulzar el batido, ponle miel ecológica, dátiles o plátanos.

Otros alimentos que incluir para tu mejor versión

Para conservar la salud de tu microbiota, es recomendable tomar algunos alimentos fermentados, como el té *kombucha* (actualmente, hay muchas marcas en las principales cadenas de supermercados; pruébalas, son deliciosas) o el chucrut. Estos alimentos y bebidas tienen una gran cantidad de probióticos, reducen la hinchazón, mejoran la digestión y ayudan a perder peso. También recomiendo que tomes todos los días un suplemento de probióticos de buena calidad. Tomar a diario una ración de yogur o kéfir sin azúcar es otra idea excelente, puesto que tienen muchas de las cepas de bacterias beneficiosas que pueden ayudarte a equilibrar tu estado de ánimo. Y, por último, la fibra es un factor esencial para la buena salud intestinal, pero ha de proceder de alimentos integrales, no de los suplementos de fibra alimentaria de venta en farmacias. Esto es porque nuestro cuerpo puede extraer más nutrientes de los alimentos ricos en fibra, como los arándanos, las frambuesas y todo tipo de legumbres; cíñete a esas fuentes. La fibra es básica porque ayuda al cuerpo a absorber el azúcar más despacio, y gracias a ello, favorece el control del peso. Los alimentos ricos en fibra también sirven para limpiar el colon, lo cual reduce el riesgo de desarrollar ciertos tipos de cáncer. Y ya conoces el refrán: «Una manzana al día mantiene al médico en la lejanía». Cierto o no, no voy a discutirlo, pero comerse una manzana de cultivo ecológico al día no es una mala idea (¡incluso el doctor Jorge está de acuerdo!).

Ayunos intermitentes

Aunque la *newtrition* se base en comer alimentos (integrales) ricos en nutrientes y sin procesar, también incluye elegir cuándo vamos a comer o no. Existen muchas investigaciones recientes que indican que ayunar o comer de manera intermitente puede inducir un proceso denominado autofagia o el consumo por parte del cuerpo de su propio tejido, mediante el reciclado de los productos de desecho del interior de las células, para crear nuevos materiales que favorezcan la regeneración celular.[6] Uno de los descubrimientos más fascinantes respecto a la autofagia es que fomenta el crecimiento de cerebro nuevo y neuronas; por consiguiente, mejora la función cognitiva.[7] Se ha demostrado que incluso mejora el estado de ánimo.[8]

Si te asusta la idea del ayuno, ten presente que ya ayunas durante muchas horas cada día cuando duermes (de ahí el nombre de desayuno, o deshacer el ayuno). Sencillamente, si dejas de comer a las ocho de la tarde y no comes nada hasta las diez de la mañana del día siguiente, ya habrás hecho un ayuno de catorce horas. Es bastante fácil, ¿verdad? Esto le da tiempo a tu cuerpo para gastar su energía en limpiar las células, en lugar de utilizarla en la digestión. Además, evita que comas nada por la noche, lo cual podría alterar tu patrón de sueño y hacerte engordar.

Cuando llenes tu plato con ingredientes nutritivos y saciantes, te sorprenderás de lo rápido que se adapta tu cuerpo y cómo utiliza esos recursos. Puede que tardes, más o menos, una semana en acostumbrarte, pero tu cuerpo se adaptará.

Ejercicio

Hay un gran número de investigaciones, demasiadas como para citarlas todas, que indican los efectos positivos para el cuerpo, la mente e, incluso, el espíritu humano, de hacer ejercicio diariamente. No obstante, no te excedas. El mejor tipo de ejercicio es el que te ves capaz de hacer. Descubre algo que te guste, que suba lo suficiente tus pulsaciones como para hacerte sudar (como es natural, deberás hablar con tu médico antes de iniciar una rutina, sobre todo si tienes algún problema de salud) y hazlo a diario o ¡con tanta frecuencia como puedas!

Me gusta ir al gimnasio y allí es donde me suele venir la inspiración. Esto es porque estoy bombeando sangre y mi cerebro se está nutriendo con sangre oxigenada. Puede que descubras que cuando estás de bajón o te sientes bloqueado, hacer ejercicio te devuelve a la normalidad.

Si has de estar sentado muchas horas por tu trabajo, puede que sientas dolor o tensión en las caderas o en la parte inferior de la espalda. Te recomiendo que hagas estiramientos dinámicos durante diez minutos al día. Ejercicios sencillos como la plancha con desplazamiento de manos, llegar a los dedos de los pies en diferentes posturas, flexiones de cadera y sentadillas junto a una silla pueden marcar la diferencia para aliviar el dolor. Puedes entrar en YouTube y escribir los nombres de los ejercicios que te he indicado para ver los vídeos, donde te explicarán cómo realizar correctamente cada uno de ellos.

Si quieres indagar más sobre el tipo de ejercicio que sea más eficaz para ti (cómo obtener el máximo provecho del tiempo empleado), te aconsejo que lo hagas en el campo del entrenamiento por intervalos de alta intensidad y del entrenamiento de resistencia de alta intensidad. En la actualidad, son los principales referentes en el mundo del *fitness* y puedes aplicar sus principios en una amplia variedad de disciplinas: correr, ir en bicicleta, nadar, ejercicios con bandas de resistencia, ejercicios con mancuernas, etcétera.

Hacer ejercicio es un componente esencial para lograr tu mejor versión; te animo a que encuentres la forma de incorporarlo en tu rutina. En el capítulo que trata sobre las metas, veremos con más detalle cómo empleas tu tiempo, así que ve pensando cómo puedes introducir en tu agenda hacer ejercicio regularmente.

Prevención y bienestar

¿Qué estás haciendo en estos momentos en cuanto a adoptar medidas de salud preventiva? Dicho de otro modo, ¿qué estás haciendo para conservar tu buena salud y ser consciente de posibles problemas antes de que se materialicen?

En el capítulo de la vida personal, hablamos de que cuidarse no era egoísta. Este concepto puede aplicarse sin reserva alguna a tu salud. Pero lo que creo que algunas personas todavía no entienden es que suponen que no tienen que hacer nada respecto a su salud, a menos que se lo diga el médico. Pero tu médico no conoce tu vida, ¡eso solo lo sabes *tú*! Haz caso a tu intuición y si crees que hay algo más que tu médico no ha detectado, no repares en pedir una segunda opinión u otro punto de vista o tratamiento alternativo. Y si quieres evitar ir al médico, responsabilízate de tu salud y sé proactivo, priorízala todo lo que puedas.

En lo que respecta a tu salud has de ser tú el que lleve la batuta. En nuestra sociedad actual, existen muchas opciones de medios alternativos de prevención de enfermedades y bienestar. Es importante que hagas tus averiguaciones y no recurras al primer terapeuta que encuentres por Internet. Cerciórate de que el profesional cuente con su diploma o titulación. Y pide cita para una consulta antes de iniciar el tratamiento. Te aconsejo que sigas estas recomendaciones para la medicina tradicional china; la terapia de plasma rico en plaquetas (que me han hecho en el hombro y está muy bien: te extraen un poco de sangre, la centrifugan en un aparato y te inyectan solo el plasma rico en plaquetas en la zona afectada; esto puede acelerar el proceso de curación), la acupuntura, los tratamientos con hierbas, el *reiki*, la medicina funcional (un enfoque médico basado en la biología, que se centra en identificar y tratar la causa de varios problemas de salud y enfermedades), la terapia con láser frío (donde se usa el láser de baja potencia para el tratamiento de zonas específicas), la crioterapia, o la sauna de infrarrojos (que utiliza los rayos infrarrojos para calentar y puede ayudar a desintoxicar nuestro organismo); la lista es muy larga.

LA TENDENCIA DEL *BIOHACKING*

Por si te pica la curiosidad y quieres indagar más sobre cómo puedes controlar tu salud para mejorar tu rendimiento, quizás te interese informarte sobre una tendencia llamada *biohacking*. Hay muchos *podcast* y libros que se encuentran en esta categoría, pero el concepto básico es que se trata de buscar atajos o *hacks* para incrementar nuestra productividad y rendimiento físico. Hay personas que se consideran *biohackers* profesionales y que se prestan a ser auténticas cobayas humanas para probar productos nuevos, suplementos, dietas, etcétera. Te suplico que los dejes ser el conejillo de Indias, que no seas tú el que se someta a algo que puede ser potencialmente peligroso. Usa la cabeza.

Sin embargo, el *biohacking* puede ser un fascinante laberinto, en el que puedes adentrarte para aprender sobre un sinfín de formas diferentes de mejorar tu función cerebral, desde el uso de ciertas gafas que combaten la fatiga que ocasiona la luz azul hasta aceites de MCT para la lucidez mental, plataformas vibratorias para desintoxicar el organismo, tanques de aislamiento sensorial y ¡toda una extensa gama de productos! Explora un poco por Internet o en tu aplicación de *podcast*, a ver si encuentras algo interesante.

En un capítulo anterior, hemos visto que estar abierto es un factor esencial para llegar a ser tu mejor versión. En lo que respecta a tu salud y a sentirte de maravilla, has de tener una mentalidad abierta. Ten presente que hay muchas opciones en el mercado y que, si haces tu trabajo, acabarás encontrando algo que sea adecuado para ti.

El inventario de tu salud

Ha llegado el momento de ver qué es lo que te gustaría alcanzar en el área de tu salud física. Estas preguntas te ayudarán.

PRIMERA PARTE: puntúa tu salud en una escala del uno al diez. «Uno» significa que esta ESFERA **necesita tu atención inmediata, porque tienes algunos problemas de salud. «Diez» significa que ya te estás cuidando bien y necesita poca o ninguna mejoría.** Los aspectos de tu salud que debes tener en cuenta para dar la puntuación son:

- Cómo te encuentras físicamente.
- Qué conductas crees que has de cambiar porque afectan negativamente a tu salud.
- Cómo te ayuda tu cuerpo a sintonizar con tu mejor versión.

Puntuación de la salud física: a____ de_____ de_____(fecha)

SEGUNDA PARTE: ahora, enumera algunas conductas útiles para tu salud y di por qué lo son.
Ejemplos:

- Hago ejercicio con regularidad y soy consciente de lo que le sienta bien a mi cuerpo.
- Como alimentos que sé que me favorecen y que mantienen mi salud física.
- Me hago revisiones periódicas.

Las conductas que me ayudan a proteger, promover y conservar mi salud son:

....¿Por qué?..

....¿Por qué? ....

....¿Por qué? ....

TERCERA PARTE: ¿cuáles son algunas de las conductas que no favorecen tu salud? ¿Por qué?

Ejemplos:

- Abuso de alguna sustancia que perjudica mi salud.
- Estoy descuidando algún aspecto de mi salud física por miedo o negación.
- Evito hacer ejercicio, porque siento que he de hacer mucho para obtener muy pocos resultados.

Las conductas que no funcionan en el área de mi salud son:

....¿Por qué? ....

....¿Por qué? ....

....¿Por qué? ....

CUARTA PARTE: basándote en todo lo que has escrito hasta ahora, me gustaría que pensaras qué puedes hacer para superar tu puntuación actual y lograr un diez en esta esfera.

Para hacerlo has de observar las conductas que debes *mantener*, porque funcionan; las que debes *abandonar*, porque te impiden conseguir tus objetivos, y las que debes *empezar* a realizar.

Para conseguir un diez en mi salud física:

Debo mantener: ....

Debo abandonar: ....

Debo empezar: ....

La siguiente de tus siete ESFERAS

Espero que sientas que tienes más poder sobre tu salud y que entiendas que si no te encuentras del todo bien, tienes muchas opciones para estar mejor. Déjate guiar por tu intuición y responsabilízate de tu salud. En el futuro, espero que hagas un pacto contigo mismo para ser sincero con tus comportamientos, porque lo cierto es que todo lo que hacemos, comemos, pensamos y sentimos tiene un impacto directo e inmediato sobre nuestra salud física, y por lo tanto, sobre nuestra longevidad. Más adelante, cuando abordemos cómo marcarnos metas específicas para mejorar en cada una de nuestras ESFERAS, incluye, al menos, una meta de salud. Deepak Chopra dice: «Si permites conscientemente que tu cuerpo cuide de ti, se convertirá en tu mejor aliado y compañero de confianza». ¡Recuérdalo a medida que avanzas!

A continuación, veremos la ESFERA del aprendizaje. Estoy deseando enseñarte cómo puedes estar toda tu vida con actitud de aprender. El conocimiento es poder y es lo que evita el estancamiento y favorece nuestra evolución.

8

Las esferas:

Tu educación

Me sentaba en las últimas filas de la clase, libreta y bolígrafo en mano, intentando por todos los medios seguir las explicaciones del profesor. Empezaba con mucho ánimo anotando todas las palabras que podía, pero a los pocos minutos me desconectaba y empezaba a garabatear caras de dibujos animados. Entornaba los ojos, movía la cabeza y me decía a mí mismo: «Escucha. Vamos. Tú puedes». Entonces, el profesor nos decía que nos iba a hacer un examen sorpresa. Al mirar las preguntas que tenía delante, notaba cómo se me hacía un nudo en la garganta. No me sabía ni una. Aunque era totalmente contrario a mi forma de ser, se me pasaba por la cabeza copiar las respuestas de mis compañeros. Estaba desesperado. Todo el mundo sabía que si suspendías, te tocaba ir a la temida escuela de verano. Había visto a esos compañeros muchas veces durante la liga de baloncesto estival; todos parecían zombies. ¡No, gracias!

Al salir de clase, después de que hubiera sonado la campana, era incapaz de recordar ni un solo dato de la lección de lengua que nos acababa de dar el profesor. De lo único que no tenía ninguna duda era de que había suspendido el examen. ¡Uf!

«¿Qué hago mal?», me preguntaba a mí mismo. Tenía la sensación de que todos mis compañeros tenían el manual de instrucciones para saber cómo actuar en la escuela. Yo me limitaba a adivinar. Un día, fui a mi taquilla a cambiar de libros y me di cuenta de que, a continuación, tenía historia. Me había dejado el libro en casa. Sabía que iba a necesitarlo ese día. Incluso me había hecho unas tapas especiales, con dibujos de mapas por todas partes, para mis libros de historia. Me quedé de pie, en medio del pasillo de la escuela, pensando que quería tirar la toalla. Siempre iba un paso atrás. No podía competir a nivel académico, por más que lo intentara. Ir a la escuela era una tortura para mí.

Tampoco entendía por qué tenía que aprender las lecciones específicas que enseñaban allí. ¿De qué me iban a servir en la vida real? Aún ahora, todavía me pregunto para qué tenía que aprender álgebra y caligrafía.

Los deportes y las amistades eran lo que más me gustaba. Mi círculo social y el baloncesto me aportaban mucha de la autoestima que me faltaba en mi vida académica. Me encantaba la camaradería y el trabajo en equipo. Al reflexionar sobre ello, me he dado cuenta de que siempre he medrado en los grupos. En clase, cuando hacíamos tareas en equipo, se me daba bien. Cuando las hacía solo, naufragaba.

Normalmente, sabía qué días llegaban las notas a casa e intentaba llegar a tiempo de sacarlas del buzón. Ese día llegué demasiado tarde. Al entrar por la puerta de casa, pude oír que mi hermano y mi hermana estaban celebrando sus sobresalientes con mamá y papá. (De hecho, voy a ser sincero, para que no se ofendan por decir sobresalientes: los dos tenían una nota media general de 4,3 o superior.* ¿Quién saca más de 4,0? ¡Quién co...!). Yo, por mi parte,

---

* En el sistema de notas estadounidense, eso equivale a una A+, que sería una calificación de 9-10 (N. de la T.).

me había olvidado por completo de las notas. ¡Fantástico! Al doblar la esquina para entrar en la cocina, de pronto toda la atención recayó sobre mí y me quedé mudo. En la encimera de la cocina había un sobre sin abrir, con mi nombre en el centro. Mi hermano y mi hermana estaban prácticamente radiantes, no hacía falta que dijeran nada, porque todos sabíamos lo que iba a pasar.

Hice todo lo posible por disimular.

—¡Hola a todos! —les dije—. ¿Qué hay para cenar?

Intento fallido, porque mi madre tomó el ominoso sobre y me lo dio.

—Michael, ¡hoy han llegado tus notas!

—¡Vaya, qué sorpresa! —exclamé con los dientes apretados y una falsa sonrisa.

Por supuesto, sabía que iba a volver a decepcionar tanto a mi madre como a mi padre, pero abrí el sobre de todos modos. Tenía delante de mí dos notables, dos aprobados y un insuficiente. Me encogí de hombros, dejé las notas sobre la encimera y me marché silenciosamente a mi habitación.

Esa misma noche, mis padres se sentaron conmigo para hablar seriamente. No era la primera vez que se producían este tipo de conversaciones. Me preparé para el sermón de la culpa, para escuchar los consejos sobre cómo mejorar mis notas; quizás iban a elegir a otro tutor. Pero esta conversación fue distinta y no para mejor.

—Mike, creemos que es mejor para ti que repitas octavo.

Mis padres empezaron a explicar su razonamiento —eso me ofrecería la ventaja de poder jugar al baloncesto en la escuela—, pero sabía la realidad. Sencillamente, no podía seguir el ritmo. Al oír esas palabras fue como si mi vida se hubiera partido por la mitad. Mis padres me estaban reteniendo en *secundaria*. Todos mis amigos irían al instituto para empezar sus carreras, mientras yo seguiría estancado con un puñado de niños, asistiendo a las mismas miserables clases a las que había estado asistiendo durante el año anterior. Era como si viviera perpetuamente la película *Atrapado en* *el tiempo*,* repitiendo el mismo ciclo de infortunio cada veinticuatro horas. No podía estar pasándome a mí. Me limité a asentir con la cabeza y mirar al suelo, incapaz de mediar palabra, y me fui a la cama.

Mis padres me matricularon en la escuela católica de San Juan Bautista, con la esperanza de que allí prestaría más atención a los profesores de la que les prestaba en la pública. Pero solo sirvió para causarme más confusión, porque además de tener que adaptarme al nuevo entorno, tuve que lidiar con la fe católica. Cuando llegué, todo era diferente que en la escuela pública. Por ejemplo, llevábamos uniforme (lo cual evitó que tuviera que ir a comprar a la tienda de tallas grandes, afortunadamente) y no tardé en darme cuenta de que todo el mundo temía a una monja, que era la directora. Eso me extrañaba bastante, ya que no estaba demasiado seguro de por qué tenían miedo de una diminuta anciana vestida de blanco y negro. Solo había visto monjas en las películas, como en *Sister Act: una monja de cuidado*, así que mis conocimientos sobre ellas eran claramente escasos. Jamás había rezado un avemaría ni entendía el porqué de todo aquello. Tenía que ponerme al día en un montón de cosas, pero me fue bien en el equipo de baloncesto y mis notas mejoraron un poco.

Luego seguí estudiando en el instituto Mater Dei, la escuela católica más grande del oeste de Misisipi, con más de cinco mil alumnos. Mater Dei era famosa por su nivel deportivo. Fui el alumno de primero más mayor de la clase y los cuatro años que estudié allí disfruté de una vida social estupenda. En último curso, fui el capitán del equipo de baloncesto y nos clasificamos entre las veinticinco primeras escuelas del país, así que la presión en la cancha fue muy intensa.

A pesar de tener tutores de Princeton Review** y ser lo más disciplinado posible, mis notas seguían siendo bajas y el examen de selectividad no me salió demasiado bien. Afortunadamente, gracias

---

* En algunos países de Hispanoamérica se tradujo como su título original en inglés, *El día de la marmota* (N. de la T.).
** Empresa que ofrece servicios de preparación para entrar a estudiar en la universidad (N. de la T.).

a mis habilidades como jugador de baloncesto, pude entrar en la Universidad de Fordham, en el Bronx.

Cuando llegué a la universidad, lo único que me interesaba era divertirme. Por aquel tiempo, mi adicción había empezado a descontrolarse y era adicto a la metanfetamina. Dejé de dormir y cada vez tomaba más «meta»; incluso llegué a convencerme de que además de ser una droga recreativa, también me ayudaba a estudiar. ¡Qué equivocado estaba!

Recuerdo una vez que me hice una raya en el lavabo, antes de una clase de filosofía. No había dormido en unos tres días. El tiempo máximo que estuve sin dormir fue una semana, y eso sucedió hacia el final de esa etapa, antes de que tomara la decisión de cambiar mi vida. En clase, el profesor estaba hablando sobre Descartes y yo levanté la mano. Empecé un debate con él. A mí me parecía que estaba teniendo una experiencia extracorporal. Me consideraba muy inteligente. Pensaba que era yo el que dirigía la clase. Eso es lo que sucede con las drogas, te hacen perder, por completo, el contacto con la realidad. Me puse a decir tonterías que solo me parecían lógicas a mí y todos los compañeros se giraron para mirarme. Recuerdo que me sentí tan abochornado que recogí mis cosas y me marché antes de que terminara la clase.

En la universidad, me sentía fuera de lugar. Al final dejé los estudios y tomé la decisión de abandonar mi adicción.

Una vez desintoxicado, fui a la Universidad Estatal Metro, en Minesota. Es increíble todo lo que podemos hacer cuando no consumimos drogas. Cuando estudiaba los cursos de Psicología y de Asesoramiento sobre la Droga y el Alcoholismo fue cuando volví a la vida. ¿Qué había cambiado? Por fin, había podido conectar mi verdadero yo con los estudios, estaba concentrado en lo que de verdad quería aprender. Prácticamente de la noche a la mañana, me convertí en un alumno de sobresalientes y fue maravilloso.

Cuando cambias tu historia y haces lo que te gusta, suceden cosas increíbles. El hecho de sacar un sobresaliente de entrada, francamente, fue un milagro, pero cuando vives de la manera correcta, los milagros se hacen realidad.

Durante mis estudios en la Universidad Estatal Metro, estuve de alumno en prácticas en dos centros de tratamiento y trabajé en otros dos. Nos centrábamos mucho en ayudar a la gente a salir de aquello y a abandonar las drogas y el alcohol, pero me di cuenta de que su verdadera lucha no era contra las sustancias, sino contra la propia vida. Me parecía que se daba excesiva importancia al diagnóstico y muy poca a enseñar a la gente a desarrollar la mejor versión de sí misma. Los índices de reincidencia eran terribles, los pacientes eran incapaces de permanecer sobrios cuando abandonaban los centros. Ni siquiera el prestigioso centro de rehabilitación al que fui yo obtenía grandes resultados: de mis veintidós compañeros de rehabilitación, en un año de tratamiento, solo dos lo conseguimos realmente.

Durante mis prácticas, aprendí mucho. Fue entonces cuando comprendí que lo mío era ayudar a las personas, no solo a los adictos, sino a todo aquel que se esfuerza por mejorar. Cuando me di cuenta de esto, leí, leí y leí... y seguí leyendo. Cuando eres feliz, no consumes drogas ni alcohol. Si podía ayudar a las personas a descubrir la felicidad, el resto vendría por añadidura.

Como ya he mencionado, al final fundé los centros CAST, clínicas de tratamiento donde el principal objetivo es ayudar a las personas a que sintonicen con la vida que desean, para que puedan superar sus adicciones y otros trastornos de salud mental. Muchas veces decimos que cuando nuestros pacientes salen de CAST, prácticamente lo hacen con un máster en Psicología, gracias a la extensa gama de prácticas selectas que enseñamos e incorporamos en nuestro programa. Hemos dedicado años a la creación del modelo de alineación CAST, que, como supondrás, se basa en la mejor versión y en actuar con autenticidad. Nos da muy buen resultado y los clientes que han sido capaces de hacer un cambio radical siguen siendo una fuente de inspiración para mí. En CAST, no hacemos lo mismo que otros centros de rehabilitación, salvo que eso ayude, de alguna manera, a los pacientes a liberarse para convertirse en su mejor versión.

La razón por la que he compartido mi experiencia como estudiante es porque cuando descubres lo que te apasiona, eres capaz de aprender y *disfrutas* haciéndolo. No quiero decir que tu experiencia tenga que parecerse a la mía. Cada cual tiene la suya. Desde que elegí trabajar en el campo de la salud mental, nunca he dejado de aprender. Escucho *podcast*, veo vídeos en YouTube de personas que me inspiran, me obligo a evolucionar y a estar más informado, y disfruto de cada segundo. La educación es lo que nos ayuda a progresar, a crecer y a ser mejores. Aunque no te gustara el instituto, si crees que tienes algún problema de aprendizaje o consideras que no te gusta asimilar información nueva, tu mejor versión está *sedienta* de conocimiento; lo único que has de hacer es descubrir qué es lo que realmente te interesa. ¿Qué sacia tu sed personal de conocimiento? y, lo más importante, ¿cuál es el mejor método de aprendizaje para ti? Estas son las preguntas que vamos a explorar juntos en este capítulo. Vamos a ello.

Ejercicio: Tu situación actual de aprendizaje

PRIMERA PARTE: ¿qué quieres aprender?

Ahora, en este momento, quiero que escribas tres cosas que te gustaría aprender o que siempre has dicho que te gustaría aprender algún día. Puede ser algo que siempre te haya interesado, búscalo en lo más profundo de tu ser. ¿Qué temas son los que más le interesan a tu mejor versión?

Si siempre has pensado que te gustaría hablar otro idioma pero no has tenido tiempo, apúntalo en la lista. Quizás te estés preguntando si asistir a clases de alfarería podría ser una forma divertida de expresar tu creatividad. Añádelo a la lista. Tal vez has soñado despierto con tener el carné para conducir moto, pero nunca te has decidido a hacerlo. Puede que hayas visto un documental sobre algún tema, persona o periodo histórico que realmente te haya fascinado; aprovecha eso para aprender más al respecto, investiga, lee libros, escucha *podcast* o utiliza cualquier otro medio.

Todo lo que te llame la atención y te aporte una nueva habilidad o información, puedes apuntarlo en esta lista.

Me gustaría aprender...

1. ....
2. ....
3. ....
4. ....
5. ....
6. ....
7. ....

SEGUNDA PARTE: ¿por qué no estás aprendiendo estas cosas?

¿Por qué *no estás* actualmente dedicando tiempo a aprender cosas nuevas? Quizás piensas que eres demasiado mayor para aprender otro idioma. Tal vez crees que no puedes encontrar tiempo o que nunca has sido lo bastante inteligente como para asimilar información nueva.

Escribe tus razones para no haber aprendido más sobre las habilidades que has escrito en la primera parte de este ejercicio:

1. ....
2. ....
3. ....

TERCERA PARTE: ¿son válidas o ciertas tus razones?

Pongamos a prueba tus razonamientos. Revisa tu lista de razones por las que actualmente no estás dedicando parte de tu tiempo a aprender más sobre las cosas que te interesan y veamos si son válidas.

Por ejemplo, si una de ellas es que eres demasiado mayor para aprender algo nuevo, pregúntate si alguien de tu edad o más mayor ha aprendido una habilidad nueva. La respuesta a esa pregunta es ¡sí, por supuesto! Veamos el ejemplo de Priscilla Sitienei, una comadrona de una zona rural de Kenya. De pequeña no recibió educación alguna; por consiguiente, no sabía leer ni escribir. Pero deseaba escribir parte de la historia de su familia para legarla a las generaciones futuras, así que empezó a ir a la escuela con sus seis tataranietos... ¡a los noventa años![1] Vera Wang no se hizo diseñadora de moda hasta los cuarenta años. Joy Behar era profesora de inglés hasta que empezó una nueva carrera en el mundo del espectáculo, a los cuarenta años. Harland Sanders, conocido como el Coronel Sanders, abrió su primer restaurante Kentucky Fried Chicken a los sesenta y cinco años. Si estas personas aprendieron y pusieron en práctica nuevas habilidades a una edad avanzada, tú también puedes. Por lo tanto, tu razonamiento de «soy demasiado mayor» ni es cierto ni es válido.

Si otra de tus razones es que no tienes tiempo en tu agenda para aprender una de estas habilidades, busca treinta minutos a la semana para dedicárselo. Si no puedes dedicar media hora, y todos nos merecemos media hora para nosotros, tu razón no es cierta y tendrás que hacer un círculo alrededor de la palabra *inválido*.

Vuelve a escribir las razones para no aprender esas habilidades que te interesan y haz un círculo alrededor de *válido* o *inválido* después de cada una.

Razón   *Haz un círculo alrededor de una*

1. ....Válido / Inválido
2. ....Válido / Inválido
3. ....Válido / Inválido

CUARTA PARTE: comprométete a aprender

Este ejercicio puede ser muy esclarecedor, si se lo permites. La cuestión es que admitas que lo único que te impide aprender algo son tus excusas.

No es necesario que te apuntes a ningún curso oficial para seguir estudiando. Hay infinidad de opciones para aprender. Si quieres seguir el formato de un curso oficial, puedes hacerlo por Internet a tu propio ritmo. O si prefieres algo más informal, puedes escuchar *podcast*, ver vídeos en Internet y leer libros o artículos. Quizás conozcas a algún experto en algo al que puedas pedirle que te ayude a aprender más sobre ese tema o habilidad.

Hay muchos estudios que respaldan la idea de que buscar información nueva, desarrollar nuevas habilidades y utilizar el cerebro de maneras diferentes habitualmente es una de las mejores formas de conservar la salud del cerebro a largo plazo. Puede retrasar el envejecimiento, reducir el riesgo de demencia y mantener tu cerebro ágil y claro para el futuro, pero también en el presente.[2] Cuanto más uses tu cerebro, más *podrás* usarlo. Es curioso este funcionamiento, ¿no te parece?

Aprende por gusto, no por obligación

Ahora que tienes una visión renovada sobre el tipo de información que desea aprender tu mejor versión, ha llegado el momento de preguntarte si estás aprendiendo algo que no te interesa en absoluto.

En todos estos años, he tenido clientes que fueron a la universidad y se especializaron en algo porque se lo exigieron sus padres o que, incluso, fueron a la facultad de Derecho a instancias de otra persona o porque creían que era necesario para tener la profesión que se esperaba de ellos. Por experiencia propia puedo decir que, a veces, creemos que hemos de tener titulaciones avanzadas para hacer algo que nos apasiona, pero, con frecuencia, si estudiar no es tu fuerte, suele haber otra forma de conseguirlo. Hace doce años, cuando decidí que quería abrir un centro de tratamiento especializado en ayudar a las personas a sintonizar con su vida, como método de tratamiento para las adicciones y las enfermedades mentales, pensé que el paso siguiente que tenía que dar era conseguir un máster en Trabajo Social. Dediqué cientos de horas a recabar información sobre las mejores facultades y a visitarlas. Luego, empecé a estudiar para la prueba de acceso a estudios de posgrado.

Estudié sin parar, día y noche, vivía y respiraba para el examen. Iba a superar esa prueba contra viento o marea (o nieve, en este caso). Llegó el día del examen. Estaba en mi apartamento de Mineápolis y había una tormenta de nieve. Me subí al coche, metí la llave e intenté arrancarlo, pero no arrancó.

Allí estaba yo, sentado en el coche, sin saber qué hacer, sin poder presentarme al examen para el que tanto me había preparado; fue como si se me hubiera caído el mundo encima. No iba por buen camino y el universo me estaba diciendo que parara, que la escuela de posgrado no era para mí. En aquel momento y lugar, decidí que iba a encontrar otra forma de lograr mi meta. Aunque no tenía ni idea de cómo iba a hacerlo, mi espíritu sabía que haría las cosas de un modo totalmente distinto de como era habitual en el campo de la salud mental y que ayudaría a las personas a mi manera. ¡Y eso es justamente lo que hice! Puse en tela de juicio los métodos que se utilizaban, la forma en que todo el mundo hacía las cosas, y tracé mi propio camino. Mis padres, que han seguido toda mi trayectoria, están entusiasmados y muy orgullosos de mí, al ver que he encontrado mi lugar y mi pasión en la vida.

A continuación, voy a compartir un ejemplo más. Recientemente, he conocido a un hombre que trabajaba en *marketing*, pero no le gustaba, así que, a los treinta y tantos, decidió empezar a estudiar Derecho. Fue muy pesado para él y no disfrutó nada del proceso. Pero siguió, de todos modos, a la vez que intentó hacer todo lo posible para jugar al voleibol en la playa y nadar en el mar, dos actividades que le encantaban y que le hacían sentirse vivo. De joven había sido aprendiz de socorrista y siempre recordaba esa etapa como la mejor de su vida.

Nada más licenciarse en la facultad de Derecho, entró a trabajar en una conocida firma de Los Ángeles. Todavía no había pasado un año desde que había empezado a trabajar como abogado cuando se dio cuenta de que estaba malgastando su valioso tiempo en la Tierra haciendo algo que no le apasionaba, peor aún, que era contrario a los elementos fundamentales de su mejor versión. Así que lo dejó. Tomó su coche y se fue directamente a la playa, para iniciar una nueva actividad: socorrista. Ahora, se dedica a hacer lo que realmente le gusta y no se arrepiente de haberlo dejado todo.

Sé que lo que él diría es que la lección más importante de su experiencia es que no esperemos tanto como él. Si no estás contento con tu educación, cambia. No quiero decir que te sometas a la presión de hacer un curso difícil o de un profesor exigente, me estoy refiriendo a ese sentimiento visceral que te está diciendo que no conectas con la educación recibida o que no te puedes obligar a seguir por ese camino. Eso es indicativo de que no coincide con tu mejor versión y es algo que no se resolverá por sí solo.

Si actualmente estás estudiando o invirtiendo mucho tiempo en aprender algo específico y no te sientes realizado, ¿existe algún otro medio para alcanzar tu meta final que todavía no hayas tenido en cuenta? Prueba a enfocar tus estudios desde diferentes ángulos para descubrir nuevas posibilidades.

Las lecciones más importantes sobre ti

La educación es el motor de tu evolución hacia tu mejor versión y una parte muy importante de este proceso es aprender más sobre ti mismo. La clave es la autoconciencia. Si alimentas tu curiosidad, siempre podrás descubrir más acerca de lo que te hace vibrar. También descubrirás algunos desencadenantes que fomenten la aparición de tu peor versión, pero al ser consciente de ellos, podrás controlarlos.

Ahora, hazte estas tres preguntas para que puedas seguir conociendo quién eres realmente y quién quieres ser:

- ¿Cómo has evolucionado durante el último año?
- ¿Cómo eliges evolucionar hoy?
- ¿Cómo quieres evolucionar dentro de un año a partir de hoy?

Si tuvieras que dar un curso llamado «Vida» a jóvenes quinceañeros y estos estuvieran totalmente motivados para aprender (como esponjas), ¿qué les enseñarías? Escríbelo aquí:

La finalidad de este ejercicio es que descubras tus creencias fundamentales respecto a la vida. Todas ellas van a cambiar con el tiempo, y puede que ya estén cambiando, por el mero hecho de que estás trabajando con este libro. Esto dice mucho de tu historia personal hasta el día de hoy.

PRIMERA PARTE: puntúa tu educación en una escala del uno al diez. «Uno» significa que has de dar prioridad a esta ESFERA y que necesita tu atención inmediata, porque tiene algunas deficiencias graves. «Diez» significa que en esta ESFERA necesitas poca o ninguna mejoría. Los aspectos de tu educación que debes tener en cuenta para dar la puntuación son:

- Tu evolución en el aprendizaje está en armonía con tu mejor versión.
- ¿Aprendes algo sobre ti todos los días?
- ¿Te acuestas cada noche con más conocimientos que cuando te has levantado por la mañana?

Puntuación de la educación o trabajo: a_____ de_____ de_____
(fecha)

SEGUNDA PARTE: ahora, enumera algunas conductas útiles para tu educación y di por qué lo son.
Ejemplos:

- Me esfuerzo mucho por aprender, a la vez que procuro mantener el equilibrio en mi vida.
- Me apasiona lo que aprendo todos los días.

Las conductas que funcionan en mi educación son:

.... ¿Por qué? ....
.... ¿Por qué? ....
.... ¿Por qué? ....

TERCERA PARTE: ¿cuáles son algunas de las conductas que te impiden conseguir lo que deseas en tu educación? ¿Por qué?

Ejemplos:

- Trabajo toda la semana y ¡lo único que deseo es desconectar el fin de semana!
- Desconfío de la información nueva.
- Siempre termino viendo las noticias y creo que es una forma de aprender, cuando, en realidad, es una distracción.

Las conductas que no funcionan en mi trabajo o educación son:

.... ¿Por qué? ....
.... ¿Por qué? ....
.... ¿Por qué? ....

CUARTA PARTE: basándote en todo lo que has escrito hasta ahora, me gustaría que pensaras qué puedes hacer para superar tu puntuación actual y lograr un diez en esta esfera.

Para hacerlo has de observar las conductas que debes *mantener*, porque funcionan; las que debes *abandonar*, porque te impiden conseguir tus objetivos, y las que debes *empezar* a realizar.

Para conseguir un diez en mi trabajo o educación:

Debo mantener: ....
Debo abandonar: ....
Debo empezar: ....

La evolución de tu mejor versión

Creo que si vives todos los días con la mente abierta, curiosidad, sinceridad y voluntad de actuar cuando es necesario y concentrándote en las tareas inmediatas, tu mente se convertirá en una tierra fértil para aprender información nueva esencial. Esos son los elementos que necesitamos para seguir evolucionando y creciendo como nuestra mejor versión. Lo más increíble es que cada nuevo día nos aporta oportunidades para mejorar personalmente y para que mejore la vida de nuestros allegados. Asegúrate de que estás siempre en «modo aprendizaje».

Seguiremos avanzando en nuestras ESFERAS y a continuación veremos el área de las relaciones. En el ámbito de las relaciones personales cercanas, con la familia, los amigos y las parejas sentimentales, es donde revelamos cómo somos realmente. Todos podemos ser nuestra mejor versión con todas las personas que forman parte de nuestra vida.

9

Las esferas:

Tus relaciones

Aunque nos gustaría pensar que algunas relaciones son muy «complicadas», lo cierto es que la mayoría son bastante sencillas. Si todas las personas mostraran siempre su mejor versión en la mayoría de sus interacciones, estas serían relativamente fáciles. ¿No estáis de acuerdo de vez en cuando? Por supuesto. ¿Evolucionamos las personas y, a veces, nos alejamos las unas de las otras, porque estamos en diferentes etapas de nuestra vida? Sin lugar a dudas. Eso son hechos normales y previsibles. Pero los periodos largos de desarmonía o incluso de toxicidad entre dos personas no son necesarios. La opción «es complicado»* no tiene por qué existir en tus relaciones.

La cuestión es que no puedes controlar si los demás actúan desde su mejor versión cuando se relacionan contigo. La única persona a la que puedes controlar es a ti misma; por consiguiente, en este capítulo veremos las diversas formas en que puedes controlar tu autenticidad, y lo que puedes hacer cuando los que te rodean

---

* Se refiere a una de las opciones de situación sentimental que ofrece la red social Facebook en el cuestionario personal del perfil.

no reflejan la suya. De vez en cuando, las relaciones se pueden desestabilizar, pero con las herramientas que te voy a proporcionar, podrás ser proactivo y hacer todo lo posible para que vuelvan a equilibrarse.

Tu mejor versión jamás deseará que seas el felpudo de una relación tóxica, así que puede que, en alguna ocasión, tengas que tomar decisiones difíciles e ir por un camino distinto al de la otra persona. Pero aquí te mostraré algunos pasos que puedes dar en tus relaciones conflictivas, antes de llegar a ese extremo.

He dividido este capítulo en tres secciones principales: tus valores (que influyen en todas tus relaciones), tus relaciones familiares y tus relaciones sentimentales. No obstante, en el fondo, el tema principal eres *tú* y cómo puedes seguir conectado con tu mejor versión en todas tus relaciones.

SECCIÓN 1: Tus valores

Para tener una conversación provechosa sobre todas tus relaciones, hemos de empezar por responder esta pregunta fundamental: ¿cuáles son tus valores esenciales? La razón es que los conflictos en las relaciones suelen generarse cuando peligran nuestros valores.

Tus valores o reglas de conducta son muy importantes. Se trata de tu código personal, de tu forma de distinguir entre el bien y el mal. Mantener la armonía entre tus principios y tu mejor versión te ayuda a tomar mejores decisiones en general, pero también en lo que respecta a las relaciones. Quizás tengas una idea básica sobre tus valores o nunca has pensado demasiado en ellos. La familia en la que te has educado tenía ciertos valores y algunos de ellos pueden haber influido en cómo eres ahora, pero otros no.

Observarás que no todos los valores de las listas son positivos. Muchos de ellos tienen connotaciones negativas, como la ansiedad, la amargura y el arrepentimiento. A veces, las personas valoran sentimientos negativos de este tipo –por ejemplo, creer que algo no funcionará a menos que te preocupes constantemente por ello–, y si son sinceras, te dirán que su preocupación es uno de sus valores. Ese aspecto no sería uno de los valores que le gustarían a tu mejor versión, y espero que al leer este libro cambies tus valores e incluyas solo sentimientos o atributos positivos.

Ejercicio sobre los valores: primera parte

Aquí tienes una lista de valores esenciales. Haz un círculo alrededor de los que compartas.

Abatimiento	Celos	Desinterés	Humillación
Amabilidad	Cinismo	Determinación	Humor
Amargura	Civismo	Diversión	Influencia
Amistad	Compasión	Ecuanimidad	Inseguridad
Amor	Competitivi-	Entusiasmo	Inteligencia
Ansiedad	dad	Equilibrio	Inteligencia
Apatía	Condena	Espiritualidad	social
Aprendizaje	Conocimiento	Estabilidad	Ira
Armonía inte-	Contribución	Estatus	Justicia
rior	Creatividad	Éxito	Lealtad
Atrevimiento	Crecimiento	Fama	Liderazgo
Autenticidad	Críticas	Fe	Logro
Autocontrol	Culpa	Fracaso	Melancolía
Autonomía	Curiosidad	Frustración	Mente abierta
Autoridad	Decepción	Futilidad	Mezquindad
Avaricia	Depresión	Generosidad	Miedo a [espe-
Aventura	Desafío	Gratitud	cificar]
Belleza	Desánimo	Honradez	Objetividad
Capacidad de	Desconfianza	Hostilidad	Optimismo
crítica	Desesperación	Humildad	Ostracismo

Paz	Reconoci-	Responsabi-	Serenidad
Perdón	miento	lidad	Servicio
Perseverancia	Religión	Rigidez	Sinceridad
Pesimismo	Remordi-	Riqueza	Soledad
Placer	miento	Sabiduría	Trabajo en
Pobreza	Reputación	Seguridad	equipo
Popularidad	Resignación	Sentido de co-	Trabajo voca-
Preocupación	Respeto	munidad	cional
Prudencia	Respeto hacia	Sentido del ri-	Tristeza
Rechazo	uno mismo	dículo	

Ahora que ya has marcado los valores con los que te sientes identificado, ordena por orden de importancia los siete principales:

1. ....
2. ....
3. ....
4. ....
5. ....
6. ....
7. ....

Los valores positivos de la lista que acabas de crear representan los puntos fuertes de tu carácter. Estas son las conductas que te han de dar energía y lo que ofreces a los demás en tus relaciones. No obstante, si hay algunos valores negativos en tu lista, debes ser consciente de que provienen de tu peor versión y de que tu objetivo es alejarte de ese tipo de valores y fomentar los positivos.

Ejercicio sobre los valores: segunda parte

Ahora, usando otro color, haz un círculo alrededor de los valores de tu familia. Puede que difieran de los tuyos, ¡eso está bien! Lo que intentamos descubrir es dónde se superponen y en qué se diferencian.

Abatimiento	Condena	Fe	Objetividad
Amabilidad	Conocimiento	Fracaso	Optimismo
Amargura	Contribución	Frustración	Ostracismo
Amistades	Creatividad	Futilidad	Paz
Amor	Crecimiento	Generosidad	Perdón
Ansiedad	Críticas	Gratitud	Perseverancia
Apatía	Culpa	Honradez	Pesar
Aprendizaje	Curiosidad	Hostilidad	Pesimismo
Armonía inte-	Decepción	Humildad	Placer
rior	Depresión	Humillación	Pobreza
Atrevimiento	Desafío	Humor	Popularidad
Autenticidad	Desánimo	Influencia	Preocupación
Autocontrol	Desconfianza	Inseguridad	Prudencia
Autonomía	Desesperación	Inteligencia	Rechazo
Autoridad	Desinterés	Inteligencia	Reconoci-
Avaricia	Determinación	social	miento
Aventura	Diversión	Ira	Religión
Belleza	Echarse atrás	Justicia	Remordi-
Capacidad de	Ecuanimidad	Lealtad	miento
crítica	Entusiasmo	Liderazgo	Reputación
Celos	Equilibrio	Logro	Resignación
Cinismo	Espiritualidad	Melancolía	Respeto
Civismo	Estabilidad	Mente abierta	Respeto hacia
Compasión	Estatus	Mezquindad	uno mismo
Competiti-	Éxito	Miedo a [espe-	Responsabi-
vidad	Fama	cificar]	lidad

Rigidez	Sentido de co-	Servicio	Trabajo voca-
Riqueza	munidad	Sinceridad	cional
Sabiduría	Sentido del ri-	Soledad	Tristeza
Seguridad	dículo	Trabajo en	
	Serenidad	equipo	

Ahora, escribe los siete valores principales que aprendiste de niño:

1. ....
2. ....
3. ....
4. ....
5. ....
6. ....
7. ....

Ejercicio sobre los valores: tercera parte

A fin de descubrir las diferencias entre tus valores actuales y los de tu familia, vamos a compararlos, en la misma página:

MIS VALORES ESENCIALES	LOS VALORES DE MI FAMILIA
1.	1.
2.	2.
3.	3.
4.	4.
5.	5.
6.	6.
7.	7.

Ejercicio sobre los valores: cuarta parte

Ser más consciente de tus propios valores te ayudará a identificar a las personas cuyos valores están en sintonía con los tuyos y a darte cuenta de por qué podrías tener problemas con otras. Responde a las siguientes preguntas para profundizar más.

- Según los demás, ¿cuáles son tus mejores cualidades? Por ejemplo, ¿te consideran un amigo leal? ¿O que eres optimista? ¿O que eres buen compañero? Piensa en los comentarios positivos que has recibido de amigos, parientes, compañeros de trabajo, jefes, subordinados, etcétera, y escríbelos.
- ¿Coinciden esas cualidades con tus valores esenciales?
- ¿Consideras que te has de esforzar para comportarte más de acuerdo con tus valores?

Ceñirte a tus valores no siempre es fácil. Es un proceso de por vida que tiene muchos entresijos. Trabajé con una persona para la que la «diversión» siempre había sido uno de sus valores principales. Era un cámara, especializado en grabación con drones y otros trabajos de esa índole. No aceptaba ningún proyecto, salvo que supiera que se lo iba a pasar bien; viajaba por todo el mundo buscando aventuras divertidas, y evaluaba cómo le había ido el día por lo a gusto que se había sentido. Incluso encontró la pareja perfecta: una mujer que valoraba la diversión tanto como él. Un día, decidieron tener un hijo, y no se podía creer con qué rapidez (casi de la noche a la mañana) cambiaron sus valores tras su nacimiento; de pronto, todo ese placer que experimentaba recorriendo el mundo perdió su atractivo y fue sustituido por un valor nuevo: el amor. Seguía valorando la diversión y se había propuesto hallar la manera de conciliar estos valores, para que no se excluyeran mutuamente. Parte de la solución se encontraba en redefinir su concepto de «diversión»:

mientras que antes eso hubiera sido equivalente a pasar el fin de semana grabando con drones en Coachella, ahora podía suponer ir al parque del vecindario con su familia. La cuestión es que puede que tengas que redefinir cómo vivir de acuerdo con tus valores a medida que tu vida cambia y evoluciona. Al cambiar tus prioridades, es probable que también cambien tus valores. Asimismo se pueden tambalear cuando un ser querido o tú sufrís algún tipo de desgracia. Cuando sucede lo inesperado, ya sea la pérdida de la casa por un desastre natural, una acusación errónea o una enfermedad, es el momento en que nuestros valores fundamentales se ponen a prueba realmente. Pero cuando nos enfrentamos a la adversidades, justamente, cuando más necesitamos conectar con ellos y ponerlos en práctica, pues son los que nos ayudarán a superar la situación.

SECCIÓN 2: tus relaciones familiares

Las relaciones con nuestra familia biológica son nuestro primer aprendizaje para conectar con los demás. Nadie prospera en aislamiento, llegamos a conocernos a nosotros mismos a través de los demás. Las conexiones seguras y saludables con la familia son uno de los principales ingredientes para desarrollar la resiliencia. Nuestro vínculo con la familia empieza a dar forma a nuestras creencias y conductas, nos enseña que necesitamos a los demás para sentirnos seguros y atendidos en nuestra tierna infancia. Las primeras relaciones crean los patrones de conducta para el resto de nuestra vida.

Nuestra capacidad de dar y de recibir amor está íntimamente relacionada con nuestra primera experiencia y proceso de apego y conexión con los demás, como lo está la incapacidad.

En los centros CAST, usamos el modelo de alineación CAST para explorar nuestros patrones de conducta y sus repercusiones. Estos patrones de vinculación y conductas de apego se activan cuando aparecen nuestras necesidades individuales de seguridad, protección y proximidad. Cuando estas necesidades están cubiertas, creamos lo que se denomina apego seguro.

Un apego seguro implica un sistema donde la figura de apego, generalmente uno de los progenitores o cuidador principal, se muestra accesible y atento a las necesidades del niño y aporta una base sólida a partir de la cual este puede explorar el mundo.

Por otra parte, el apego inseguro es un sistema en el cual la respuesta del cuidador es incierta y el niño siente que sus necesidades no están satisfechas, lo cual lo conduce a adoptar una estrategia para lo que él percibe como falta de respuesta del progenitor o cuidador. Esto se puede manifestar como una conducta disruptiva o de búsqueda de atención, orientada a regular la relación con el cuidador para que cubra sus necesidades. También puede suceder que un apego inseguro conduzca a la persona en una dirección positiva. Por ejemplo, el padre de Beth era alcohólico, pero debido a su falta de atención hacia ella, aprendió a cuidarse sola muy pronto. Ahora, de adulta sabe cuidar de sí misma y asumir responsabilidades, porque lo ha estado haciendo casi toda su vida.

Por desgracia, puede que no todos experimentáramos un apego seguro cuando éramos niños, pero afortunadamente todos podemos desarrollar estrategias correctas y buenos hábitos en nuestras relaciones de adultos, que nos servirán para las relaciones sentimentales, con las amistades e incluso con la familia. Hay varias formas de hacerlo: puedes ser más consciente e identificar tus necesidades en cualquier relación, mantener una buena comunicación con la otra persona, establecer tus limites con los demás para que no sientas que se aprovechan de ti y gestionar los sentimientos que te surgen cuando no tienes la certeza de obtener lo que deseas de los demás.

Para ayudarte a reflexionar sobre tus relaciones familiares, en tu infancia y en la actualidad, aquí tienes algunas preguntas que te puedes plantear:

- En tu infancia, ¿cómo quería que fueras tu familia?
- ¿Qué presiones ejercía tu familia para que te comportaras de cierta manera?
- ¿Qué le importaba a tu familia? (Estudios, tareas domésticas, que cuidaras de tus hermanos más pequeños, o ¿todo lo que he mencionado?).
- ¿Qué importancia tiene tu familia en una escala del uno al diez? ¿Por qué le has dado esta puntuación?
- ¿Cómo es tu relación con tu familia en una escala del uno al diez? ¿Qué tiene de bueno? ¿Cuáles son los aspectos difíciles?
- ¿Qué puntos fuertes has desarrollado gracias a tu familia? (Ejemplos: eres un buen trabajador, disciplinado, concentrado y honesto).
- ¿Cómo afrontas los conflictos y en qué se parece o se diferencia de cómo lo hacen o hacían tus padres? ¿Te funciona?
- ¿Todavía te preocupa lo que pensarán tus padres respecto a alguna de tus decisiones, si aprobarán o desaprobarán tu conducta?
- ¿Todavía te persiguen algunos momentos negativos de tu infancia? ¿Cuáles son? ¿Eres capaz de transformar esos recuerdos en algo que ahora puedas valorar?

CONSEJOS PARA AFRONTAR EL NIDO VACÍO

Cuando has dedicado mucho tiempo, amor y energía a educar a tus hijos y, un día, te das cuenta de que se han marchado (a la universidad, al ejército o a vivir por su cuenta), puedes sentir un enorme vacío. Afrontar un nido vacío puede ser muy duro emocionalmente, pero puedes encontrar la paz en tu nuevo y tranquilo espacio, de esta manera:

1. Al principio, es normal que te sientas así, no intentes ocultar esas emociones. Llora cuando lo necesites, pero procura terminar cada sesión de llanto recordándote que has hecho un buen trabajo educando a tus hijos; por eso ¡han tenido la suficiente confianza en sí mismos para irse de casa!

2. Tus hijos están siguiendo su camino y tú también has de hacerlo. Es un gran momento para reevaluar tu vida, volver a conectar con tu mejor versión, descubrir nuevas aficiones, asumir responsabilidades y vivir cada día al máximo. Busca la manera de contribuir a la sociedad, como hacer voluntariado, conectar con antiguos amigos o asistir a una clase nueva para hacer ejercicio. Encuentra la felicidad en otras cosas que no sean tus hijos.

3. Aunque tus hijos no vivan contigo, recuerda que sigues siendo padre o madre. Puede que ya no tomes las decisiones prácticas de todos los días, pero continúas siendo un apoyo para ellos. Seguirán necesitándote, para cualquier cosa. Sigues siendo útil.

4. Recuerda que tus hijos no se alejan de ti, sino que se encaminan hacia su propia vida. Celebra tus logros como padre o madre, en lugar de centrarte en tu tristeza por su ausencia.

5. No los llames constantemente, les exijas visitas o los hagas sentirse culpables. Con esa actitud, solo conseguirás ahuyentarlos y hacer que se sientan responsables de tu felicidad. No pueden serlo. No les sabotees su éxito pidiéndoles que llenen tu vacío.

Si estás enfadado con algún miembro de tu familia

Puede que permitamos que algún pariente nos diga o haga algo que nos duele, porque es de la «familia». Si un amigo o desconocido te hiciera lo mismo, probablemente reaccionarías de un modo muy distinto. Una discusión en el seno de una familia suele producirse cuando alguien dice o hace algo que te afecta directa o indirectamente. Puesto que cuando crecemos no tenemos en casa a un terapeuta de familia que esté siempre a nuestra disposición, seguimos intentando encontrar el sentido de estas situaciones, a menudo dolorosas y ofensivas, y con frecuencia prevalece el resentimiento. Por cierto, no pasa nada si optas por excluir a ciertos miembros de tu familia. Tengo algunos parientes con los que no siento una química especialmente buena y estoy seguro de que a ti te ocurre lo mismo. Solo porque os unan lazos de sangre, no significa que tengas que relacionarte con esas personas.

Si siempre discutes sobre el mismo tema con algún pariente (hermano, hermana, padre, madre, tío, tía, primo, prima, etcétera), si con el paso de los años se ha producido una ruptura o si sigues enfadado con esa persona por algo que sucedió en el pasado, tanto si fue hace una semana como hace un año o una década, ha llegado el momento de empezar a trabajar para sanar esa relación o disolverla definitivamente.

Si un familiar te ha decepcionado profundamente o tienes reservas respecto a él, es importante que observes si esas emociones te están afectando en otras relaciones. Aunque se originaran con una persona, estas emociones son muy potentes y, si no haces nada por evitarlo, podrían empezar a afectar al resto de las áreas. Por ejemplo, es imposible ser de una manera como hermana y de otra totalmente distinta como madre, esposa o amiga. Para vivir realmente como tu mejor versión, has de actuar desde ella en todas tus relaciones. Es imposible crear compartimentos, así que te animo a que des los pasos necesarios para corregir una relación problemática con algún familiar, a fin de que no contamine otros aspectos de tu vida.

Aquí tienes algunas de las herramientas que te ayudarán a conectar con tu mejor versión, para que puedas corregir esta situación:

- Si cada vez que piensas que vas a ver a ese miembro de tu familia te entra miedo o ansiedad, o te preocupa su reacción, pregúntate si el problema realmente lo tienes tú. Confía en ti mismo para dar la cara, afrontar lo que sucede de la manera que sea y seguir amando a esa persona.
- ¿Tienes miedo de ser vulnerable? Si echas de menos tener relación con ese familiar, díselo, aunque eso suponga ser vulnerable. Puede que temas que te hiera, pero ¿no sufres ya en estos momentos porque estás reprimiendo tus sentimientos? ¿No te crea conflicto esa forma de actuar? Asume el riesgo, no dejes que el miedo a la vulnerabilidad se interponga en tu camino.
- Si de alguna manera compites con tus seres queridos, ¡estás compitiendo con personas de tu mismo equipo! Lo ideal sería que tu familia formara parte de tu grupo de apoyo, no de las personas con las que no te llevas bien. Si el espíritu competitivo es la causa de tus diferencias con esa persona, decide dejar de competir con ella, y es muy probable que, cuando tú lo hagas, ella haga lo mismo.
- Si tienes celos de algún pariente, pregúntate si realmente envidias su éxito o si, simplemente, necesitas que tu familiar reconozca o explique algo, o se disculpe por algo: si es así, díselo.
- Acepta las diferencias con ese familiar y quiérelo de todos modos. No tenéis por qué ser iguales, ni es necesario que os gusten las mismas cosas o tener las mismas prioridades. Basta con que os améis mutuamente, de la mejor manera posible.
- En las relaciones más difíciles, decide tomar la autopista que te brinda tu mejor versión, diciendo: «Voy a quererte, tanto si te gusta como si no». Si los dos manejáis la situación de este modo, algo bueno saldrá de ella.
- No importa cuáles sean vuestras justificaciones para el conflicto; al final, no valen la pena. Si hoy perdieras a ese

familiar, ¿cuánto más tiempo seguirías quejándote de él o de ella? ¿Estarías orgulloso de haber malgastado tu tiempo? No dejes pasar otro día más sin decirle a esa persona lo que realmente sientes.

ABUSOS O MALTRATO EN EL SENO DE LA FAMILIA

Si has sido víctima de cualquier tipo de abuso o maltrato por parte de algún familiar, te insto a que busques ayuda profesional, porque te va a afectar en tu vida, a menos que cierres completamente esa herida. Esas relaciones producen un profundo impacto y si hubo malos tratos, negligencia o una mezcla de ambos, es importante que des los pasos que sean necesarios para conseguir el tratamiento que necesitas. Estos son asuntos complejos que no se resuelven leyendo este libro.

SECCIÓN 3: tus relaciones sentimentales

Empecemos a tratar el tema de las relaciones sentimentales, revisando tus valores y comparándolos con los de las personas con las que tienes esas relaciones. Me refiero a tu pareja, cónyuge o cualquier persona con la que te interese tener una cita.

Ejercicio sobre los valores en las relaciones sentimentales: primera parte

Haz un círculo alrededor de los valores que correspondan a tu pareja. En la lista hay valores positivos y negativos. Tu pareja puede tener algunos valores negativos y si los tiene, deberás reflexionar sobre si estás dispuesto a asumirlos o no.

Abatimiento
Amabilidad
Amargura
Amistades
Amor
Ansiedad
Apatía
Aprendizaje
Armonía interior
Atrevimiento
Autenticidad
Autocontrol
Autonomía
Autoridad
Avaricia
Aventura
Belleza
Capacidad de crítica
Celos
Cinismo
Civismo
Compasión
Competitividad
Condena
Conocimiento
Contribución
Creatividad
Crecimiento

Críticas
Culpa
Curiosidad
Decepción
Depresión
Desafío
Desánimo
Desconfianza
Desesperación
Desinterés
Determinación
Diversión
Echarse atrás
Ecuanimidad
Entusiasmo
Equilibrio
Espiritualidad
Estabilidad
Estatus
Éxito
Fama
Fe
Fracaso
Frustración
Futilidad
Generosidad
Gratitud
Honradez
Hostilidad
Humildad
Humillación

Humor
Influencia
Inseguridad
Inteligencia
Inteligencia social
Ira
Justicia
Lealtad
Liderazgo
Logro
Melancolía
Mente abierta
Mezquindad
Miedo a [especificar]
Objetividad
Optimismo
Ostracismo
Paz
Perdón
Perseverancia
Pesar
Pesimismo
Placer
Pobreza
Popularidad
Preocupación
Prudencia
Rechazo

Reconocimiento
Religión
Remordimiento
Reputación
Resignación
Respeto
Respeto hacia uno mismo
Responsabilidad
Rigidez
Riqueza
Sabiduría
Seguridad
Sentido de comunidad
Sentido del ridículo
Serenidad
Servicio
Sinceridad
Soledad
Trabajo en equipo
Trabajo vocacional
Tristeza

¿Qué sucede si mantienes una relación con una persona que tiene unos valores distintos a los tuyos? Eso dependerá de cuáles sean esos valores o de cuáles son los prioritarios. Si la sinceridad es tu prioridad número uno en una relación y no se encuentra entre las seis primeras de tu pareja, ¡puede ser motivo de ruptura! Pero una buena conversación abierta sobre lo que necesitas, esperas y valoras en una relación es lo más indicado en sus comienzos. No querrás enterarte más adelante, cuando ya estés muy implicado con esa persona, de que no siente lo mismo que tú respecto a ese valor. La comunicación y estar abierto son cualidades fundamentales para descubrirlo.

Es imprescindible que sepas quién eres y lo que necesitas para medrar en una relación. Responde a estas preguntas y te animo a que le pidas a tu pareja que haga lo mismo. He observado que cuando las parejas hacen juntas este trabajo, suele ser muy potente y productivo, y puede suceder que las una más o que obtengan la respuesta a las preguntas que ambos habían estado evitando.

1. ¿Qué estás dispuesto a aceptar en una relación?
2. ¿Qué no estás dispuesto a aceptar en una relación?

Recuerda estas preguntas tanto si inicias una relación íntima como si sigues evolucionando dentro de la actual, para asegurarte de que no estás con alguien que no comparte tus valores esenciales.

Los mitos y la realidad de las relaciones sentimentales

¿Te has detenido, alguna vez, a pensar de qué manera influyen los medios en nuestras percepciones y creencias sobre cómo deberían ser las relaciones sentimentales? Antes, he compartido la historia de una de mis clientas cuya peor versión se llamaba Rapunzel. Sus ideales y fantasías sobre las relaciones sentimentales se basaban en los mensajes que había recibido de la televisión, las películas, la música, la publicidad y la cultura popular en general. Es cierto que tuvo algunos problemas en su infancia y que intentaba llenar el vacío que le había dejado la complicada relación con su padre, pero la maquinaria de los medios avivó su fuego. Creo que esto les sucede a muchas personas, sobre todo mujeres.

Las bodas son una industria que mueve setenta y dos mil millones de dólares. ¡Eso es mucho dinero! Y lo más triste es que a raíz de los innumerables programas de televisión, revistas y redes sociales que se concentran en el «gran día», muchas parejas pierden de vista la *visión global*. La boda dura un día. El matrimonio «se supone» que ha de durar para siempre. Pero se suele prestar más atención a la pompa y a las circunstancias de ese día que al resto de la convivencia en pareja. Evidentemente, eso no ha ayudado demasiado a reducir el índice del cincuenta por ciento de divorcios.

Casi toda la ceremonia de la boda está diseñada para transmitir el mensaje de que la relación va a durar para siempre, aunque, en el fondo, quizás no estés muy seguro de que vaya a ser así. *Nunca* se habla de ello, por supuesto, al menos no delante de la pareja. (He escuchado conversaciones de los invitados haciendo apuestas sobre si la flamante pareja llegaría al año de casados, ¡eso en el banquete!). La gente se queda boquiabierta cuando la hermosa novia entra en la iglesia toda de blanco y el oficiante de la ceremonia habla de Dios y del amor; luego viene la fiesta que, aunque no necesariamente, puede incluir emborracharse (porque ¿qué mejor forma de celebrar un santo matrimonio que ponerse ciego bebiendo?). Pensándolo bien, todo este concepto moderno de las bodas puede parecer un poco... superficial, ¿no crees? ¿Cómo hemos llegado hasta aquí?

Veamos un momento la cronología típica, en lo que respecta a cómo estamos expuestos a la definición de romance que hace la sociedad. Cuando los niños y niñas están creciendo, leen libros y ven películas y programas de televisión que presentan historias de amor llenas de romanticismo, y esto se perpetúa hasta que llegan a adultos. Dime algún éxito de taquilla (¡que no se base en una franquicia de un cómic!) y te mostraré una glamurosa historia de amor, con mucho romance y ningún compromiso, malos momentos, malos humores o crisis de la mediana edad. No hemos de extrañarnos si cuando somos adultos, no se cumplen nuestras expectativas, ya que hemos estado sometidos a descripciones irreales del amor desde una edad muy temprana.

Además, en general, estas historias nos quieren hacer creer que la única forma de ser verdaderamente felices es en pareja. Básicamente, te inculcan que si estás soltero, no eres normal y que tu prioridad ha de ser encontrar a tu alma gemela. Es bastante difícil superar estas creencias subconscientes cuando estamos sometidos a su bombardeo constante y a su ubicua presencia.

Cuando llegamos a la pubertad, entra en juego nuestra sexualidad, descubrimos quién nos atrae y solemos tener nuestro primer amor. La mayoría de los adolescentes ven un gran futuro en esa historia, creen que va a ser «eterno». Al principio, todo es entusiasmo y pasión, hasta que nos damos cuenta (a menudo de un modo doloroso) de que eso no es cierto y empezamos a ser conscientes de la diferencia entre el encaprichamiento y los verdaderos sentimientos. Luego, tenemos las normas culturales, como los bailes de graduación, donde se supone que los chicos han de invitar a las chicas mediante un acto romántico y pomposo (por cierto, ¿has oído hablar de las «promposals»*? Son como proposiciones de matrimonio, pero para el baile de graduación, y cada vez se están poniendo más de moda) y todas las chicas esperan que alguien les organice alguno de estos números, porque la idea de tener pareja empieza desde que somos muy jóvenes. Si perteneces al colectivo

---

* Es la unión de dos palabras, *prom*, 'baile de graduación', y *proposal*, 'propuesta'. Se ha puesto de moda entre los jóvenes hacer algún número de baile con un grupo de amigos para pedirle a una chica que acepte ir al baile con él (N. de la T.).

LGBTI* todo es aún más confuso y hace que esas personas se sientan más excluidas. Esto se debe a que no existen modelos de rol claros con los que los niños se puedan identificar o una conversación o contexto coherente para saber cómo han de desenvolverse en los círculos sociales, donde puede que no sean aceptados. Si estás excluido por cualquier razón, probablemente acabarás sintiéndote rechazado, lo cual puede ser extremadamente perjudicial para tu autoestima. Si no hacemos nada, estas heridas pueden tardar años en cerrarse.

Puede que aquí el bicho raro sea yo, pero tengo la firme convicción de que si una persona está soltera, *no* tiene por qué tener ningún problema. Una de las cosas que he dicho al principio de este libro es que todos somos únicos. No hay una respuesta que se adapte a todos en *ninguna* categoría, y eso incluye las relaciones. Voy a ser claro: puedes ser tu mejor versión sin tener ninguna relación sentimental, ¡punto y final! Puedes rechazar toda la propaganda del tipo «has de buscar a tu alma gemela y casarte lo antes posible» con la que nuestra cultura te bombardea desde todos los flancos, especialmente las personas que se dedican a vender anillos, vestidos y esmóquines de boda. Es una falacia. Pero lo peor del caso es que quienes intentan desesperadamente vivir el tipo de relación que la sociedad espera, a menudo se sienten decepcionados, desanimados y acaban dudando de sí mismos, en lugar de dudar del sistema. Eso también me enfurece y entristece. Ha llegado el momento de aceptarnos a nosotros mismos y a los demás, sin que importe el estatus.

Ahora, voy a cambiar gradualmente de tema, para compartir algo que he descubierto en mi propia vida: si eres tú mismo y tienes fe, estás exactamente donde tienes que estar, tanto si tienes una relación como si no. Puedes intentar forzar las cosas, pero si las piezas no encajan, se te va a romper el corazón.

---

* Lesbianas, gais, bisexuales, transgénero e intersexuales, que son los que no se identifican con un género (N. de la T.).

Y otro punto importante, supongamos que te casas y que te divorcias a los ocho años y acarreas el estigma social de que te ha ido mal en el matrimonio. Pero ¿y si la mayor parte del tiempo fue bien y simplemente se os acabó el amor? ¿Por qué no podéis celebrar esos magníficos años que estuvisteis juntos? No debería haber ninguna regla para juzgar cómo ha sido una relación por el final que ha tenido. Aprecia los buenos recuerdos. Es la impermanencia de la vida y no la podemos controlar. No creo que las personas que se divorcian se rindan fácilmente o tengan todas algún problema psicológico. Cada uno sigue su propio camino. Dicho esto, sí creo que tu mejor versión y la de tu pareja (y por supuesto, las de los hijos que tengáis en común) se merecen que intentéis hacer que la relación funcione antes de separaros. Pero si sentís que ya lo habéis probado todo y que simplemente ha llegado el momento de que la relación termine pacíficamente, podéis separaros sabiendo que lo habéis intentado.

Según sea tu estado actual en lo que a relaciones sentimentales se refiere —soltero, en una relación informal, en una relación consolidada o cualquier otra opción intermedia—, lo más importante es pensar si eres capaz de actuar con tu mejor versión dentro de ese estado. Y eso también va para los solteros, porque has de mostrar tu mejor versión todos los días para ti mismo; recuerda que esta es tu relación más importante, sea cual sea tu estado. Puedes volver al capítulo de la vida personal para revisar este tema.

Hay algunos mitos realmente perjudiciales en torno a las relaciones sentimentales que quisiera aclarar ahora mismo. Si te crees cualquiera de estos mitos, estás haciendo que sea casi imposible que vivas tu relación como tu mejor versión. Después de cada mito, encontrarás una verdad de tu mejor versión, que puedes adoptar y aplicar a tus relaciones. No importa cómo sea tu relación en estos momentos ni cuánto tiempo llevéis juntos, es necesario que seas consciente de estos mitos. Veamos:

MITO 1: para tener una buena relación es necesario que las dos personas estén de acuerdo en todo.

LA VERDAD DE TU MEJOR VERSIÓN:

• Tu pareja y tú sois dos personas diferentes, a todos los niveles. No es imprescindible que penséis lo mismo respecto a todo.

• Cuando se produzcan diferencias entre vosotros, no las resolveréis poniéndoos de parte de vuestra pareja, porque eso podría suponer que uno de los dos está traicionando sus valores esenciales.

• Recuerda que la alegría en una relación se encuentra estando con alguien que te enriquece, no que se limita a reflejar lo que eres. Amad vuestras diferencias.

MITO 2: una buena relación ha de ir acompañada de un gran romance.

LA VERDAD DE TU MEJOR VERSIÓN:

• Ya hemos hablado de esto cuando hemos visto el concepto que se tiene del día de la boda y lo que es la realidad, pero todavía hay más. Si sientes la necesidad profunda de que alguien se arrodille a tus pies creando constantemente momentos de película, estás propiciando un desengaño, porque eso no es sostenible.

• Has de entender la diferencia entre enamorarte y estar enamorado. No porque la pasión y la excitación de los primeros tiempos disminuya, a medida que la relación se va afianzando y volviendo más realista, significa que algo vaya mal. Sencillamente, es una nueva fase, en la que podéis experimentar una conexión nueva y más profunda.

MITO 3: para mantener una buena relación hay que saber resolver los problemas.

LA VERDAD DE TU MEJOR VERSIÓN:

- Creo que muchas personas piensan que para que una relación funcione, hay que resolver todos los problemas que se presentan. ¡Falso!
- La mayor parte de los problemas que surgen en una relación, de hecho, no tienen solución.
- La clave está en no dejar que estos problemas se enquisten en nuestro interior y empiecen a fomentar resentimiento, haciendo que aparezcan las cualidades de nuestra peor versión.
- Aprende a aceptar el desacuerdo, encuentra la forma de poner fin emocionalmente al desencuentro y niégate a repetir siempre los mismos conflictos y a utilizarlos como un arma contra tu pareja.

MITO 4: para una buena relación hay que tener intereses comunes que os unan eternamente.

LA VERDAD DE TU MEJOR VERSIÓN:

- No cabe duda de que si los dos disfrutáis haciendo surf el fin de semana o yendo a ver partidos de fútbol en otoño, será fantástico. Pero si a uno le gusta una actividad y al otro no, al que no le gusta no tiene por qué hacer ningún esfuerzo para que le guste, del mismo modo que el que disfruta con ella tampoco ha de dejar de realizarla.
- Una vez más, las diferencias enseñan a tu pareja, así que es perfectamente normal que tengáis distintos intereses.

MITO 5: una buena relación ha de ser tranquila.

LA VERDAD DE TU MEJOR VERSIÓN:

- No es realista pensar que vas a vivir siempre en paz. No pienses que discutir en una relación significa que algo va mal. Esto sucede hasta en las mejores familias.
- Una discusión se produce según cómo se enfoque un tema. Si se hace correctamente, puede reforzar el vínculo que hay entre vosotros, conseguir que liberéis la tensión que podría haber generado la situación y aportar la tranquilidad de saber que, aunque haya discordia entre los dos, no tiene por qué haber abandono o humillación.

Aquí tienes algunas técnicas para dialogar desde tu mejor versión:

- Cuando afrontes un conflicto, pregúntate qué haría o diría tu mejor versión, en lugar de dejarte llevar por las emociones de tu peor versión.
- No ataques la dignidad de tu pareja durante una discusión; nunca es buen momento para «asesinar» emocionalmente a nadie.
- Mantén tu tono de voz a un volumen normal; gritar no ayuda a la otra persona a «escuchar» tu razonamiento.
- No te enfrasques o inicies un conflicto porque te resulte estimulante. Ese tipo de conducta tiene el distintivo de tu peor versión.
- No te desvíes del tema. Pasar a hablar de otros asuntos sin resolver solo dificulta más las cosas.
- No adoptes una actitud de «o estás conmigo o estás contra mí», en la que te cierras tanto que no es imposible mantener contigo ningún tipo de conversación abierta.
- Hazle saber a tu pareja que la escuchas y la entiendes repitiendo lo que ha dicho.

- No evites el tema. Aunque no se pueda resolver, intenta zanjarlo emocionalmente, para que los dos podáis seguir viviendo tranquilos.

MITO 6: en una buena relación puedes dar rienda suelta a todos tus sentimientos.

LA VERDAD DE TU MEJOR VERSIÓN:

- Incluso en los momentos en que te sientas herido o estés sometido a mucha presión, agotado, rendido o hecho polvo, recuerda que sigues amando a tu pareja y que le debes respeto, así que no le vomites encima una emoción impulsivamente, porque podría hacerle mucho daño.
- El perdón es muy importante en las relaciones, pero procura no ponerte en una situación en la que luego tengas que pedir perdón por algo terrible que has dicho en un momento de tensión.
- Antes de abrir la boca cuando estás muy exaltado, detente, respira profundo y pregúntale a tu mejor versión qué deberías hacer. Puede que hasta te convenga hacer una pausa y repetir tu ritual o tu mantra personal. ¡No estoy bromeando! No importa si es en medio de una acalorada discusión, puedes pedir un tiempo muerto y aprovechar para centrarte; luego, puedes volver y proseguir con el tema.

MITO 7: una buena relación no tiene nada que ver con el sexo.

LA VERDAD DE TU MEJOR VERSIÓN:

- En las encuestas sobre las relaciones, las parejas que tienen una vida sexual satisfactoria afirman que el sexo solo supone un diez por ciento en la «escala de importancia». Sin embargo, para las parejas que no están satisfechas con su vida sexual, el sexo supone el noventa por ciento en la «escala de importancia». Es decir, el sexo no es importante en una relación hasta que no lo tienes.

- El sexo con nuestra pareja es la mejor forma de experimentar proximidad, vulnerabilidad y de compartir.
- Quiero aclarar que el sexo no se refiere solo al acto físico. Cualquier forma de aportar algún tipo de placer físico a tu pareja se puede considerar parte de una vida sexual satisfactoria.

MITO 8: una buena relación no tiene futuro cuando uno de los dos falla.

LA VERDAD DE TU MEJOR VERSIÓN:

- Todos tenemos dos cosas en común: todos somos únicos y nadie es perfecto. Puedes tener una relación estupenda con tu pareja, a pesar de que los dos tengáis defectos.
- En lugar de obsesionarte con los defectos de tu pareja, recuerda las cualidades que te atrajeron de ella al principio. ¿Quizás una parte de esa forma de pensar era lo que te atraía? Solo porque una conducta no sea común, no tiene por qué ser tóxica para la relación.
- No obstante, aquí hay algo muy importante. Procura distinguir entre una pareja peculiar y una que tiene un problema grave. Los problemas graves destructivos y abusivos incluyen el abuso de sustancias y el maltrato físico o mental. A diferencia de una peculiaridad de carácter, eso no son conductas con las que hemos de aprender a vivir y has de hacer lo que sea necesario para protegerte a ti y a tus hijos si te está sucediendo algo parecido.

MITO 9: hay una forma correcta y una incorrecta de hacer que la relación funcione.

LA VERDAD DE TU MEJOR VERSIÓN:

- No existe una forma «correcta» de ser un buen esposo o esposa, padre o madre, o de afrontar todos los retos que plantean las relaciones. Está la forma en que tu mejor versión haría todas esas cosas y solo *tú* sabes si conectas con esa parte de ti o si lo haces con tu peor versión.

- Haz lo que a ti te funcione y lo que sientas que has de hacer, en lugar de seguir las reglas arbitrarias que hayas leído en un libro, visto en una película o que te ha dicho un buen amigo. Si lo que hacéis tu pareja y tú está generando los resultados que deseáis, seguid así. Si los dos os sentís cómodos con vuestra estructura y valores actuales, podéis redactar vuestras propias normas. Por ejemplo, respecto al tema de los secretos en la relación, algunas parejas practican la franqueza más absoluta, no tienen secretos. Si eso es lo que os funciona, adelante. No obstante, si la relación va bien con algunos secretos que reúnen criterios específicos (como nada de secretos que afecten a la salud de alguno de los dos o de algún hijo, etc.), también está bien. Se trata de que los dos estéis de acuerdo.

- Recuerda que no has de ser demasiado rígido respecto a la forma en que aceptas las expresiones de amor de tu pareja. El hecho de que tu pareja exprese sus sentimientos de un modo distinto al tuyo o de como tú esperas, no les resta valor o autenticidad.

MITO 10: la relación solo funcionará cuando puedas cambiar a tu pareja.

La verdad de tu mejor versión:

- Lo he dicho antes y lo vuelvo a repetir: solo tienes el control sobre ti y tus conductas, no sobre las de otra persona, incluida tu pareja. No puedes cambiarla. Esto significa que debes aceptar tu parte de responsabilidad en los problemas que afrontáis en la relación. Y si hay aspectos de tu pareja que no puedes aceptar en modo alguno, no caigas en el engaño de pensar que puedes cambiarla. Los aspectos no negociables son justamente eso: razones para poner fin a la relación.

- Una de las cosas que he mencionado en este libro es que cuando cambies y vivas de acuerdo con tu esencia, con tu mejor versión, te sorprenderá cómo cambia inmediatamente el mundo que te rodea, para empezar a adaptarse a lo que estás transmitiendo. Es decir, no puedes cambiar a tu pareja, pero si cambias tú, con el tiempo, esta empezará a reaccionar de forma distinta. Si tú cambias, cambia la dinámica; eso no significa que lo haga para mejor, sino que cambiará.

- No puedes esperar que tu pareja se responsabilice de tu felicidad: tú eres el único responsable. Recuerda que el amor es recíproco: cuanto más das, más recibes. Has de ser cariñoso y atento con tu pareja para recibir el mismo amor y atención.

No existe la relación perfecta, porque todos somos imperfectos. Cada relación tiene su propia dinámica, que funciona o no funciona. Si hay algún área en tu relación que no funciona, espero que tengas una conversación sincera, abierta e interesante al respecto. La meta subyacente del trabajo que hemos realizado juntos es aprender y comprender realmente qué es lo importante para ti en una relación sentimental.

Educar desde tu mejor versión

Si eres padre o madre, no hay ninguna otra área donde necesites estar más conectado con tu mejor versión. Y por lo que me dicen mis clientes y amigos que tienen hijos, ¡no hay ninguna otra área en la que sea más difícil actuar desde tu mejor versión! Recuerda que ser padre o madre es un trabajo de veinticuatro horas diarias siete días a la semana.

Si todavía no eres padre o madre y no tienes pensado serlo, puedes saltarte esta sección. Sin embargo, puede que encuentres útiles algunas de estas herramientas si has de relacionarte con «niños grandes», así que vale la pena que les eches un vistazo.

A continuación, encontrarás herramientas específicas diseñadas para ayudarte en tu auténtico camino, como padre o madre, para que te sean útiles a ti y a tus hijos.

Herramienta 1 para educar desde tu mejor versión: educar en el propósito

Una de las decisiones más importantes y apasionantes que puedes tomar como progenitor es la de crear metas para tus hijos. Elegir, comunicar y perseguir metas claras y apropiadas para su edad los ayudará a desarrollar el sentido de propósito y a medida que vayan consiguiendo lo que se habían propuesto, les aportará la experiencia de tener control sobre su mundo. Tu definición de éxito para tus hijos ha de reflejar sus intereses, destrezas y habilidades, no solo las tuyas.

Recuerda que tu hijo no eres tú, que tiene su propia personalidad única y que ha de aprender, a una edad temprana, a conectar con *su* mejor versión. Por consiguiente, una poderosa meta que puedes establecer con él es ayudarlo a descubrirse a sí mismo y sus intereses, y a desenvolverse en el mundo. Fomenta su individualidad en este proceso, para que aprenda a conectar con su mejor versión. Los niños aprenden con el ejemplo, así que conviértete en su modelo de lo que supone vivir desde tu mejor versión; si ven que eres auténtico, estarán más dispuestos a imitarte. Una de las principales responsabilidades que tienes como padre o madre, y uno de los principales regalos que les puedes hacer a tus hijos, es enseñarles a desarrollar sus aptitudes para que puedan forjar su vida en torno a aquello que les satisface.

Otra meta extraordinaria para trabajar juntos es la socialización, que los ayudará a convertirse en ciudadanos responsables y aprender a trabajar en armonía con otras personas y a desarrollar relaciones estrechas y de confianza. Dentro de esa esfera, es importante que les enseñes a desconectarse del ruido exterior y no permitas que les afecte la negatividad de otras personas. Anímalos a comunicarse contigo; así podréis trabajar juntos para distinguir lo que es importante de lo que solo es «ruido». Una de las formas de hacerlo es a través de una rutina vespertina, en la que la familia revise lo bueno y lo malo que le ha sucedido a cada uno durante el día. La hora de cenar puede ser un buen momento, aunque puedes elegir cualquier otro que se adapte a tu agenda. Cada uno comparte, al menos, una cosa buena y otra mala. La idea es compartir la alegría y apoyarse mutuamente en las cosas no tan buenas. Si alguno de tus hijos ha sufrido *bullying* o maltrato de algún tipo, puedes ayudarlo a superarlo y a fortalecerse emocionalmente.

Por último, si les puedes enseñar la práctica de la gratitud consciente, los ayudarás inmensamente a comprender que la verdadera felicidad surge cuando vives el momento, estás presente y te sientes profundamente agradecido por todo lo que tienes. Buscad una forma divertida de ejercitar la gratitud en familia, todos los días. Por ejemplo, cuando estáis sentados a la mesa para cenar, alguien comparte una razón por la que se siente agradecido y explica por qué, o bien podéis usar un «frasco de agradecimiento»* familiar: sacáis un papelito, lo leéis y explicáis por qué os sentís agradecidos; después procuráis tenerlo presente durante el día. Puede ser muy breve o convertirse en una conversación más larga; adáptalo a tu rutina familiar. Pero si puedes despertarte con una actitud de agradecimiento y terminar el día del mismo modo, les estarás haciendo un regalo a tus hijos que les servirá para el resto de su vida.

Herramienta 2 para educar desde tu mejor versión: educar con claridad

Educar con claridad se basa en el principio de que la comunicación entre padres e hijos es esencial para forjar y mantener una relación afectiva y productiva. Como padre o madre, tu meta será crear un hogar donde se fomente la seguridad, la protección, la pertenencia, la confianza en sí mismo y la fuerza de la unidad familiar. Para ello, deberás comunicarte con total claridad.

Tus hijos han de sentir que tienen cierto poder e influencia dentro de los límites que has marcado en tu familia. La principal forma de promover ese sentimiento es prestarles toda tu atención cuando hables con ellos y sopesar cuidadosamente lo que están intentando transmitir. El secreto está en escuchar. Por desgracia, la única comunicación que se entabla entre tu hijo y tú suele ser cuando se ha producido una crisis o ha habido algún comentario negativo. Es importante que dialoguemos sobre los temas conflictivos cuando no estemos estresados. Por ejemplo, el momento para

---

* Los frascos de agradecimiento son una práctica que se ha puesto de moda en Estados Unidos que se basa en escribir papelitos con algo por lo que estás agradecido y ponerlos en el frasco; es como una hucha de agradecimiento (N. de la T.).

hablar sobre la hora de llegar a casa no es cuando tu hijo llega media hora tarde. Has de dejar claras las reglas *antes* de que salga por la noche. Si se salta la norma, espera a hablar de las consecuencias hasta la mañana siguiente, cuando todo esté más calmado y sea menos probable que reacciones condicionado por tu enfado. Si tus hijos son pequeños y no se quieren lavar los dientes antes de acostarse, piensa en cuáles pueden ser las consecuencias; así, la próxima vez que se nieguen a hacerlo, podrás decirles con toda tranquilidad que su decisión tiene consecuencias concretas. Alzar la voz en la agitación del momento es la peor forma de comunicación que puedes practicar.

En lo que respecta a la comunicación, el momento lo es todo. Los niños quieren ser escuchados y reconocidos y saber que tienes en cuenta sus sentimientos. Han de estar seguros de que se ganarán ciertos derechos y privilegios si hacen lo que se les pide. Necesitan percibir que tienen algo de poder, alguna capacidad para crear lo que desean a través de su conducta. Esto empieza a una edad muy temprana, incluso en los primeros meses de vida. Pero cuando desean algo que no les conviene y les dices que no, es importante que los mires a los ojos y les digas que entiendes que se enfaden, que sabes que supone un gran disgusto para ellos y que los quieres. No des marcha atrás y te rindas si te piden algo que no les conviene. Dedica un tiempo para decirles que los escuchas y que reconoces sus sentimientos. Explícales las razones lógicas de por qué no puedes concedérselo, pero tampoco sientas que has de dar demasiadas explicaciones, pues corres el riesgo de entablar una conversación en la que crean que pueden convencerte. Expón tus razones, asegúrate de que se sienten escuchados y cambia de tema. Si adquieres la costumbre de hacer esto, desde el principio o a partir de la edad que tengan tus hijos ahora, te resultará más fácil seguir haciéndolo y tendrá su recompensa cuando tus hijos crezcan y se conviertan en unos adolescentes menos exigentes o recalcitrantes.

Herramienta 3 para educar desde tu mejor versión: educar negociando

La vida exige mucha negociación y la educación de los hijos no es una excepción. Como padre o madre, has de descubrir el tipo de personalidad que tienen tus hijos y negociar de acuerdo con ella.

Si tienes un hijo muy rebelde, no te conviene abordar las negociaciones con torpeza. Una de las primeras cosas que has de asegurarte de que entiende, respecto a los principios de la negociación, es que puede prever las consecuencias de sus acciones y responsabilizarse de los resultados que han generado esas acciones. De este modo, sentirá que tiene cierta potestad y será más probable que tengas más éxito en todas las negociaciones.

Pasos para negociar desde tu mejor versión

- Reduce el área de disputa.
  - » Concéntrate en el tema actual, no incluyas otras áreas de conflicto, recientes o antiguas.
- Intenta averiguar qué es lo que realmente quiere tu hijo.
  - » Puede que ya lo sepas, pero asegúrate de que coincide con lo que tú crees que le conviene. Si es algo que puede entrañar algún peligro, no es negociable.
- Procura encontrar un terreno neutral.
  - » *Compromiso* es una palabra mágica en todos los hogares, pero especialmente en los que hay niños. Encontrar un terreno neutral donde todos se sientan a gusto puede ayudar a disolver rápidamente los problemas y evitar una batalla de voluntades.
- Sé específico en tus acuerdos y en los resultados de la negociación.
  - » Asegúrate de que tus hijos entienden bien la decisión final.

- Haz pactos negociados, al principio a corto plazo.
  » Con los niños pequeños es difícil referirse a un acuerdo que has pactado, aunque solo sea hace unas horas. Utiliza tiempos apropiados para la edad de tus hijos cuando negocies con ellos.

Herramienta 4 para educar desde tu mejor versión: educar con incentivos

Si quieres que un niño se comporte correctamente, tendrás que establecer las reglas para las conductas que deseas. Con frecuencia, los padres se fijan únicamente en las conductas indeseables de sus hijos y la consecuencia de ello puede ser que la educación se base en la queja y la reacción.

En lugar de concentrarte en intentar cambiar una conducta inaceptable, si te concentras en desarrollar conductas positivas, las inaceptables no tendrán tanta fuerza. Una gran forma de conseguirlo es conocer qué es lo que incentiva a tus hijos. Incentivar es un sistema de recompensas o reconocimiento por la buena conducta. Si se presenta durante una conducta deseada o inmediatamente después, aumenta la probabilidad de que esta se repita. Inventa la manera de que tu hijo reciba el incentivo necesario para una conducta apropiada.

Hay muchos incentivos diferentes y estos variarán según la edad. Las tablas de recompensas funcionan bastante bien para los niños pequeños: por cada conducta específica obtienen una estrella y cuando consiguen cierto número de estrellas, tienen su regalo, que pueden ser desde pegatinas hasta globos o tizas. Evita recompensar con comida de ningún tipo, para no crear una relación nociva con los caramelos o dulces, que podrían perjudicarlo en otra etapa de su vida. Y no empieces con recompensas caras o ¡fomentarás expectativas no realistas o demasiado altas! Los niños más mayores pueden adquirir ciertos privilegios o tiempo extra para actividades de ocio, porque han demostrado que son responsables y que pueden elegir conductas positivas. Cuando sabes qué valora tu hijo, puedes moldear y configurar su conducta.

Herramienta 5 para educar desde tu mejor versión: educar a través del cambio

En la educación de los hijos hay que adoptar la actitud de hacer «lo que haga falta». Esto puede suponer que tengas que pedir dos semanas libres en el trabajo para quedarte en casa porque tu hijo está enfermo. Puede que tengas que hacer sacrificios, como comprarte un coche más barato, trasladarte a una casa más pequeña, no salir tanto a cenar fuera o ir de vacaciones más cerca para poder pagar un colegio privado si la escuela pública no funciona. El futuro de tus hijos y el tuyo es muy valioso. Cuando se producen situaciones drásticas, hay que buscar soluciones drásticas.

Cuando se producen cambios en la vida de un niño y, por ende, en la unidad familiar, una buena fórmula para afrontar la nueva normalidad es formular un compromiso escrito entre todos. Así podréis desarrollar un sistema de comunicación en torno a las nuevas expectativas de cada uno, prever cuándo puede haber resistencia y elaborar un plan para salvar los baches del camino.

Herramienta 6 para educar desde tu mejor versión: educar en la armonía

Para crear armonía en el hogar hemos de empezar asegurándonos de que no estamos compitiendo con nada ni nadie por la atención de nuestros hijos, y viceversa. He visto niños pequeños girando físicamente la cara de su padre o su madre para que apartara la mirada de su móvil, los mirara a los ojos y los escuchara. Todos sabemos que los niños pueden tumbarse en cualquier sitio donde haya una televisión y quedar hipnotizados por la pantalla, completamente ajenos a cualquier conversación que sus padres intenten entablar con ellos. Si la televisión, los móviles, los videojuegos o cualquier otra actividad relacionada con la tecnología están impidiendo que haya armonía en tu hogar, ha llegado el momento de que evalúes seriamente las prioridades de la familia.

Empieza por crear una lista de las diez prioridades de la mejor familia. A continuación, enumera las diez cosas más importantes en las que empleáis el tiempo. Cuando compares estas dos listas, podrás comprobar si la forma en que vivís e invertís el tiempo es coherente. Si ves que las prioridades y los valores del principio de la primera lista se encuentran al final de la segunda lista, tendrás que empezar a reordenar conscientemente los compromisos de tiempo y energía de tu familia, para que todos podáis cumplir con las prioridades de la mejor versión de vuestra familia.

Herramienta 7 para educar desde tu mejor versión: educar con el ejemplo

Los modelos de rol más importantes para los niños son sus progenitores. Es un hecho que los niños aprenden indirectamente observando las conductas de otros y fijándose en las consecuencias de sus acciones. Observan lo que les sucede a otros miembros de la familia cuando tienen éxito o cuando fracasan, y esas experiencias se convierten en sus modelos para el futuro. Esto se denomina modelar. A través de tus acciones, palabras, conducta y cariño, puedes dirigir a tus hijos hacia donde quieras que vayan.

Para educar con el ejemplo, sintoniza con tus pensamientos, sentimientos y conductas, y compáralos con la forma en que fuiste educado. Asegúrate de que tomas decisiones conscientes y que tienen una finalidad, que no se basan en un legado familiar negativo; es decir, no permitas que se contamine tu núcleo familiar. Si sufriste abusos, maltrato o negligencias, o tus padres te dieron una educación muy cuestionable, decide que eso termina contigo, no «lo pagues» con tus hijos. No podemos elegir quiénes serán nuestros padres y nuestra familia de origen, pero en lo que respecta a la educación de tus hijos, todas las opciones están en tus manos. Hay infinitas formas de influir en nuestros hijos, consciente e inconscientemente. Hay muchas presiones, pero todo lo que dices y haces cuenta. Recuérdalo.

Enseña a tus hijos a ser adultos felices, equilibrados y realizados. Demuéstrales que eres tu mejor versión y ellos aprenderán a hacer lo mismo.

El inventario de tus relaciones

Ahora ha llegado el momento de evaluar tus relaciones. Las he separado en tres categorías.

TUS RELACIONES FAMILIARES: puntúalas en una escala del uno al diez. «Uno» significa que tus relaciones familiares están en grandes apuros, que te afectan negativamente en tu vida diaria y que necesitan atención inmediata. «Diez» significa que tus relaciones familiares te ayudan a vivir como tu mejor versión y que necesitan poca o ninguna mejoría.

¿Cuáles son las conductas que te funcionan mejor en esta área y por qué? Ejemplos:

- Pongo límites a los familiares que se aprovechan de mí.
- Soy sincero con mi familia, pero respetuoso al decir las cosas.

¿Cuáles son las conductas que sabes que te están impidiendo conseguir lo que deseas? Ejemplos:

- Cedo a las exigencias de mi familia, aunque eso no me haga ningún bien.
- Permito que los comentarios de mi familia me hieran en lo más hondo, eso me crea resentimiento y los culpabilizo por ello.

TUS RELACIONES SENTIMENTALES: puntúalas en una escala del uno al diez. «Uno» significa que tus relaciones sentimentales no funcionan y no favorecen que seas tu mejor versión. «Diez» significa que tienes unas relaciones sentimentales sanas y satisfactorias y que necesitan poca mejoría.

¿Cuáles son las conductas que te funcionan mejor en esta área y por qué? Ejemplos:

- Escucho las necesidades de mi pareja y le comunico las mías.
- Soy sincero con mi pareja.

¿Cuáles son las conductas que sabes que te están impidiendo conseguir lo que deseas? Ejemplos:

- Estoy engañando a alguien a quien en realidad quiero honrar con mi fidelidad y sinceridad.
- Salto por cualquier cosa y suelo perder los nervios con mi pareja.

(Si eres padre o madre):

TUS RELACIONES COMO EDUCADOR: puntúalas en una escala del uno al diez. «Uno» significa que tus relaciones como educador son difíciles y sabes que requieren atención inmediata. «Diez» significa que te sientes bien con tu labor de educador y que la mayoría de las veces puedes realizarla desde tu mejor versión.

¿Cuáles son las conductas que te funcionan mejor en esta área y por qué? Ejemplos:

- Creo tradiciones o rituales familiares positivos.
- Por muy estresado, cansado o frustrado que esté, cada noche les digo a mis hijos que los quiero.

¿Cuáles son las conductas que sabes que te están impidiendo conseguir lo que deseas? Ejemplos:

- Levanto la voz o discuto delante de mis hijos.
- Menosprecio a mis hijos cuando me faltan al respeto.

Ahora que vamos a entrar en la ESFERA del empleo...

¡Has trabajado mucho en este capítulo! Bien por ti. Las relaciones son el eje de nuestra alma y pueden llenarnos de alegría. A continuación, revisaremos lo que haces para ganarte la vida, y teniendo en cuenta el tiempo que todos empleamos en nuestro trabajo, será un tema muy interesante. Así que vamos a asegurarnos de que seas tu mejor versión en tu trabajo.

10

Las esferas:

Tu empleo

Recuerdo perfectamente que mi maestra de tercer curso, en la escuela de primaria Valencia, la señorita Takahashi, nos preguntó qué queríamos ser cuando fuéramos mayores. Esta es la forma en la que siempre se formula esta pregunta: «¿*Qué* quieres ser de mayor?». Los niños suelen responder cosas típicas como astronauta, bombero, médico o presidente de Estados Unidos. Desde muy pequeños se nos enseña a identificarnos con el trabajo que realizamos, no con el tipo de persona que queremos ser.

Imagina qué sucedería si en los colegios se ofrecieran cursos de desarrollo personal. ¿Y si enseñáramos a los niños a centrarse en descubrir su verdadero yo y a dejar que la vida los condujera hacia el tipo de carrera que mejor se adapte a sus pasiones y habilidades? Estoy convencido de que si en lugar de centrarnos tanto en qué queremos ser de mayores, hiciéramos eso, no veríamos tantas depresiones y ansiedad entre la población.

Estoy firmemente convencido de ese ideal, y es en el que se basa el programa de tratamiento de diagnóstico dual, que utilizamos en los centros CAST. Nuestro eslogan es «Creamos la libertad para que seas tu mejor versión» y lo hacemos mediante el modelo de alineación CAM-CAST, que hemos tardado años en diseñar. Creo que todas las personas, no solo las que se enfrentan a una adicción o a algún tipo de trastorno mental, merecen descubrir este tipo de libertad. Queremos que todos los que vienen a CAST puedan disfrutar de las mejores y más innovadoras terapias, con tratamientos totalmente personalizados, a la vez que reciben los cuidados con la mayor atención y compasión. La dificultad para ayudar a la gente a alcanzar esta meta reside en la necesidad de personalizar los programas.

Cada cual tiene su propio camino. ¿Sería más fácil ceñirse a paradigmas de tratamiento más comunes? Sin lugar a dudas. Pero mi intención no era crear una experiencia de *cookies* personalizadas; eso no habría respetado mi autenticidad, mi pasión o mi visión. Por propia experiencia, me he dado cuenta de que en la vida no hay atajos, pero cuando realmente disfrutas de tu viaje, prefieres ir por la ruta con vistas panorámicas. En todos estos años, he contratado a cientos de empleados procedentes de otras compañías y de empresas de nueva creación —desde abogados hasta terapeutas, médicos, directores de departamento, recepcionistas, personal de limpieza y otros— y me he dado cuenta de que existen dos tipos de empleados: los que fichan a la entrada y a la salida para recibir su nómina y los que disfrutan con su trabajo. Cuando hago una entrevista de trabajo, no tengo una bola de cristal que me diga si el solicitante es de los que se contentan con un sueldo o de los que les apasiona su trabajo. Por más estudios o formación que tenga el contratante, no puede saber qué tipo de empleado acabará siendo la persona a la que contrata. Pero los que sienten verdadera pasión por su trabajo y están conectados con su mejor versión cuando lo realizan, indudablemente, son los mejores empleados y los más felices.

Hace varios años, tuve que ampliar mi equipo para los centros CAST, ya que la empresa iba creciendo y triunfando, así que empecé a contratar gente que hacía más de veinte años que estaba en este ramo. Concretamente, buscaba a alguien para ocupar un puesto que coordinara la labor administrativa y el trabajo clínico, y esa persona se convertiría en nuestra directora ejecutiva. La mujer que contraté tenía algo más que experiencia, era una fuera de serie. Un día vino a mi despacho y me dijo: «Mike, ¿sabes lo que está pasando con tu director clínico?». La conversación que siguió a esa pregunta me sirvió para enterarme de que prácticamente eran los clientes los que dirigían el centro. El que por aquel entonces era nuestro director clínico se presentaba a trabajar a las once de la mañana, llevaba sus perros al trabajo (y sus perros eran molestos, estaban sucios, olían mal y no eran especialmente sociables para estar allí), incluso visitaba por privado a algunos clientes, en nuestras instalaciones, durante su horario laboral. Cuando hablé con él respecto a su conducta, se puso a la defensiva e incluso pensaba que me iba a poner de su lado, hasta que al final presentó su dimisión. Cuando se hubo marchado, mi nueva directora ejecutiva pudo cambiar definitivamente las cosas dentro de la empresa. Y aquí está la explicación: alguien que solo trabajara por dinero nunca habría dado los pasos necesarios o se hubiera arriesgado a decir nada, pero como se preocupaba sinceramente por su trabajo y se tomaba en serio nuestra misión, pudo hacer los cambios pertinentes para que todo el sistema funcionara mejor. Su entusiasmo por nuestro trabajo es contagioso y en CAST es muy querida por todos.

En este capítulo, mi meta principal es ayudarte a descubrir si en tu trabajo muestras tu mejor versión, como lo haces en casa. Tanto en mi carrera profesional como a través de mis clientes, he observado que si no puedes ser tú mismo en el trabajo, estás perdiendo un tiempo muy valioso. Me parece que muchas personas se pierden a sí mismas en su trabajo, porque intentan ser alguien que en realidad no son por miedo, tienen problemas en conciliar su forma de ser en su trabajo con su forma de ser en las otras facetas. Has de ser tu mejor versión en todo momento.

Aquí tienes algunos indicativos de que no eres tu mejor versión en el trabajo:

- Te preocupa agradar a tus compañeros.
- Al final de la jornada laboral te sientes totalmente exhausto.
- Tienes que luchar contra el hastío cuando estás trabajando.
- No te sientes cómodo con la ropa que has de usar.
- Tus compañeros de trabajo te evitan y no quieren estar contigo.
- Te parece que el jefe siempre asciende a otras personas antes que a ti.
- Sientes que no estás usando tus verdaderos talentos.
- Te cierras o no dices nada en las reuniones.
- No estás en «modo esponja», dispuesto a aprender nuevas habilidades y a aceptar ideas e información nuevas regularmente, en tu trabajo.
- Estás deseando marcharte al final de la jornada.
- Tu trabajo no te inspira.
- Eres incapaz de ser sincero con tus compañeros o tu jefe respecto a lo que crees que se podría mejorar en tu empresa.
- No te gustan tus compañeros de trabajo.
- Cuando sales del trabajo intentas olvidarte de todo lo relacionado con él. Creas apartados en tu vida.
- No te sientes orgulloso de ti en el aspecto laboral o del trabajo que estás haciendo.

Si has de estar fingiendo todo el día por un sueldo, al final te agotarás. Pero no desesperes, porque no estás atrapado para siempre. Veamos si tu trabajo coincide con tu verdadero estilo de vida y si no es así, realiza los cambios necesarios.

¿Cuál es tu talento artístico?

¿Recuerdas que al inicio del libro he dicho que todos somos artistas? Es cierto; simplemente, hemos de descubrir cuáles son nuestros talentos únicos. Yo considero tu arte como tu «porqué». Si no has oído hablar de Simon Sinek, busca en Internet, es el creador del concepto del círculo de oro. Básicamente, es un objetivo donde el círculo externo es el «qué», el intermedio el «cómo» y el interno el «porqué». El funcionamiento de este círculo, tal como él lo describe, es principalmente para empresas y marcas. Pero en el contexto de mi trabajo y mi vida, mi círculo de oro sería:

Qué: Soy un *coach* de vida.
Cómo: Guío a las personas mediante diversos ejercicios y modalidades.
Por qué: Para liberarlas de modo que lleguen a ser su mejor versión.

Todos los proyectos en los que estoy involucrado, desde el trabajo que realizo en CAST hasta mis apariciones en el programa de televisión *The Dr. Phil Show*, me conducen a mi porqué. Cuando actúo desde mi porqué, *jamás* experimento frustración en mi trabajo, ni siento que le dedico demasiado tiempo, ni me cansa. El «porqué» es la sede de nuestro arte.

A todas las personas con las que trabajo les digo que son artistas. He trabajado con algunas de las más grandes estrellas del pop de nuestro planeta, pero no son ni más ni menos artistas que tú. Nuestro arte es la conexión entre nuestra mejor versión y el mundo. Regresar a tu verdadero origen y actuar desde ese lugar es el primer paso para resolver cualquier problema al que tengas que enfrentarte en la ESFERA del empleo.

Aquí tienes una pregunta: ¿cuál es tu definición actual de trabajo? Te animo a que te pongas a prueba, especialmente si no te gusta tu trabajo o si hay algún elemento de él que detestas. El diccionario define trabajo como «actividad física o mental como medio para ganarse la vida; empleo». Te puedo asegurar que si no te gusta tu trabajo es porque no coincide con tu porqué y, por consiguiente, no está en línea con tu expresión artística.

Quienes piensan de este modo están deseando que llegue el viernes por la tarde: el final de la semana laboral y el comienzo del fin de semana. Estas personas temen los lunes y padecen el síndrome del domingo por la tarde. En algunos círculos sociales, he oído decir: «No hablemos de trabajo». Es como si el trabajo tuviera que ser pesado para que se considere trabajo. Los estadounidenses, especialmente, parecen estar convencidos de que si el viernes por la tarde no estás superestresado y físicamente agotado, es porque no has trabajado demasiado durante la semana. Se hace mucho más hincapié en el número de horas que trabajas que en lo que realmente has conseguido o producido. Y poco o nada se habla de lo que has disfrutado o te has divertido trabajando. Y en la mayor parte de las industrias, eso es inconcebible: ¿¡divertirse en el trabajo!? Y respecto a las vacaciones, la gente habla de desconectar por completo, de no leer los correos electrónicos, de apagar el móvil de la empresa, etcétera, porque cuando estas se acercan, ya están quemados. Para mí esto indica que esta ESFERA está completamente descompensada. Cuando me siento a charlar con alguien que se ha quemado en el trabajo, normalmente la razón no suele ser el trabajo en sí, sino más bien la falta pasión y diversión en su vida, pero es más fácil echarle la culpa al trabajo. Sin embargo, si tu profesión es un reflejo o una manifestación de tu arte, trabajando sentirás que tienes más energía, en lugar de estar agotado.

A continuación, tienes un breve cuestionario que te servirá para no ver tu trabajo como una descripción de funciones, sino como un arte.

Escribe tres momentos en los últimos meses en los que te hayas sentido bien en tu trabajo.

1. ....

2. ....

3. ....

¿Por qué te sentiste a gusto con esas experiencias?

1. ....

2. ....

3. ....

- ¿Podrías propiciar más experiencias de ese tipo en tu trabajo actual?
- ¿Cuáles podrían ser tus artes?
- ¿Estás ejerciendo tu arte en tu trabajo actualmente?

Cuando trabajo con mis clientes, a veces necesitamos varias horas para llegar a definir su identidad artística, así que no te sorprendas si estas preguntas te han parecido un poco difíciles de contestar. Por ejemplo, podrías pensar que tu arte consiste en ayudar a los demás. Bueno, eso no necesariamente es un arte, sino algo que te hace sentir bien. Es un tema un poco extenso, pero ¿de qué forma específica disfrutas ayudando a las personas y a qué tipo de personas te gusta ayudar? Puede que lo hagas a través de tu trabajo en atención al cliente. Si es así, considera tu arte como una forma de «crear espacio para que las personas se sientan escuchadas».

Una vez has identificado tu arte como una forma de crear espacio para que la gente se sienta escuchada, esto puede manifestarse de diversos modos. Lo que importa es que descubras tu arte. Si tu trabajo actual consiste en dar instrucciones por teléfono para configurar el ordenador, eso puede que no esté muy en sintonía con tu arte y que no te sientas realizado en tu trabajo. Utiliza lo que has aprendido sobre tu arte para encontrar las maneras de expresarlo dentro de tu ámbito laboral. Puede que en tu trabajo tengas posibilidades de hacerlo o, por el contrario, que tengas que empezar a pensar en cambiar de empleo.

Mi hermano, David Bayer, es el perfecto ejemplo de alguien que se pasó demasiado tiempo haciendo algo que satisfacía sus necesidades económicas, pero que no conseguía darle sentido a su vida. Tiene una licenciatura de una de las universidades de la Ivy League y trabajó en el campo del *marketing* digital. A los treinta y siete años, se cansó y cambió de profesión para dedicarse al *coaching* de desarrollo personal. Ahora es el director ejecutivo de uno de los principales programas de automejora de Estados Unidos, Powerful Living Experience. Resumiendo, creó un negocio en el que ayuda a la gente a conectar su arte, su pasión y su propósito con su vida profesional, y nunca se ha arrepentido de haberlo hecho.

Ganar dinero

La gente siempre me dice que le gustaría ganar más dinero. Es un deseo bastante normal y comprensible, por decir algo. Veamos cómo es tu relación con el dinero a través de las siguientes preguntas:

1. ¿Qué significa el dinero para ti?
2. ¿Cuáles fueron tus primeras experiencias que te ayudaron a entender su valor?
3. ¿Has vivido acontecimientos traumáticos o factores de estrés graves relacionados con el dinero?
4. ¿Qué creencias limitadoras has desarrollado respecto al dinero?
5. ¿Crees que puede llegar a ti fácilmente?

He contratado personas con mucho talento en todos estos años, y cuando era necesario hablar de dinero, el despacho se impregnaba de una energía extraña y desagradable. Nuestra fuente de ingresos puede ser un área especialmente delicada de tratar. Es un ámbito en el que es habitual que los miedos se apoderen de nosotros. Es lógico. A nadie le gusta sentir que no les salen los números a final de mes. Para algunas personas es una cuestión de orgullo: ser capaz de mantener a tu familia es importante. Para otros, si son de origen humilde o si su familia tuvo problemas económicos, es un miedo que se remonta a su infancia. He trabajado con muchas personas que recuerdan haber llevado zapatos con agujeros en las suelas o, incluso, que se iban a la cama con hambre. Estas experiencias se quedan muy grabadas en nuestros recuerdos emocionales. Cuando nos hacemos mayores y tenemos que responsabilizarnos de nuestra vida, de vez en cuando todavía actuamos como si fuéramos ese niño o niña indefenso y elegimos trabajos que no nos gustan, solo por el sueldo, o aceptamos lo primero que nos ofrecen, por miedo a que no nos salga nada más. Esto es lógico, pero ha de llegar un momento en que te debes abrir a otras posibilidades. Pregúntate: si el dinero no fuera el problema, ¿qué te gustaría hacer?

Es tentador decir que te gustaría dedicarte a estar tumbado en una playa, contemplando el atardecer, desde una cómoda hamaca, un día tras otro. Pero la cuestión es que eso no solo no es realista, sino que las personas que conozco que viven de esta manera suelen sentirse vacías y desconectadas, porque no aportan nada, salvo vivir para su propia gratificación.

Así que veamos de nuevo la pregunta. Esta vez, quiero que pienses como si estuvieras actuando desde tu mejor versión. ¿Qué es lo que le gusta hacer a tu mejor versión? ¿Qué tipo de trabajo te haría sentir que estás usando tus aptitudes, ejerciendo tu arte, de una forma productiva y gratificante? Deja volar tu imaginación, no te pongas límites. Al interiorizarte, permite que se disuelvan todos tus temores. Eres sumamente libre. Tu vida te pertenece y puedes elegir lo que te dicte el corazón. Pregúntale a tu mejor versión qué es lo que busca.

- Tras crear esta visión, ¿en qué estabas pensando?
- ¿Se ha interpuesto algo en ella? ¿Crees que lo que has pensado es imposible o que no existe?
- Ahora, imagina que esa visión que has ideado mentalmente consigues hacerla realidad.
- ¿Cómo puedes extraer la esencia de la carrera que realmente deseas y crear un punto de partida realista?

Por ejemplo, si te gusta dedicar tu tiempo al huerto los fines de semana y a todas tus amistades les gustan las frutas, verduras y hierbas frescas que cultivas, puede que haya algún vivero por tu zona donde puedas trabajar. Quizás el arte visual siempre ha sido tu pasión. Aunque no seas Picasso, podrías trabajar en alguna tienda de bellas artes o manualidades y estar en el ambiente que te gusta (¡incluso obtener algún descuento en tus pinturas y lienzos!). Si te gusta escribir y siempre has destacado en gramática y ortografía, en Internet puedes encontrar ofertas que te permitan trabajar como autónomo y expresar tu talento escribiendo, editando y corrigiendo, y de paso ganar dinero haciéndolo. Quizás trabajas en la sección de zapatería de unos grandes almacenes y no te gusta demasiado; tal vez bastaría con que te cambiaran al departamento de perfumería y estética, que estaría más de acuerdo con tus intereses. O si, por ejemplo, estás en finanzas y no te entusiasma lo que haces, porque a ti lo que te gusta es socializar y tu trabajo implica pasarte el día delante del ordenador, podrías utilizar tus habilidades como asesor financiero y de ese modo tendrías que relacionarte con los clientes a diario. Hay muchas formas de conectar eficazmente tus anhelos más profundos con tu carrera profesional. Basta con que seas un poco creativo.

Cómo es tu estilo de vida

¿Qué estilo de vida quieres? Por ejemplo, quizás en esta etapa sea importante para ti trabajar por cuenta propia, con un horario flexible. Ahora hay muchas formas de ganar dinero trabajando por Internet y a través de aplicaciones con las que puedes controlar tu disponibilidad. Desde paseador de perros hasta diseñador gráfico, desde ofrecer servicios de estética y peluquería a domicilio hasta hacer recados o pequeños arreglos en tu localidad, existen aplicaciones y sitios web que buscan personas para todas estas tareas y muchas otras. A veces, te gusta tu trayectoria profesional o tu trabajo, y solo necesitas hacer un pequeño cambio. Cuando me preparaba para asesor de personas que abusaban del alcohol y de las drogas, no tenía nada que ver con lo que había visualizado. Pasaba las horas haciendo informes. Teníamos que escribir hasta el más pequeño detalle de nuestras interacciones con los pacientes. Las razones eran muy lógicas y era consciente de la importancia de la tarea, pero simplemente no iba con mi personalidad. Así que hice un cambio. Pasé de ser asesor a intervencionista, y me encantó. No soy de papeleo, sino de trato con la gente. Fue lo mejor que podía haber hecho y eso me orientó hacia el camino correcto para conectar con mi verdadero yo, razón por la cual estoy muy agradecido.

Otro aspecto importante que debes tener en cuenta, sobre tu estilo de vida, son los desplazamientos. Si pasas muchas horas desplazándote de casa al trabajo y eso afecta a tus relaciones familiares, has de sopesar seriamente qué es lo más importante para ti y decidir si deberías buscar un empleo más cerca de casa o trasladarte para vivir más cerca de tu puesto de trabajo. No deberías correr el riesgo de albergar resentimiento contra tu trabajo, porque te resta tiempo para estar con tu familia. Recuerda que el único que tiene el poder para hacer los cambios necesarios para crear el estilo de vida que deseas eres tú.

En resumen, puede que tengas que cambiar tu perspectiva sobre tu empleo. En el mundo laboral, ni el dinero lo es todo ni has de tenerle miedo al trabajo. Modificarlo está totalmente en tu mano. Puedes y debes hacer que tu trabajo encaje dentro de tu modelo de autenticidad. Cuando estés convencido de esto, el resto vendrá por añadidura.

¿Preparado para hacer el cambio?

Puede que actualmente trabajes en algo que no te gusta, por una serie de razones. Creo que, primero, lo más sensato es averiguar por qué no te sientes a gusto. A continuación, encontrarás una pequeña evaluación, que he usado muchas veces para que las personas tengan más claro si ha llegado el momento de cambiar de trabajo o de profesión o de cambiar de actitud en el trabajo que tienen actualmente. Es decir, ¿has de cambiar de trabajo o has de cambiar de actitud?

- ¿Qué es lo que no te gusta de tu trabajo?
- ¿Crees que tu vida será mucho mejor y que se resolverán la mayor parte de tus problemas si dejas el trabajo y encuentras otro? ○ SÍ ○ NO

- ¿Has tenido problemas parecidos en otros trabajos?
○ SÍ ○ NO

- ¿Sientes que en este trabajo, más que en otros que has tenido en el pasado, no puedes ser tu mejor versión?
○ SÍ ○ NO

- ¿Te sientes peor respecto a tu vida, mientras estás en el trabajo, que cuando realizas otras actividades? ○ SÍ ○ NO

- ¿Qué te gustaba de tu trabajo, si es que te gustaba algo, cuando empezaste?

- ¿Qué piensa tu mejor versión que deberías hacer al respecto? **(Por ejemplo, dejarlo inmediatamente, hacer algunos cambios, hablar con tus supervisores respecto a tus preocupaciones, etc.).**

- ¿Es el problema verdaderamente el trabajo? ○ **SÍ** ○ **NO**

Si has respondido «sí» a la última pregunta, ¿crees que el problema podría estar en ti, en lugar de en los trabajos que has tenido? Por ejemplo, ¿te enfrentas a menudo a tu jefe? O ¿te han llamado la atención varias veces por lo mismo, como llegar tarde, incumplir las normas de la empresa, etcétera, en diferentes empresas? Si puedes detectar un patrón problemático en todos los trabajos, ¿crees que será diferente si cambias de empresa? ¿O crees que será mejor reflexionar hasta descubrir por qué repites siempre la misma conducta en el entorno laboral?

¿Quizás podría ser que estás trabajando en una industria con la que no tienes ninguna afinidad? Es posible que la ética y la moral de ese ramo en el que trabajas no tenga nada que ver con tu verdadero yo, y eso te hace estar en un estado de disonancia cognitiva. Por ejemplo, si trabajas en una empresa de financiación, pero no te sientes especialmente bien respecto a algunos de los préstamos que han firmado los clientes, puede que tengas dilemas éticos. O, por ejemplo, vendes productos farmacéuticos o cosméticos y descubres que la empresa experimenta con animales y para ti eso supone un problema ético; en ese caso estarás enfrentado con tu empresa. Si alguno de estos ejemplos se acerca a tu realidad, la respuesta sería ampliar tu campo de acción y explorar otras industrias o empresas que puedan interesarte.

Por otra parte, si no te han ascendido porque te faltan ciertos estudios o diplomas, ¡es un buen momento para invertir en tu futuro! Si quieres reinventar tu relación con el empleo, tendrás que hacer el trabajo que se te exige. Pero a la larga el esfuerzo habrá valido la pena. Otro caso, que he escuchado bastantes veces, es que a una persona le gusta su trabajo, pero no sus compañeros. Si trabajas con gente que no actúa adecuadamente o que entorpece tu labor de alguna forma, te animo a que te reúnas con el jefe de recursos humanos y le confíes la misión de arreglar el tema con tus compañeros. Una de las funciones principales de los directores de recursos humanos es ayudar a mejorar las relaciones entre los trabajadores y actuar de mediadores en tu nombre. Y en ese proceso, puede que incluso descubras que algún aspecto de algunas de tus personalidades de tu peor versión se ha colado en tu vida laboral y que los problemas que estás teniendo con tus compañeros se deben a tus inseguridades. Estate siempre abierto y dispuesto a aceptar tu parte de responsabilidad en cualquier conflicto laboral; de este modo, podrás hallar una solución más fácilmente.

Si tras una exploración exhaustiva has llegado a la conclusión de que es el momento de cambiar de empleo, deberás preparar un plan detallado. ¿Cuánto dinero tienes ahorrado? ¿Puedes permitirte dejar el trabajo sin tener otro esperándote? Si no es así, tendrás que crearte la meta de encontrar otro trabajo que te guste y seguir los siete pasos del capítulo trece.

Buscar otro empleo, al principio, puede resultar abrumador; incluso quizás haya sido la razón por la que has aguantado tanto en tu puesto actual. Pero cuando programes tu estrategia para conseguir el trabajo de tus sueños, te parecerá mucho más realista y asequible. Recuerda que te mereces una profesión que se corresponda con tu verdadera forma de ser, así que no te menosprecies. Persevera con tu creatividad y preséntate a una amplia gama de ofertas. Un día, cuando recuerdes el pasado, te alegrarás mucho de haberlo hecho.

El desempleo

Todos hemos estado sin trabajo en algún momento de nuestra vida. El desempleo forma parte del camino en esta ESFERA. Si en la actualidad no tienes trabajo o estás seguro de que vas a dejar tu puesto actual, la clave está en no confundir actividad con productividad cuando empieces a buscar. Mandar tu currículum por correo electrónico a cientos de empresas que has encontrado en Internet, indudablemente, es un buen comienzo, pero tienes que hacer algo más para dar con el puesto que deseas. Eso supone llamar por teléfono y hacer un seguimiento. En lugar de llamar y solicitar una entrevista, puedes llamar para solicitar una primera reunión informativa. Dedica algún tiempo a informarte sobre la empresa y sus necesidades, y cuando estés allí, explica cómo se ajustan tus habilidades a sus necesidades actuales.

Si estás sin trabajo y bajo la presión de que te acercas a los números rojos o de la deuda que acumulas en tu tarjeta de crédito, todos los días de la semana deberías dedicar el mismo tiempo a buscar empleo que el que pasarías trabajando. Levántate cada mañana, vístete como si fueras a trabajar y dedica ocho horas a buscar trabajo. Siempre les digo a mis clientes que se hagan una hoja de cálculo para hacer el seguimiento de todas las empresas con las que han contactado, con su nombre, teléfono y correo electrónico de la persona con la que se han comunicado. Hazlo hasta que tengas una oferta que estés deseando aceptar.

Si estás en apuros económicos, trabaja por tu cuenta, haz labores no convencionales o acepta un empleo a tiempo parcial de lo que sea, para poder seguir pagando las facturas, y en tus horas libres sigue buscando. Si has de entregar *pizzas*, trabajar en una cafetería o responder al teléfono en un centro de llamadas, hazlo. Ningún trabajo es «indigno de ti», esa es una creencia que procede del ego. No permitas que este se interponga en tu camino para ser tu mejor versión y encontrar tu profesión perfecta. La verdadera felicidad venidera habrá merecido el esfuerzo.

Puede que incluso te sorprendas al ver los contactos increíbles que haces en uno de esos trabajos no cualificados. Mientras estudiaba en la universidad trabajé en dos cafeterías y de arbitro en el YMCA,* y todas esas experiencias fueron muy valiosas. Además de aprender a trabajar en equipo, a tratar con el público y a hablar con cualquier tipo de persona, también descubrí algo importante respecto a mí mismo: jamás podría triunfar en una corporación. Saber qué es lo que *no* es para ti forma parte del camino hacia el descubrimiento de lo que *sí* lo es. Recopila toda esta información para tu misión general de reinventar tu ESFERA del empleo.

CÓMO DESTACAR POR ENCIMA DE OTROS CANDIDATOS

He entrevistado a cientos de personas para trabajar en los centros CAST y el primer criterio que tengo en cuenta es cuánto se han informado sobre nuestra empresa antes de presentarse a la entrevista. Si una persona no se ha preocupado de indagar sobre nosotros y nuestra filosofía, ¿cómo va a representarnos o saber si nuestra escala de valores coincide con la suya? Todavía no puedo entender cómo el ochenta por ciento de los candidatos no se preocupa de entrar en nuestra web y venir a la entrevista equipado con la comprensión de nuestros valores. Toma nota: la próxima vez que te presentes a una oferta de empleo, procura averiguar todo lo posible sobre la empresa en la que deseas trabajar.

---

* Young Men's Christian Associaton ('asociación de jóvenes cristianos').

¿Qué tipo de empleado eres?

Lo mejor que puedes hacer para asegurarte de que eres el tipo de empleado que se encuentra en el ámbito de influencia del jefe es ponerte en su lugar. Adelántate a sus necesidades para que todo vaya más fluido. Piensa en el propietario de la compañía y en sus principales objetivos y prioridades, así como en las formas en que tú puedes ser una pieza esencial para conseguirlos.

¡Hazte oír! Envíale tus ideas y reflexiones respecto a lo que creas que falta y que tú podrías aportar, o problemas que podrías ayudar a resolver.

Sé proactivo. No pongas la mano cada año esperando un aumento de sueldo solo por haber sido un empleado leal. Tu propuesta para un aumento de sueldo se ha de orientar hacia la compañía, no hacia ti. Si tu empresa realiza revisiones de rendimiento anuales de los trabajadores, concéntrate en lo que has hecho de más y que no se encontraba en la descripción de tus obligaciones y aporta ideas y soluciones nuevas en la reunión para aumentar los ingresos o la productividad. Ninguna idea es mala: aunque solo salga bien una de las cien que has aportado, esa puede ser crucial para la empresa y para tu futuro desarrollo profesional.

La productividad y la creatividad de mi equipo actual nunca dejan de sorprenderme. Pero también ha habido personas que trabajaron para mí en el pasado y que estuvieron más enfocadas en sí mismas que en lo que podían aportar a la empresa, a los clientes, a la marca y a la visión. Para ellas, su etapa en CAST fue un trabajo más, no se consideraron un miembro esencial del equipo.

Es un sencillo cambio de perspectiva, pero muy poderoso. Las personas «yo» no obtienen atención positiva, ascensos rápidos o grandes aumentos. Los supervisores y los propietarios sienten que han de recompensar a los empleados que tienen ideas nuevas y la actitud de resolver problemas y que saben trabajar en equipo. ¡Sé una de ellas!

Las grandes lecciones de mi propio camino en el mundo laboral

Al pensar en la evolución que ha experimentado mi vida profesional, me siento profundamente agradecido por todas mis experiencias laborales, que han sido de lo más diverso: buenas, malas y desagradables. He hecho de todo, desde camarero en un bar (sin ninguna experiencia, *eso* fue interesante) hasta barista* (otro tipo de curva de aprendizaje), camarero en un restaurante de cinco tenedores (donde rompí más botellas de vino que lo que ganaba en propinas) y árbitro de fútbol (sin conocer ninguna de las reglas de ese deporte). Incluso he hecho trabajos temporales por horas, sacando suelos antiguos, pintando paredes, etcétera. Los turnos nocturnos en los centros de rehabilitación, donde tenía que entrar a revisar las habitaciones de personas que habían sido condenadas por haber cometido algún delito y que estaban a la espera de sentencia, son uno de los recuerdos más destacados. Mi currículum es de lo más variopinto, por decir algo, y me atrevería a asegurar que tu experiencia laboral también lo es.

Como ya te he contado, a los veintidós años dejé mis adicciones y reinicié mi vida. Mi familia ya no me ayudaba económicamente; en *realidad* cerró el grifo. Había intentado regresar a Nueva York, al cabo de treinta días, pero no tenía medios. Habría sabido qué hacer de haber dispuesto de algún capital, pero estaba totalmente arruinado. Así que acepté lo que se suele llamar un «trabajo sobrio». Es decir, el tipo de trabajo que te hace poner los pies en la tierra. Reunía dinero de todas partes y contaba los céntimos para comprarme un bocadillo en la tienda de al lado de casa. Fue en ese trabajo donde aprendí a hacer lo correcto.

Hasta ese momento, me había guiado siempre por mis propias reglas, y estas, a decir verdad, denotaban inmadurez y falta

---

* Palabra de origen italiano que se refiere a la persona especializada en la elaboración de expresos y capuchinos.

de profesionalidad. Pero en mi primer trabajo como rehabilitado, realmente, intenté hacerlo lo mejor posible. Aprendí a fregar, a limpiar y a saludar a la gente, y me di cuenta de que las cafeterías ponen siempre la misma música. (También aprendí que cuando calientas la leche de soja en la cafetera exprés, emite un sonido que parece un grito. Hecho poco conocido). La cuestión es la siguiente: remontar no es fácil. No hay atajos.

Un día, trabajando en un centro de tratamiento, un mentor me dijo que cuando estás en el camino de la autoayuda, o «creces o lo dejas». O evolucionas en tu vida o te desconectas de ella. Y es algo que nadie puede elegir por nosotros. Hoy en día todavía estoy de acuerdo con ese concepto. Mantente siempre en «modo esponja». No importa de qué trabajo se trate, empápate de las lecciones y de la información que te aportan tus compañeros; así podrás seguir evolucionando hacia tu mejor versión.

Cuestionario sobre la ESFERA del empleo

Ha llegado el momento de hacer inventario de tu ESFERA del empleo. Espero que nuestras reflexiones conjuntas te hayan ayudado a adoptar una nueva perspectiva de las cosas. Ahora, te toca responder sinceramente a las siguientes preguntas.

PRIMERA PARTE: puntúa tu vida laboral en una escala del uno al diez. «Uno» significa que esta ESFERA no está en su mejor momento y necesita atención inmediata. «Diez» significa que estás bastante a gusto con tu situación y estatus actual, y que necesita poca o ninguna mejoría. Los aspectos de tu vida laboral o de tu educación que debes tener en cuenta para dar la puntuación son:

- ¿Qué grado de gratificación o gozo encuentras en tu trabajo o estudios?

- ¿Satisface bien tus necesidades económicas para tu estilo de vida?
- ¿Cómo son tus relaciones con tus compañeros?
- ¿Está equilibrado tu horario laboral respecto a otros aspectos de tu vida?

Puntuación de la vida laboral: a___ de_____ de_____(fecha)

SEGUNDA PARTE: ahora, enumera algunas conductas útiles en tu vida laboral y di por qué lo son.
Ejemplos:

- Me esfuerzo en hacer un buen trabajo, pero sin olvidarme de mi vida personal.
- Mi trabajo me recompensa.
- Incentivo a mis compañeros y eso me ha ayudado a crear relaciones positivas en mi trabajo.

Las conductas que funcionan en mi vida laboral son:

....¿Por qué? ....

....¿Por qué? ....

....¿Por qué? ....

TERCERA PARTE: ¿cuáles son algunas de las conductas que te impiden conseguir lo que deseas en tu vida laboral?
Ejemplos:

- Soy perezoso para realizar las tareas que me asignan y espero siempre hasta el último minuto para hacerlas.
- Soy un adicto al trabajo, trabajo hasta reventar y los aspectos de mi vida laboral y personal están totalmente descompensados.

- Tengo algunas relaciones tóxicas con mis compañeros debido a la competitividad o los celos.

Las conductas que no funcionan en mi vida laboral son:

_____ ¿Por qué? _____

_____ ¿Por qué? _____

_____ ¿Por qué? _____

CUARTA PARTE: basándote en todo lo que has escrito hasta ahora, me gustaría que pensaras qué puedes hacer para superar tu puntuación actual y lograr un diez en esta esfera.

Para hacerlo has de observar las conductas que debes *mantener,* porque funcionan; las que debes *abandonar,* porque te impiden conseguir tus objetivos, y las que debes *empezar* a realizar.

Para conseguir un diez en mi vida laboral:

Debo mantener: _____

Debo abandonar: _____

Debo empezar: _____

Ama tu vida

Creo que si estás conectado con tu autenticidad cuando trabajas, la vida te dará sorpresas que superarán tus mejores sueños. Habrá días difíciles, eso sucede en todas las profesiones, a todo el mundo y en todas las épocas. Pero no todos los días han de ser así. Si una vez te gustó tu trabajo, pero se ha convertido en algo muy corriente, recuerda qué es lo que te gustó al principio y vuelve a encender ese fuego en tu interior. En el puesto perfecto, tu trabajo te ha de dar energía y hacer que te sientas realizado y vital.

Haz que tu misión sea crear una carrera gratificante para ti, que refleje tu mejor versión. Esto puede suponer hacer pequeños ajustes o bien replantearte tu vida profesional por completo; sea como fuere, comprométete con tu camino y haz todo lo que esté en tu mano para *disfrutar* del trayecto. Opta por adoptar una actitud optimista todos los días y te empezarán a suceder cosas que estarán en línea con esa actitud.

Ya hemos recorrido mucho camino, pero ¡el viaje aún no ha terminado! De hecho, todo lo que hemos tratado, hasta el momento, nos ha conducido a la última de las siete ESFERAS, tu desarrollo espiritual. Como verás, detrás de nuestro trabajo, relaciones, educación e incluso salud física, se encuentra nuestra vida espiritual. ¿Quién eres en el plano espiritual? ¿Qué te aporta y de qué forma se manifiesta en tu vida, en general? Estas son las grandes preguntas que exploraremos juntos en el siguiente capítulo. ¡Lo estoy deseando y espero que tú también!

Las esferas:

El desarrollo espiritual

En este capítulo vamos a ahondar en tu vida espiritual. He colocado esta área al final de las siete ESFERAS intencionadamente, porque creo que es importante que primero entiendas claramente quién eres en todas las demás áreas antes de entrar en este ámbito. Creo que la vida espiritual es el puntal de todas las demás ESFERAS.

Definamos qué significa la espiritualidad dentro del contexto del trabajo que estamos realizando. El diccionario define *espiritualidad* como «la cualidad de preocuparse por el espíritu o alma humana, a diferencia de preocuparse por las cosas físicas o materiales». Creo que nuestra vida espiritual es la base de todos los aspectos de nuestra vida. En realidad, tu mejor versión es tu aspecto espiritual. Tu yo espiritual es ese lugar interior desde el cual irradia toda nuestra bondad y nuestra luz hacia fuera. Es donde se forman nuestra integridad, nuestros valores y nuestra manera de tratar a los demás.

Por lo que he podido observar, la gente suele descuidar su espiritualidad en el ajetreo de lo cotidiano; sin embargo, es a lo que recurre cuando la vida le da alguna sorpresa desagradable. La fe suele ser la tierra firme que busca cuando su universo se ve sacudido por alguna crisis, temor importante, remordimiento extremo o cualquier cosa fuera de lo normal. Deja que te diga que antes de que se produzca una implosión, es mejor mantener habitualmente la conexión con nuestra faceta espiritual. Esta es la razón.

Siempre nos han dicho que hemos de evitar hablar del tema de la religión en las fiestas, a menos que busquemos un acalorado enfrentamiento. Las creencias religiosas son muy fuertes y profundas. Existen miles de religiones diferentes en el mundo que creen que su fe es la auténtica, lo cual es coherente, porque si vas a confiar tu eternidad a algo o a alguien, es lógico que creas que es cierto y real. Voy a aclarar que no quiero entrar en ningún sistema de creencias en particular. Y para cumplir el propósito que pretendo en este capítulo, separaremos la espiritualidad de la religión.

Independientemente de la religión que profeses, tu camino espiritual es único, todos tenemos nuestra propia forma de conectar con nuestra espiritualidad. En mi caso, mi familia no era religiosa. Éramos una de esas familias que celebrábamos Hanukkah y Navidad, porque mi madre es luterana y mi padre judío. Mi forma de conectar con la espiritualidad en estos momentos es a través de prácticas como la meditación (que manifiesto de distintas maneras, según la circunstancia o el día), las autoafirmaciones y el ritual y el mantra de los que he hablado antes. Esto no lo aprendí durante mi educación, sino que lo he descubierto con el tiempo. Todas estas prácticas me ayudan a conectar con mi espiritualidad. Es una faceta de mi personalidad; en general, cuando estoy solo, siento que estoy conectado y en lo que respecta a mi espiritualidad, esto se manifiesta en mi preferencia por la práctica en solitario, en lugar de la práctica religiosa colectiva, como las que se llevan a cabo en las iglesias, sinagogas o mezquitas. Por supuesto, también entiendo que, para muchas personas, reunirse con gente que comparte sus creencias es muy valioso y he participado en servicios religiosos, tanto en iglesias como en la cena del *sabbat* y otras similares, pero para mis prácticas espirituales prefiero estar solo. Puede que esto cambie con el tiempo o que siga siendo así, ¡estoy abierto a todo! Creo que el filósofo Dallas Willard lo expresó perfectamente cuando dijo: «Las personas espirituales no son las que realizan ciertas prácticas de esa índole, sino aquellas cuyo pilar vital es una relación de diálogo con Dios». Aquí vamos a averiguar cómo es esa relación para ti y cómo puedes potenciar tu conexión con tu faceta espiritual.

Algunos están totalmente cerrados a cualquier credo o fe en Dios, poder o energía superior, porque en su infancia les inculcaron una religión y esa práctica no les aportó ningún consuelo o les resultó incómoda. Ahora, como adulto, aferrarte a esas ideas no te ayudará a sintonizar con tu mejor versión. Es bastante habitual que las personas respondan a esta situación cerrándose espiritualmente, pero todos somos seres espirituales e intentar ignorar ese hecho consume más energía que aceptar la espiritualidad de una manera que se adapte a nosotros. Quiero ayudarte a definir qué significa para ti la espiritualidad y a determinar por qué puede que tengas recelos.

La pregunta principal en la que nos centraremos es: ¿en qué medida tu mejor versión está activamente en sintonía con tu fe? Cuando hablo de fe, me refiero a creer en algo que no puedes demostrar y creo que también es una de las formas más poderosas de transformar tu vida. También creo que la fe sin la práctica no sirve para nada, que para mí significa que has de hacer algo para conectar con tu fe, interna y externamente, como dedicar parte de tu tiempo, talento o dinero a los demás.

Asimismo contemplo la fe desde la perspectiva de enviar una petición al universo de algo que deseas realmente y tener la convicción de que acabará manifestándose. Por ejemplo, hace unos siete años, me di cuenta de que me encantaba trabajar en las artes creativas. Vivo en Los Ángeles y allí hay muchas personas que intentan «triunfar». Puesto que yo también quería trabajar en el campo del arte, empecé a visualizar qué sentiría, qué personas interesantes

conocería y cómo podría ayudar a los demás a ampliar sus plataformas, para que pudieran enviar mensajes positivos y poderosos a sus
millones de seguidores. Al final, acabé atrayendo esas experiencias,
porque, en lo más profundo y auténtico de mi ser, estaba convencido de que ese era mi destino. Tenía fe en que sucedería.

Las investigaciones científicas confirman la idea de que el sentido de espiritualidad tiene efectos positivos en nuestra vida, especialmente en nuestra salud mental y física. Se ha demostrado que
las personas que tienen fe viven más tiempo y tienen menos riesgo
de padecer infarto de miocardio.[1] También se ha observado que
sufren menos ansiedad y estrés,[2] menos depresiones y más satisfacción,[3] menos dolor físico[4] y menos probabilidades de perder el
control bajo presión;[5] además, los niños que reciben una educación religiosa y la han practicado en su juventud tienen menor tendencia a hacerse adictos a las drogas y a tener relaciones sexuales
prematuras. En realidad, no hay duda alguna sobre el hecho de que
la fe puede mejorar nuestra vida y enriquecernos de formas muy
poderosas, muchas de las cuales superan nuestro entendimiento.[6]

A lo largo del día, la conexión espiritual no es constante, pues
siempre hay algo que nos recuerda que no podemos controlar lo
que nos sucede. Hay algo más grande y poderoso que nosotros que
lleva la batuta, y conectar con ello o desconectar está en nuestras
manos. Cuando nos desvinculamos, empezamos a perdernos, a dudar de todo, a atraer gente que no está en sintonía con su verdadera esencia, a creer cosas sobre nuestros hermanos y hermanas. En
este mundo hay más bueno que malo; o nos montamos en la ola
guerrera de la libertad y el amor o nos convertimos en nuestro peor
enemigo. No estamos hechos para vivir solos. Cuando sientes que
la música le habla a tu alma, cuando te sientes libre, cuando respiras y descubres tu verdad y tu claridad, cuando te sientes bien ayudando a los demás, estás teniendo una experiencia espiritual. Estoy
de acuerdo con el filósofo francés Pierre Teilhard de Chardin, que
resumió bellamente esta experiencia: «No somos seres humanos

teniendo una experiencia espiritual. Somos seres espirituales teniendo una experiencia humana».

Me gustaría compartir la historia de un cliente que redescubrió su faceta espiritual y volvió a conectar con ella, debido a una situación difícil que tuvo que afrontar en su vida. Al principio, puede parecer que su historia encajaría más en el capítulo del empleo, pero quiero demostrarte que tu espiritualidad puede tener un efecto positivo en todas tus ESFERAS. Gracias a que aprendió a confiar en su fe de otra manera, toda su vida cambió para mejor.

Henry Esposado y su despertar espiritual

Cuando Henry y yo empezamos este trabajo conjunto, él era ejecutivo de cuentas *junior* en una agencia de publicidad. Hacía cuatro años que trabajaba para esa empresa. Solía ser el primero en llegar y, casi siempre, el último en marcharse. Tenía ganas de aprender, le apasionaba lo que hacía y se había propuesto abrirse camino en una industria difícil. Pero también era muy humilde, a diferencia de algunos de sus compañeros más egocéntricos, no iba por ahí alardeando de sus logros. Nunca había sentido la necesidad de ser el centro de atención, se había educado en una gran familia y, como primogénito, se había responsabilizado mucho de cuidar a sus hermanos menores. Le encantaba esa faceta suya, su mejor versión era educadora y cuidadora por naturaleza. Disfrutaba con su papel de hacer que las cosas funcionaran en casa y complaciendo a sus padres. Era una persona a la que le gustaba satisfacer a los demás.

En su profesión, era muy apto para el trato directo con los clientes. Les hacía sentir que formaban parte del proceso de crear bonitas y convincentes campañas publicitarias que aumentaran el prestigio de su marca. Se sentían escuchados, su naturaleza lo ayudaba a ganarse rápidamente su confianza y todos hablaban muy bien de él. Tenía un don.

Henry también era diácono en la iglesia a la que iba con su familia. El primer día en que nos conocimos, me dijo que rezaba todos los días y que se consideraba un hombre de fe. Todos participaban activamente en la iglesia y destacaban por ser una familia generosa y encantadora, que haría cualquier cosa por los necesitados.

Donald, el dueño de la agencia de publicidad para la que trabajaba, había traspasado recientemente una gran parte del negocio a su hijastro Ronnie, porque quería estar más libre para dedicarse a un proyecto nuevo. Como Donald sabía que Henry era muy bueno con los clientes, le asignó un cargo más importante. Henry estaba eufórico. De la noche a la mañana, se había convertido en uno de los ejecutivos más jóvenes de ese campo, con su designación y grado de responsabilidad. Sintió que tenía que darlo todo, porque esa oportunidad puede que no volviera a presentarse.

El problema era que Ronnie no sabía nada de publicidad y vio en él una amenaza. Quería tener todo el poder. Utilizó la empresa para costearse sus extravagantes vacaciones y arruinó las relaciones comerciales con los clientes subiendo los precios. En varias ocasiones, los empleados incluso fueron testigos de los violentos estallidos de rabia de Ronnie: lanzaba objetos contra la pared de su despacho, tiraba el teléfono al suelo, bebía y mandaba mensajes eróticos a chicas... Ese joven había perdido el norte.

En medio de todo aquello, la agencia empezó a adquirir mala reputación y uno de los principales clientes de Henry, una cuenta importantísima, que les había sido fiel durante décadas, dejó de trabajar con ellos y se pasó a otra agencia de publicidad, un gigante del ramo. Henry estaba destrozado. Lo que no sabía era que alguien importante de dicha compañía, la que había sido cliente de Henry, habló de él a los nuevos ejecutivos de publicidad y les pidió que intentaran captarlo en su empresa para que los ayudara a manejar las cuentas. Eso implicaría un salto gigante para Henry, que supondría trabajar para una compañía de la lista Fortune 500, con el sueldo de un ejecutivo de esa categoría, más el margen de beneficios, pero él no tenía ni la menor idea de que estaba sucediendo todo eso y no vio sus llamadas.

Cuando Donald, el propietario de la agencia de publicidad, se enteró de lo que había ocurrido y se puso a indagar entre sus empleados para averiguar por qué habían perdido a su cliente principal, se creyó las acusaciones de Ronnie de que Henry se había dormido en los laureles y que había reducido su productividad. Esto hizo que Donald creyera que la causa de la pérdida del cliente había sido Henry; por si fuera poco, hasta se inventó la ridícula acusación de que mantenía un romance con la esposa de un cliente. A consecuencia de ello, el propietario le exigió a Henry que resolviera la situación, que recuperara los clientes que había perdido y que hiciera todo lo posible para devolverle a la empresa su condición anterior: básicamente, hacer que Ronnie pareciera bueno.

Henry estaba tan aterrorizado de no volver a tener un trabajo como ese que aceptó todas las culpas, dejó que pasara todo y prometió trabajar todavía más para atraer a buenos clientes nuevos. Pero su cuerpo empezó a rebelarse. Comenzó a sufrir debilitantes ataques de pánico y siempre estaba enfermo. Incluso se le empezó a caer el pelo por el estrés.

—No sé qué voy a hacer para mejorar esta situación —me dijo—. Hago todo lo que puedo, pero con Ronnie cualquier cosa supone una ardua batalla.

—Me has dicho que eres un hombre de fe, que vas a la iglesia. ¿Has rezado para resolver esta situación? —le pregunté ese primer día.

—Casi sin parar. Siento que estoy rezando continuamente, pidiéndole a Dios que me ayude.

—Sin embargo, me parece que no tienes demasiada fe en que se va a solucionar el problema.

Este comentario fue como si le hubiera lanzado un dardo. No se esperaba oír eso.

—¿Qué quieres decir?

—Bueno, pues parece que estás dejando que las personas y la situación en la empresa te manipulen y se aprovechen de ti. Parece que crees que la vida te está sucediendo, no que tú haces que suceda.

—¿Qué alternativa tengo? No quiero perder lo que he conseguido. Me han conferido este maravilloso cargo y la oportunidad de casi dirigir la empresa. No puedo echarlo todo a perder.

—¿Tienes miedo?

—Estoy aterrorizado.

A continuación, hicimos juntos el ejercicio de tu peor versión y creó el personaje de Henry Esposado. Metafóricamente, se había esposado con este trabajo y había permitido que los poderosos lo trataran a su antojo. Era el único de sus compañeros que tenía semejante cargo y sentía un miedo atroz a no estar a la altura y a que no se le volviera a presentar otra oportunidad como esa. Puesto que estaba tan atrincherado en su peor versión, se había autoconvencido de que, de algún modo, se merecía ese maltrato y que destruyeran su personalidad.

—Si fuera otra persona la que estuviera ahora en tu lugar, ¿qué le dirías respecto a ese miedo?

Se quedó pensativo.

—Que tuviera fe.

—¿A qué te refieres con eso?

—Que se alejara, que corriera el riesgo, que no pretendiera controlarlo todo y que no aceptara circunstancias humillantes. Dios quiere más de él. —Hizo una pausa—. Y lo que Dios ha hecho una vez puede volver a hacerlo.

—¿Podrías aplicarte algo de lo que has dicho?

—Por supuesto.

Empezó a moverse en su silla, irguió la espalda; fue como si el brillo volviera a sus ojos.

—Me siento como un niño que está luchando contra su viejo y desgastado triciclo. Tiene que haber algo más para mí.

Henry Esposado era el que había estado controlando la situación, porque el miedo se había adueñado de él. Pero cuando se sacó las esposas y empezó a creer, a creer *realmente* en la fuerza de su espíritu, en que había algo mejor para él que esa pequeña agencia de publicidad, empezaron a sucederle cosas interesantes. A los dos días, me llamó y me dijo que había visto un correo electrónico que, por alguna razón, había llegado a la carpeta de *spam*; era del gigante de la publicidad que he mencionado antes. Querían conocerlo. Según parece, también había tenido dos llamadas perdidas de ellos, pero había estado tan concentrado en intentar resolver y controlar los problemas con Ronnie que no se había dado cuenta de que tenía mensajes de voz en los que le pedían que se presentara en sus oficinas para una entrevista.

Ahora, daremos un salto hacia delante, para situarnos tres años después. Evidentemente, dejó la empresa y trabajó para la gran compañía, pero luego se diversificó y creó su propia organización no lucrativa, que está en plena expansión. Siempre que hablamos de esa etapa de su vida, me dice: «Nunca más volveré a aceptar ser Henry Esposado. ¡Jamás! A partir de ahora, soy y seré Henry Libre».

Cuando conectamos o reconectamos con nuestro yo espiritual y confiamos en nuestra fe, *pueden* sucedernos cosas sorprendentes. Henry Esposado estaba impidiendo que llegaran cosas buenas. Intentaba controlarlo todo, pero lo hacía con las manos atadas a la espalda. Nunca hubiera llegado a ninguna parte. Cuando se liberó de las esposas, recobró su fe y abandonó su necesidad de controlarlo todo, las cosas empezaron a suceder *para* él, no a *sucederle*.

Ser espiritual significa que crees que te mereces sentirte realizado, que te traten bien y tener una actitud de prosperidad, no de escasez. Dios (el poder superior, el espíritu, el universo, la vida o cualquier otro término que prefieras emplear para sentirte seguro y conectado) quiere algo mejor para ti y lo único que has de hacer es aceptarlo y recibirlo en tu corazón. Henry se había creado una historia falsa, creía que si contradecía a sus jefes abusadores perdería la única oportunidad que tendría en su vida de dirigir una empresa. En aquel entonces era tan miope, tenía tanto miedo y tantas dudas que estaba dispuesto a sacrificar su propio bienestar con tal de aferrarse a su falsa seguridad.

Esto es un tema recurrente en la historia de la humanidad, nos encerramos en casillas invisibles y nos negamos a ver el gran mundo de posibilidades que tenemos a nuestro alrededor. Rumi, un erudito del islamismo del siglo XIII, escribió: «¿Por qué permaneces en la cárcel si la puerta está abierta?». ¿Te has sentido así alguna vez en tu vida? ¿Como si estuvieras preso, engrilletado, sin poder moverte? ¿Como si hubieras perdido todo el control y estuvieras a merced de otros? Probablemente, de lo que no seas consciente en esos momentos es de que la puerta está abierta de par en par, solo tienes que tomar la decisión de cruzarla.

Es importante que en esos momentos nos preguntemos qué haría nuestra mejor versión. Ella siempre está pendiente de ti y puede ayudarte a liberarte de las esposas, que tú mismo te has puesto. Pero puede que no sea fácil. Lo sé. El monje budista y activista por la paz Thich Nhat Hanh dijo: «A las personas les cuesta soltar su sufrimiento. Por temor a lo desconocido, prefieren soportar el sufrimiento que les es familiar». Creo que eso va a la raíz del asunto. Nos aterra elegir algo diferente de nuestra realidad actual, porque nos preocupa que pueda ser peor. Esa es la razón por la que quiero ayudarte a crear una vida espiritual, de una manera que pueda acabar con tus miedos, y a encontrar fuerza y valor para afrontar lo desconocido. Lo más sorprendente respecto a lo desconocido es que suele ser mucho mejor de lo que imaginábamos.

Cultiva tu espiritualidad

Aunque tu fe y tu sistema de creencias específicos, si es que los tienes, puedan influir en tu espiritualidad, quisiera ayudarte a conectar con ella en un plano que trascienda los distintivos de las religiones. Es decir, me gustaría que fueras eliminando las capas de aquello en lo que creas, hasta llegar a tu eje espiritual.

A continuación tienes algunas técnicas para conectar o reconectar con tu espiritualidad de manera significativa.

1. Crea una intención en torno a tu espiritualidad

Inicia este proceso decidiendo qué es lo que quieres conseguir en tu vida espiritual. Esto es diferente para cada persona, pero aquí tienes algunos ejemplos: dedicar más tiempo a la oración; empezar a ir a los servicios religiosos, que anteriormente te ayudaban, pero a los que dejaste de asistir porque estabas muy ocupado; meditar cada día; encontrar una práctica espiritual que puedas compartir con algún ser querido, etcétera. Si tienes una intención firme, tendrás más probabilidades de éxito.

2. Aviva las llamas de tu espíritu

Hoy en día, tenemos a nuestro alcance mucho material maravilloso que puede inspirarte a nivel espiritual. Ya sea a través de citas profundas de gente a la que admiras; de leer la Biblia u otros libros inspiradores escritos por personas que han experimentado milagros o un despertar espiritual; o de escuchar audiolibros de pensadores o de maestros espirituales; no importa el formato, encuentra algo con lo que te sientas cómodo y alimenta tu espíritu con ese tipo de contenido. Pasamos mucho tiempo distrayéndonos con las redes sociales y entretenimientos que no nos aportan un sentido más profundo; esfuérzate por hallar contenidos que te eleven.

3. Busca el silencio

En la actualidad, la vida es ruidosa. Hemos hablado mucho de bajar el volumen de ese ruido y en lo que respecta a conectar con nuestra espiritualidad, es esencial que encuentres un lugar tranquilo en tu interior para sencillamente *ser*. No me estoy refiriendo al ruido real que escuchas con tus oídos; de hecho, una forma de conectar con tu voz interior puede ser poner música *rock* en tu sala de estar a volumen alto y empezar a bailar. Me estoy refiriendo al silencio interior, a desconectar de todas las voces e influencias externas. Suelen ser momentos en los que aparece en nuestro plano consciente una respuesta que hacía tiempo que andábamos buscando, en los que tenemos una clara intuición o cambiamos nuestra visión sobre algo. Una de las formas en que puedes conectar con ese lugar de silencio en tu mente es sentarte y repetir algo que te aporte una vibración buena y positiva. Por ejemplo, habrás visto en alguna película o en la televisión personas que repiten «ooommm» varias veces, o algún otro tipo de cántico, concentrándose solo en la vibración del sonido, cuando pronuncian esa sílaba; así dejan ir todos sus pensamientos y se van tranquilizando hasta alcanzar el silencio. Rezar también te puede ayudar a silenciar la fluencia constante de pensamientos que hay en tu mente. O si tienes una foto o una obra de arte que te aporte paz al mirarla, busca el momento para contemplarla. Dale prioridad a dedicarte este tipo de tiempo de «silencio», al menos una vez a la semana.

4. Estate atento a las señales

Ten siempre tus ojos espirituales y físicos abiertos para ser consciente de las señales que te envía la vida. Por ejemplo, una amiga estaba de duelo por la muerte de su perro y rezaba mucho para encontrar consuelo. Una tarde, vio un arcoíris en su salón, justo en el lugar donde su perro solía tumbarse al sol por las tardes. Para ella fue una señal de que el alma de su mascota seguía presente, y gracias a esa revelación pudo elegir estar en paz. Otra forma bastante común de señal espiritual es la sincronicidad. Es cuando escuchas la misma frase una y otra vez o ves un mismo número en distintos lugares; puede ser un simple recordatorio de que hay algo más grande que tú, que la humanidad, de que la vida es algo más que las actividades diarias y de que todos formamos parte de un universo que no alcanzamos a comprender. Conozco a alguien que tuvo una experiencia espiritual profunda viendo *El rey león*. Una escena de la película le dio alas a su espíritu para volar y, de pronto, supo lo que tenía que hacer con su hijo en la situación en la que se encontraba en aquellos momentos. Cualquier cosa, desde una canción en la radio hasta las palabras de un desconocido o un hermoso paisaje natural, puede ser una señal, si te conmueve y tu corazón está abierto para recibirla.

Debes tener presente que hay oportunidades en todas partes. Ábrete a los regalos que quiere darte el universo, para no pasar de largo cuando aparezcan. Si alguien te invita a tomar un café en la cola de Starbucks, acéptalo. Según el autor cristiano Rob Bell: «Esta respiración, este momento y esta vida son un regalo y estamos juntos en esto. Todos tenemos innumerables opciones cada día para cerrarnos o ponernos en pie con los brazos abiertos, respirar profundo y decir sí al regalo». La decisión de estar abierto a recibir los regalos de la vida ha sido una de las más importantes que he tomado. Si hubiera intentado mantener el control de todas mis facetas o hacer planes detallados y ceñirme a ellos a toda costa, habría perdido el barco... el gran momento. Jamás hubiera podido predecir la trayectoria por la que me ha llevado la vida y estoy muy agradecido por haber sido capaz de dejarme llevar y estar abierto a cualquier cosa que suceda en mi camino. Me había prometido a mí mismo que no iba a participar en ningún programa televisivo, pero cuando Doctor Phil me pidió que apareciera en algunos episodios, ¡le dije que sí! Acepté, porque pensé que podría haber alguna razón superior que yo no era capaz de ver. Ahora, que he aparecido muchas veces en dicho programa, me he dado cuenta de que así era.

Hay señales por todas partes y, si estás abierto, empezarás a verlas en los lugares más insospechados.

5. Reconoce

A medida que vayas sintiendo una mayor conexión con tu faceta espiritual, si te sucede algo positivo o le sucede a alguien allegado a ti, relaciónalo con el trabajo que has estado realizando. No lo achaques a la suerte o a la coincidencia. Procura darte cuenta de que tu desarrollo espiritual te ayudará a sentirte más realizado, de maneras asombrosas y, a menudo, misteriosas. Dedica unos momentos a reconocer esa conexión, para seguir avanzando por este increíble camino. Incluso los menores cambios, mejoras y momentos de alegría o de paz aparentemente insignificantes forman parte del camino espiritual.

6. Comparte con los demás

Habla con otras personas sobre tu camino espiritual y pregúntales por el suyo. Esto enriquecerá tu experiencia e inspirará a otros. Ten en cuenta que no todo el mundo está abierto a este tipo de conversación, así que si alguien no responde positivamente, no te lo tomes como algo personal. Será que no está en su momento para compartir este tipo de cosas; su camino es tan único como el tuyo. Enciende tu luz espiritual para iluminar el mundo que te rodea y este reflejará esa luz en tu propia vida.

7. Procura divertirte siempre

La risa es la manifestación externa de la felicidad interior. Te animo a que seas juguetón en tu búsqueda de tu yo espiritual. Diviértete buscando. Ríete hasta en los momentos difíciles. Deja que la alegría emerja del fondo de tu espíritu. También en los días más complicados podemos optar por la risa, buscar algo que nos haga felices y que queramos compartir o cabalgar sobre la ola de satisfacción para superar nuestras dificultades.

8. Compénsalo más adelante

En la mayoría de las religiones existe la creencia básica de que cuando uno da generosamente, recibe del mismo modo. La Biblia dice: «No os engañéis, de Dios nadie se burla. Pues todo lo que el hombre siembre es lo que cosechará. Porque el que siembra para su propia carne, la carne cosechará destrucción, pero el que siembra para el Espíritu cosechará vida eterna». Es el mismo concepto básico del karma. Si tratas a la gente con crueldad, hiriéndola y con espíritu de venganza, de manera que solo complace a tu ego, por más que reces o por mucho que vayas a servicios religiosos, no recibirás la recompensa. Con lo de recompensa, simplemente, me refiero a que no podrás vivir de acuerdo con tu mejor versión. Tratar mal a los demás es como ponerte una piedra gigante en tu propio camino.

Conecta con tu generosidad y descubre las formas de compartir la bondad con quienes están cerca de ti. Si ves a alguien que está teniendo un día difícil, échale una mano. Descubre formas nuevas de ayudar a las personas necesitadas de tu comunidad. Pregunta a tus amigos y a tu familia qué puedes hacer por ellos. Interactúa en el mundo con generosidad. Eso no significa que tengas que dar económicamente; existen muchas otras formas de entregar algo de ti. Puedes compartir tus aptitudes. Puedes compartir tu tiempo. Incluso, si esperas obtener algo de hacer de voluntario o algún acto benéfico, pronto te darás cuenta de que el mayor regalo está en el propio acto de dar.

Ritual espiritual para la mañana

Si tuvieras unos minutos de más cada mañana, ¿qué te gustaría incluir como parte de tu rutina matinal para conectar con tu mejor versión? ¿Quizás dedicar un tiempo a leer citas inspiradoras? ¿Quizás levantarte temprano para ver el amanecer? ¿Dedicarías ese tiempo a rezar? Una oración que ha sido esencial para mí y que me ha ayudado a darle la bienvenida a cada nuevo día desde mi mejor versión es la del tercer paso de Alcohólicos Anónimos:

Dios, me ofrezco a Ti para que obres en mí
y hagas conmigo Tu voluntad.
Líbrame de mi propio encadenamiento,
para que pueda cumplir mejor con Tu voluntad.
Líbrame de mis dificultades,
y que la victoria sobre ellas sea el testimonio,
para aquellos a quien yo ayude, de Tu poder,
Tu amor y la manera en que Tú quieres que vivamos.
Que siempre haga tu voluntad.

Esta oración es para que aprendamos a salir de nosotros mismos y permitamos la acción de un poder superior, del universo o como queramos llamarlo. Ese poder llega adonde nosotros no llegamos. Esa creencia me aporta un gran consuelo. La actitud contraria es cargártelo todo sobre tus hombros, intentar manejar las dificultades tú solo y ser esclavo de ti mismo. Eso es como predisponernos al fracaso. Darnos cuenta de que no tenemos todas las respuestas no significa admitir una derrota; de hecho, sería como proclamar una victoria. Confiar en el universo, en un ser espiritual o como quieras llamarlo, que no puedes ver ni entender, no es fácil. Pero esa entrega es lo que nos aporta la paz y la libertad. Y como ya habrás visto que he dicho muchas veces, el universo trabaja a nuestro favor y no necesitamos jugar a ser Dios.

Define tu vida espiritual

Ahora que ya hemos digerido algunas ideas sobre la espiritualidad en general, hagamos una pausa para reflexionar sobre el estado actual de la tuya en particular. Esto te ayudará a definir dónde te encuentras y a determinar si te gustaría cambiar algunas cosas.

- ¿Cómo sería para ti una espiritualidad sana?
- ¿Tienes motivos para pensar que la vida obra a tu favor?

  » Si es que sí, ¿por qué? ¿Cuándo empezaste a creer esto?
  » Si es que no, ¿por qué? ¿Cuándo te sentiste así por primera vez?

- ¿Hay aspectos de tu espiritualidad que te llenan y que preferirías que prevalecieran en tu vida cotidiana? Si es así, ¿cuáles son?

- ¿Quiénes son tus mentores espirituales y tus personas de confianza en el mundo espiritual?
- ¿Crees que tu educación influye en tu forma de percibir tu desarrollo espiritual?

  » ¿Con qué elementos te quedas?
  » ¿Cuáles rechazas?
  » Si crees que te faltó algo en tu vida espiritual cuando eras pequeño, ¿qué puedes hacer para introducirlo ahora, si lo deseas?

- ¿Cuáles son los principios de tu mejor versión para una vida espiritual? Los míos son la paciencia, comprender a los demás, no preocuparme, estar inspirado, sentirme inteligente y creativo, y creer que las posibilidades que me aporta la vida son infinitas.

¿Cuál es la declaración de la misión espiritual de tu mejor versión?

Una forma de mantener una fuerte conexión con tu espiritualidad y la fe o sistema de creencias que la sustentan es crear tu declaración de tu misión espiritual. Para ello, revisa los principios que has escrito en el último ejercicio y transfórmalos en una declaración orientada a la acción. Por ejemplo, la mía es:

Declaración de la misión espiritual de la mejor versión de Mike

Soy una persona generosa, paciente, comprensiva, inteligente y sin preocupaciones y todos los días afronto la vida con la convicción fundamental de que todo es posible. *Estoy abierto a los regalos que me da el universo, a través de la humildad. Encuentro intencionadamente la inspiración en lugares inesperados, mi creatividad es única, y mi propósito y mi pasión es ayudar a los demás a encontrar la libertad para que puedan ser su mejor versión.*

Esta es la mía, pero la tuya será diferente, por supuesto. Puede ser lo corta o larga que desees y es posible que cambie con el tiempo, así que debes revisar tu declaración a menudo y ver si necesita algún cambio. Un retoque estético, por así decirlo.

Escríbela y ponla en la puerta de la nevera, píntala en un lienzo y cuélgala de la pared, bórdala en un cojín. Ponla a la vista como te plazca, para que te sirva de recordatorio de tu misión. Incluso en un pósit en la pantalla del ordenador o del retrovisor del coche, ¡todo funciona!

El inventario de tu desarrollo espiritual

Ha llegado el momento de determinar qué es lo que deseas conseguir en el área de tu desarrollo espiritual. Estas preguntas te ayudarán.

PRIMERA PARTE: puntúa tu vida espiritual en una escala del uno al diez. «Uno» significa que reconoces que está en apuros y necesita tu atención. «Diez» significa que consideras que funciona bien y que necesita poca o ninguna mejoría. Los aspectos de tu vida espiritual que debes tener en cuenta para dar la puntuación son:

- ¿Cuál es tu grado de desarrollo espiritual?
- ¿Cómo utilizas tu espiritualidad para fomentar o apoyar la búsqueda de tu mejor versión?
- ¿Te resulta gratificante tu espiritualidad?

Puntuación de la vida espiritual: a____ de_____ de_____(fecha)

SEGUNDA PARTE: ahora, enumera algunas conductas útiles en tu vida espiritual y di por qué lo son.
Ejemplos:

- Medito regularmente y esta práctica me ayuda a estar conectado con mi verdadero yo.
- Practico la religión o la espiritualidad que, para mí, supone una fuente de realización personal.

Las conductas que funcionan en mi vida espiritual son:

....¿Por qué? ....

....¿Por qué? ....

....¿Por qué? ....

TERCERA PARTE: ¿cuáles son algunas de las conductas que no te ayudan en tu vida espiritual? ¿Por qué?
Ejemplos:

- Pertenezco a una religión que no practico, porque no me identifico con nada de lo que predica ni me llena en ningún aspecto.
- Estoy demasiado furioso por mis heridas del pasado como para involucrarme con ninguna religión.

Las conductas que no funcionan en mi vida espiritual son:

....¿Por qué? ....

....¿Por qué? ....

....¿Por qué? ....

CUARTA PARTE: basándote en todo lo que has escrito hasta ahora, me gustaría que pensaras qué puedes hacer para superar tu puntuación actual y lograr un diez en esta esfera.

Para hacerlo has de observar las conductas que debes *mantener*, porque funcionan; las que debes *abandonar*, porque te impiden conseguir tus objetivos, y las que debes *empezar* a realizar.

Para conseguir un diez en mi vida espiritual:

Debo mantener: ....
Debo abandonar: ....
Debo empezar: ....

Avanzar sin miedo

«Del mismo modo que una vela no puede arder sin fuego, los seres humanos no pueden vivir sin espiritualidad». Estas palabras las dijo Buda y estoy totalmente de acuerdo con ellas. Tengo la convicción de que no puedes ser tu mejor versión sin una vida espiritual activa, tal como tú la entiendas. Puede ser practicando yoga, meditación, rezando, implicándote mucho en una iglesia o de muchas otras formas. En toda práctica espiritual encontramos la creencia y el fundamento subyacentes de que en esta existencia hay algo superior a nosotros y que algo bueno nos espera, y la fe en un bien y una belleza que no podemos ver.

¡Ya hemos visto las siete esferas! Felicidades. Ahora, vamos a utilizar todos los datos importantes que has recopilado sobre ti de todas las áreas que sabes que te gustaría modificar, cambiar o, incluso, alcanzar, y a crear un plan de acción. Los últimos capítulos de este libro están muy orientados a la acción y estoy deseando compartir estas herramientas contigo. He visto utilizarlas con éxito a muchos clientes y amigos, y lo mejor de todo es que cuando las apliques a tu vida, notarás los resultados positivos enseguida.

12

Reúne a tu mejor equipo

La gente que nos rodea tiene una tremenda influencia en nuestra vida y en todas sus ESFERAS. Cualquier persona que haya triunfado te dirá que no podría haberlo hecho sola. Walt Disney no creó su imperio solo. Steve Jobs no creó Apple sin ayuda. Martin Luther King no inició el movimiento por los derechos civiles solo, ni tú has forjado tu vida sin compañía. Aunque a veces nos pueda parecer que estamos solos en esto que llamamos vida, sencillamente no es así. De hecho, la riqueza, profundidad y complejidad de nuestro tiempo en la Tierra se define por cómo nos relacionamos con los demás y por los vínculos que creamos entre nosotros. Todos vamos en el mismo barco, tanto si queremos reconocerlo como si no, y creo que no solo podemos, sino que debemos hacer algo para ayudarnos mutuamente a vivir en el mundo de un modo más elevado, a intercambiar puntos de vista y enriquecernos con ello, y a estar abiertos a dar y a recibir los increíbles bienes que todos tenemos para compartir. Juntos podemos conseguir mucho más que solos.

Es indiscutible que podemos tener, y tenemos, muchas relaciones distintas con las personas que nos rodean, pero antes de seguir avanzando, quiero dejar claro un aspecto importante. No todos aquellos con los que te relacionas pueden estar en tu «equipo», al que también me referiré como tu círculo interno. Tu equipo ha de estar compuesto por personas que tú hayas elegido *intencionadamente*, porque te resulta más fácil ser tu mejor versión cuando estás con ellas, porque te inspiran y las inspiras, y porque vuestras relaciones son positivas. Trataremos con mayor profundidad el tema de cómo evaluar y seleccionar a tu propio equipo, pero no quiero que te parezca frío o indiferente o que estés seleccionando un equipo de baloncesto que ha de ganar los Mundiales a toda costa. No es la película *Moneyball: rompiendo las reglas*, se trata de tu vida. A diferencia de un equipo deportivo, tu equipo personal no es solo para ganar, sino para disfrutar juntos del viaje. Recuerda que el viaje es el destino, y tu equipo y tú deberíais disfrutar de cada una de sus etapas.

Este capítulo es muy importante. Todos mis clientes me han dicho que al analizar a su equipo, pudieron realizar cambios o incluir personas que han mejorado notablemente sus vidas. La idea es que crees un equipo a tu alrededor que te inspire y te motive a ser tu mejor versión. Normalmente, no nos tomamos nuestro tiempo para evaluar a quienes tenemos cerca y no pensamos demasiado sobre esta idea de nuestro «equipo» hasta que tenemos una crisis y hemos de recurrir a la fortaleza de los demás, para que nos ayuden a salir del bache. Una de las razones por las que tal vez no te hayas detenido a examinar a tu equipo, puede que sea porque no estás convencido de que realmente te mereces tener a tu lado a personas que te apoyen y que desempeñen papeles importantes en tu vida o porque crees que tu función principal es ayudar, apoyar y servir a los demás. A lo mejor te has convertido en una isla en ese sentido, flotando solo por ahí, desconectado. Si es este tu caso, te recuerdo que tu mejor versión cree que te mereces un equipo formidable y que también sabe que para entregarte plenamente a los demás, necesitas su fuerza, sus conocimientos y su ayuda. Tal vez tu equipo sea como una puerta giratoria: sus miembros entran por un lado y salen por el otro, cuando te decepcionan, te hacen daño o te ofenden de alguna manera. Eso puede ser un terreno resbaladizo y un patrón peligroso, como verás en este capítulo; recuerda que tener un equipo no es tener a alguien a quien echar la culpa de tus propios problemas; por el contrario, esos problemas deberás resolverlos en el ámbito de tus ESFERAS y a través de tu mejor versión.

Gracias al trabajo previo que hemos realizado en este libro, has utilizado el modelo de tu mejor versión y las siete ESFERAS para descubrir qué áreas de tu vida están en armonía y cuáles has descuidado o no funcionan correctamente. Aquí vamos a realizar una revisión exhaustiva de las personas que te rodean. Veremos con quién deberías relacionarte más o de quién te conviene alejarte o, simplemente, si has de cambiar algo la dinámica de la relación. Como todos sabemos, nadie es perfecto, y si no te has relacionado con todos los miembros de tu equipo desde tu mejor versión, primero probaremos a hacerlo, antes de decidir los pros y los contras de su presencia y tomar decisiones.

Tú eres el centro de tu existencia. A tu alrededor orbitan en esta armoniosa galaxia parejas, hijos, familia, buenos amigos, conocidos importantes, compañeros, etcétera. No importa cuál sea el tamaño de tu galaxia, pero lo ideal es que tengas personas que te apoyen en cada una de tus ESFERAS; esto podría suponer una nueva forma para ti de entender tus relaciones. Algunas de ellas pueden encajar en varias ESFERAS, mientras que otras solo en una, y esto es totalmente normal. He tenido clientes que contaban con equipos muy grandes y debido a ello sufrían mucho estrés. Tenían que recortar su galaxia. También he tenido clientes cuyas galaxias eran diminutas y descubrieron que necesitaban más apoyo. En este capítulo, intentaremos encontrar el equipo ideal que te aporte el mejor equilibrio.

Con el tiempo, aparecerán personas nuevas en nuestra órbita y otras desaparecerán de ella. Hay un millar de razones que justifican el ir y venir de la gente, desde cambios de región geográfica, profesionales o psicológicos hasta una revelación interior, el descubrimiento de una afición, una pérdida y muchas otras cosas. Probablemente, haya personas que hace mucho que las conoces, a las que solo ves de vez en cuando. Pero son amistades que, cuando las vuelves a ver, parece como si fuera ayer. Es posible que tengas amigos en el barrio con los que puedas contar para pedirles un favor y a los que llamarías a mitad de la noche si tuvieras una emergencia, porque sabes que se levantarían de la cama y saldrían a ayudarte. También están las personas a las que no conoces demasiado bien, y que dependes de ellas para servicios profesionales, como tu gestor, jardinero, peluquero, masajista, entrenador personal, nutricionista y otros. Luego, están las personas que cumplen un propósito distinto, como los amigos con los que juegas a algún deporte y que te ayudan a estar activo, los miembros del club de lectura, los que van a los mismos servicios religiosos, etc. La esencia es que todos tenemos nuestro equipo de personas único y hemos de saber si todas ellas nos están ayudando a sintonizar con nuestra mejor versión.

TÚ TAMBIÉN ERES UN MIEMBRO DE ALGÚN EQUIPO

Algo que debes tener presente es que tú eres un jugador importante en el equipo de alguna o algunas personas y que son afortunadas de poder contar contigo, porque estás intentando llegar a ser tu mejor versión. En mi opinión, alguien que está en este camino es una verdadera joya en la vida de cualquiera. Cuando analices a tu equipo, piensa en el papel que desempeñas en la vida de otras personas y cómo puedes continuar creciendo. Más adelante, en este mismo capítulo, veremos con detalle este concepto de reciprocidad, pero quería mencionarlo antes para que te fueras familiarizando con él.

Empecemos este proceso revisando tu equipo en lo que respecta a tus siete ESFERAS. Es muy probable que haya unas personas que se encuentren en varias categorías. Eso está bien, de lo que se trata ahora es de descubrir cómo funciona tu vida y qué es lo más apropiado para ti, así como lo que quizás no lo sea tanto en estos momentos.

Recuerdo que no hace mucho hablé con mi amiga Alexis sobre un problema que tenía con su peluquera. Puede que una peluquera o un barbero no sean las primeras personas en las que piensas cuando te pones a revisar tu equipo, pero para mi amiga su peluquera, Cindy, era mucho más que la persona que se encargaba de cortarle y teñirle bien el pelo. Cindy era su peluquera desde hacía veinte años y en todo ese tiempo su relación había trascendido lo profesional y se habían hecho amigas. Las dos estaban divorciadas y se ayudaban mutuamente de muchas formas distintas, desde cuidarse los perros cuando alguna se iba de viaje hasta aconsejarse en sus relaciones amorosas y consolarse mutuamente cuando las cosas se ponían difíciles. Pero Alexis notó que Cindy se estaba volviendo muy descuidada cuando le arreglaba el pelo, y a pesar de que le pedía que se lo tiñera de otro color o que le hiciera otro tipo de corte, no cumplía sus expectativas. Hablaba tanto sobre su vida mientras trabajaba que Alexis salía de la peluquería con mechas de extraños colores y con puntas desiguales en el flequillo. Al final se hartó y decidió que tenía que buscar otra peluquera. Pero también sabía que eso sería como clavarle a Cindy una estaca en el corazón. Tampoco quería ir a escondidas a otro sitio y «engañarla», así que decidió plantarle cara al asunto y la invitó a cenar a un restaurante. Se rieron y hablaron, como de costumbre, y de pronto Alexis le dijo:

—Cindy, te quiero como a una hermana y deseo que siempre sigamos siendo amigas. Pero la verdad es que hace tiempo que ya no me gusta como me arreglas el pelo. Quiero ir a otra peluquería. Lo siento mucho. Espero que me comprendas.

Cindy dejó la bebida sobre la mesa y empezó a ponerse nerviosa, bajó la mirada. Encorvó un poco los hombros. Y Alexis prosiguió:

—Sé que eres una artista de la peluquería, eres muy buena. Pero creo que nuestra amistad ha interferido un poco en tu habilidad para peinarme. Valoro mucho nuestra amistad ¡y quiero que sigamos siendo amigas!

Cindy se disgustó, desde luego, pero también le conmovió lo que le dijo su amiga y, al final, respondió:

—Gracias por ser sincera conmigo. No me puedo imaginar dejar de verte por la peluquería, pero siempre que me prometas que seguiremos viéndonos regularmente me parece bien, a pesar de que no sea allí. ¡Aunque estoy segura de que nadie sabrá qué hacer, mejor que yo, con esa fregona rizada que tienes en la cabeza! ¡Seguro que no tardarás en volver!

Se rieron y se abrazaron. Alexis supo sustituir la función que desempeñaba Cindy en su equipo. (Y cada vez que veía a su amiga, se despeinaba un poco para que esta no se sintiera mal).

A continuación tienes algunas formas más de contemplar los grupos de personas de tus diversas ESFERAS:

- **Social:** desde las amistades que te acompañan a actos sociales donde podéis relacionaros con otras personas hasta tus mejores amigos o amigas que son tus confidentes. Son aquellos con quienes sales para divertirte (cine, deportes, cenas, copas...) o a los que invitas a una velada tranquila para compartir una afición.
- **Personal:** los miembros de tu equipo en esta ESFERA son los que te ayudan a sentirte bien internamente y que hacen que se note. Estas personas pueden ayudarte a tener buen aspecto, como tu peluquera o manicura. Pero en este grupo también se encuentran las personas con las que puedes tener conversaciones íntimas, como un terapeuta, un mentor o un consejero.

- **Salud:** puede tratarse de un médico de medicina general o de un especialista. Podría ser un especialista en medicina preventiva, nutrición, masajista, medicina holística, etc. Este miembro del equipo puede ser cualquier persona cuyos consejos sobre salud física te merecen confianza. Aquí puedes incluir tu entrenador personal o compañeros del gimnasio.
- **Educación:** en esta categoría has de incluir profesores, maestros, mentores, figuras públicas y cualquiera que te aporte información nueva que te interese o despierte tu deseo de aprender. Puede ser el presentador de un *podcast* que escuchas diariamente para aprender o tu orador motivacional favorito. Siempre estamos aprendiendo, y espero que haya personas en tu vida que estimulen tu afán de saber.
- **Relaciones:** se refiere a nuestros seres queridos en el sentido tradicional, familiares, parejas sentimentales, padres, hermanos, cuñados, tu cónyuge, la persona con la que estás saliendo. Recuerda que algunos de los que integran esta categoría puede que no sean dignos de tu confianza, o quizás has roto tu relación con ellos, pero están en tu círculo por compromisos familiares.
- **Empleo:** son las personas con las que trabajas, entre las que se encuentran tu jefe y tus subordinados. En esta categoría también se incluyen las que te aconsejan sobre temas económicos.
- **Vida espiritual:** un miembro del equipo espiritual puede ser alguien que esté dentro de una organización religiosa a la cual perteneces. Pero también cualquiera que te ayude a conectar con tu propia espiritualidad o que te guíe para que alcances más armonía en esa faceta.

Una de las razones para examinar tan detenidamente a tu equipo es que estas personas pueden convertirse en tus compañeras de responsabilidad. He oído infinidad de veces: «No tengo tiempo para hacer lo que me gusta». Pero si tu «tripulación» está atenta, puede ayudarte a que dejes de ser un obstáculo para ti mismo y logres *cualquier* cosa que desees. No estás solo en esto.

Otra razón para revisar tu equipo es que es esencial que estés preparado por si se presenta una crisis en tu vida. Por ejemplo, en California todos tenemos kits de emergencia para terremotos. En estos kits hay todo lo necesario, en caso de que no podamos conseguir agua potable y comida o estemos heridos. El kit incluye una muda de ropa, botiquín, agua envasada, etcétera. Considera a tu equipo como un kit de emergencia (¡aunque las personas de tu círculo tienen un papel mucho más importante!). Sus miembros están ahí para cuando necesites ayuda rápida, para que la crisis te parezca una pausa momentánea, no el fin del mundo. Las crisis pueden presentarse de mil maneras distintas y con diversos niveles de gravedad; por consiguiente, cuanto mejor sea tu equipo, mejor equipado estarás para afrontar todo lo que te suceda.

Ya te he dicho que he guiado a cientos de personas a revisar sus equipos en el ámbito de las siete ESFERAS y en todos los casos, se dan cuenta de que han de hacer algunas correcciones o incorporaciones. Esto no es una tarea mecánica; al fin y al cabo, son personas allegadas y queridas, que quizás conoces desde hace décadas. Si alguna de tus relaciones te parece complicada o problemática, en algún aspecto, te aconsejo que vuelvas a leer el capítulo de las relaciones y revises tu lista de valores. Puede que existan algunas diferencias fundamentales entre tus valores y los de esa persona, así que es un punto de partida importante. He dedicado mucho tiempo a analizar cuidadosamente mis relaciones para asegurarme de que mi equipo evoluciona a la par que yo. En cada una de las siete ESFERAS, tengo expertos y confidentes, a los cuales considero socios ideológicos. Voy a enseñarte mi proceso para identificar, analizar, evaluar y filtrar a los miembros de tu equipo de apoyo, que han de ayudarte en tu búsqueda de tu mejor versión.

Contemplo a tu equipo como si fuera un organismo vivo y que respira. No existe solo para ayudarte en tu camino, sino que te exige una actuación recíproca. Como sucede con todo en esta vida, cuanto más das, más recibes. Así que en este capítulo te recordaré que revises tu equipo bajo la perspectiva de la reciprocidad. El objetivo es evaluar y diseñar tu equipo de tal manera que os reforcéis *mutuamente* en tu búsqueda de la mejor versión.

Puede que algunos de tus socios sean expertos en los que confías para recibir alguna información exacta o estrategia. Otros tal vez solo sean expertos en ti y en lo que se esconde detrás de tu forma de actuar o reaccionar, porque te conocen desde hace mucho tiempo o simplemente porque te han sabido entender. Todos son valiosos y merecen tu aprecio y gratitud.

Asimismo, es importante reconocer y aceptar que puede que haya personas, a las que has permitido entrar en tu círculo interno, que no reúnen dichos criterios. Quizás tengas algunas relaciones tóxicas o, por lo menos, desequilibradas. Descubrir cuáles son esas relaciones es parte de lo que pretendemos a través de este proceso. Si hay alguien de tu órbita que suele llevarte por mal camino o que es una mala influencia porque te anima a que sigas con tus vicios, hace que salga tu peor versión o siempre consigue algo de ti y rara vez da algo a cambio, o que consideras un saboteador nato, aun así quiero que lo incluyas en tu lista.

Ha llegado la hora de escribir el nombre de las distintas ESFERAS y de organizar a tus colaboradores dentro de ellas. Si alguna persona se encuentra en varias categorías, escribe su nombre en cada una de ellas.

Califica a tu equipo en cada ESFERA

A continuación quiero que califiques a tu equipo dentro de cada una de las ESFERAS. Las puntuarás del uno al diez: uno será un equipo pésimo, que no te llena o no te da lo que necesitas, y diez uno de

Mi equipo por esferas

SOCIAL

PUNTUACIÓN:

PERSONAL

PUNTUACIÓN:

SALUD

PUNTUACIÓN:

EMPLEO

PUNTUACIÓN:

RELACIONES

PUNTUACIÓN:

EDUCACIÓN

PUNTUACIÓN:

VIDA ESPIRITUAL

PUNTUACIÓN:

primera, tan bueno que sientes que no precisas a nadie más en esa categoría. Al final de cada ESFERA hay una línea para la puntuación. Rellénala ahora.

Al ver las calificaciones de los equipos de tus ESFERAS, puedes detectar fácilmente qué aspecto necesitas equilibrar. Si te parece que tu equipo tiene deficiencias en algunas áreas, fantástico, porque te has dado cuenta de ello. Ahora, te puedes centrar en satisfacer esa necesidad. Si hay alguna categoría donde no tienes a nadie, o la persona en la que confías actualmente para ese tipo de apoyo no te aporta demasiado, empieza a pensar en quién podría ser el más apto. Puede que tengas que buscar un poco, incluso en el plano espiritual, pero el resultado habrá merecido la pena.

No es probable que en todas las esferas tu equipo obtenga un diez, así que ahora te voy a pedir que le preguntes a tu mejor versión qué necesitarías en cada categoría para obtener esa puntuación. ¿Cómo funcionaría? ¿Quién sería tu persona de confianza en cada ESFERA? ¿Qué te haría sentir que tienes el máximo apoyo posible en cada una de ellas?

Mi equipo diez perfecto debería ser:

1. Social: ....
2. Personal: ....
3. Salud: ....
4. Educación: ....
5. Relaciones: ....
6. Empleo: ....
7. Espiritual: ....

Si no estás seguro de cómo debería ser un equipo diez para ti, no te preocupes. Esto es un proceso y tu grado de concienciación aumenta gradualmente. Cuanto más consciente eres, más te abres. Cuanto más abierto estás a conocer personas que te apoyen para que puedas ser tu mejor versión, más oportunidades tendrás de conocer individuos afines. Creo que así es como funciona el universo: si estás abierto, las oportunidades se presentan más a menudo. Si te parece un poco «uhh-uhh» o no realista, voy a contarte una historia. Mi amiga Christina estaba buscando una cuidadora para su hijo, porque tenía pensado volver al trabajo, tras una breve baja por maternidad. Quería encontrar una persona a la que pudieran considerar como de la familia, que fuera intachable y de la máxima confianza, que amara y adorara a su hijo, pero que supiera ponerle límites. Sabía que pedía mucho, pero no se iba a conformar con menos. Un día, después de comer, estaba con una buena amiga hablando de este tema. «Siento que llegará la persona adecuada, y aunque miro las páginas de servicios de niñeras por Internet, preferiría encontrarla a través de algún conocido», le reconoció. De pronto, a su amiga se le iluminaron los ojos y le dijo: «¿Sabes qué? Creo que tengo a la persona perfecta para ti. Te va a parecer una locura, porque nunca ha sido niñera, pero tiene tres hijos adultos y dos nietos, y es la persona más dulce y cariñosa que he conocido. Trabaja en un taller en el centro de la ciudad, donde la están explotando, y lo pasa muy mal. ¡Deberías entrevistarla!». Y lo hizo, a la semana siguiente. Su esposo y ella, enseguida, estuvieron de acuerdo en que era la persona indicada para su creciente familia, y aunque no había recibido ninguna formación de ningún tipo, era una mujer amable, maternal y cariñosa, que iba a cuidar a su hijo de maravilla. Eso fue hace cuatro años y todavía trabaja en su casa cinco días a la semana; para ellos, es un miembro esencial de su equipo, así como la niñera perfecta para su hijo, que este considera su mejor amiga. Christina estaba abierta a las oportunidades que pudieran surgir, y debido a eso encontró a un miembro de su equipo, de la manera más inesperada.

Cuando hago este ejercicio con los clientes, casi siempre se dan cuenta de que tienen que eliminar a alguien, bien porque ya no confían en esa persona, porque esta recibe más que da, porque no vela por sus intereses o porque sus valores difieren de los suyos. En nuestra vida pasamos por todo tipo de circunstancias; a veces, una persona que era adecuada para nosotros en cierta etapa ya ha dejado de serlo, porque hemos evolucionado. Otro ejemplo bastante habitual es el de una relación sentimental que ha cambiado significativamente, porque las dos personas se han ido distanciando. Es el momento de ser muy sinceros con nosotros mismos. Si sigues teniendo cerca a alguien que no te conviene, solo porque quieres evitar conflictos, te insto a que encuentres la manera de cambiar sutilmente el papel que tiene en tu equipo.

Hace años tuve un amigo que estaba muy implicado en mi círculo de confianza, pero con el tiempo me di cuenta de que yo siempre excusaba su conducta negativa. Me mintió en varias ocasiones, no podía confiar en él cuando tenía que hacer planes y su forma de actuar me enseñó que no respetaba nuestra relación como yo consideraba que esta se merecía. Había sufrido muchos traumas en su infancia y sentía compasión por él, pero cuando hablamos de los problemas que me ocasionaba su conducta, me di cuenta de que era incapaz de cambiar. No estaba recibiendo de él lo que yo aportaba a la relación, así que no había reciprocidad.

Aunque disfruté mucho con su compañía, pues era carismático y agradable, fui consciente de que pesaba más lo negativo que lo positivo, y que ya no podía confiar en él como miembro de mi equipo. Esto no supuso que cortáramos por las malas, que nos enfadáramos o que dejáramos de vernos para siempre, solo que reconocí que no me aportaba lo suficiente para formar parte de mi equipo. Tomar este tipo de decisiones no siempre es fácil, pero es importante. Tu tiempo y tu energía son demasiado valiosos para entregárselos a alguien que no te corresponde.

Profundizar más

Ahora que ya has identificado y clasificado a tu equipo actual, vamos a estudiarlo más a fondo y a hacernos preguntas sobre él:

- ¿En quién puedes confiar para que sea un compañero de pensamiento objetivo cuando tienes que enfrentarte a una dificultad? El compañero de pensamiento es alguien que te ayuda a reflexionar sobre las cosas, basándose en quién eres; no te dice lo que has de hacer, sino que te ayuda a pensar, para que puedas hallar la respuesta por ti mismo.
- ¿Tienen algo en común las personas a las que has aceptado en tu grupo? ¿Qué indican sobre ti esas similitudes?
  - » ¿Quién te anima a actuar desde tu mejor versión? ¿Tienes miembros de tus equipos con los que no has de cambiar ninguna parte de tu personalidad? ¿Hay alguien con quien te cueste especialmente ser tu mejor versión? O ¿quién hace que salga tu peor versión? ¿Hay algún miembro del equipo con el que tengas que disculparte o con quien no puedas expresar lo que realmente piensas?
- ¿Quién vela realmente por tus intereses, antes que dar prioridad a su propia agenda?
- ¿Hay alguien de tu equipo que te esté manipulando o utilizando de alguna manera?
- Al contrario, ¿eres tú el que intenta controlar o manipular a alguien, para conseguir lo que deseas?
- ¿Hay alguien de tu equipo que te reprime o sabotea?
- ¿Fomentan los miembros de tu equipo tus ganas de vivir y tu entusiasmo y te inspiran a pensar creativamente?

Estas cuestiones pueden hacer que empieces a moverte y a plantearte preguntas. Dedica parte de tu tiempo a investigar a tu equipo. Si mediante este proceso descubres que hay personas dentro de tu círculo interno con las que no puedes ser tu mejor versión o que no actúan como se suponía que deberían hacerlo, replantéate la relación. Cuando alguien te ha demostrado cómo es, créelo y actúa como corresponde. No existen las relaciones o conexiones perfectas, por supuesto; si eso es lo que pretendes respecto a tu equipo, no estás siendo realista. Pero, por ejemplo, si en el trabajo hay una persona que siempre te está hablando mal de los demás compañeros, no te extrañe que también hable mal de ti, o, simplemente, lo haga para ascender en su carrera.

Entiendo que estos temas puedan resultarte un poco duros si se trata de miembros de tu familia. No podemos elegir la familia en la que nacemos, pero no porque lleven la misma sangre hemos de dejar que nos hieran, repriman o se aprovechen de nosotros. Si tienes miembros de tu familia que no te ayudan a ser tu mejor versión, debes encontrar la manera de reducir el contacto al mínimo. No tienes que aferrarte a ninguna relación perjudicial por mera obligación.

La reciprocidad en el amor

Ahora, examinaremos a tu equipo desde otra perspectiva importante. Vamos a asegurarnos de que correspondes a cada persona que está en tu lista. Pregúntate: «¿Qué *les* estoy aportando?». La clave está en mantener el equilibrio, y una forma de hacerlo es mediante lo que yo llamo la reciprocidad en el amor. Aunque es un concepto básico, es muy fácil no tenerlo en cuenta. En lo que respecta a las relaciones interpersonales, has de dar tanto como recibes, si no más.

Hazte esta pregunta: ¿aportas felicidad a otras personas? ¿Cuándo fue la última vez que hiciste algo para hacer sonreír a un amigo? Quizás fue hace poco, y resultó increíble. Si no es así, también está bien, no pretendo que te sientas culpable. Sé lo fácil que es dejarse absorber por las exigencias de nuestro día a día y perder de vista, o no llegar a percibirlo nunca, el poder que tiene hacer felices y amar a quienes nos rodean. Pero *es* muy poderoso, puedes creerme. Si hoy no tienes nada especial que hacer, te recomiendo encarecidamente que dediques unos momentos a servir a algún ser querido. No esperes nada a cambio, porque lo cierto es que entregarnos a los demás es un regalo en sí mismo.

Si cuidas de tu equipo como cuidarías de un jardín, este medrará y florecerá. Si siempre esperas recibir de tu equipo, pero no te preocupas de él, no acabará de funcionar plenamente. Además, basta con que entiendas que con poco que des a tu equipo, recibirás mucho a cambio. Personalmente, me encanta conocer gente con la que sé que puedo entablar relaciones fructíferas. Me gusta presentar a personas que tienen formas de pensar afines y que, de alguna manera, pueden ayudarse entre ellas en sus caminos personales. Esta es una de las formas en que puedes contribuir en tu equipo. Y recuerda preguntarle a sus miembros qué es lo que quieren o necesitan, para que puedas aportárselo; no eres vidente, ni ellos tampoco, así que tenéis que preguntaros mutuamente para saber en qué os podéis ayudar.

Confianza y expectativas

Como le sucede a la mayoría, tendrás unas pocas personas en las que sabes que puedes confiar incondicionalmente. Otras en las que puedes confiar en ciertos aspectos, pero no en todos. Y probablemente, tendrás otras que, por razones concretas, prefieres mantener a distancia. Otras están en las órbitas externas de tu universo, pero las vigilas. Por último, probablemente, haya algunas a las que esperas no volver a ver ni oír hablar de ellas, en las que no puedes confiar y que sabes que pueden hacerte daño.

¿Confías en todas las personas que están actualmente en tu equipo? Recuerda, no porque conozcas a alguien significa que automáticamente haya de *ganarse* tu confianza. Doctor Phil dice que nunca deberíamos concederle a nadie el beneficio de la duda. Si has permitido entrar a alguien en tu círculo interno por recomendación de otro, o porque es un amigo de un amigo, pero no te ha demostrado que es digno de confianza, te ruego que estés muy alerta. No confíes a ciegas en cualquiera. No se trata de ser desconfiado o paranoico, sino, simplemente, que del mismo modo que no has de esperar que salga lo peor de una persona de inmediato, tampoco debes esperar que salga lo *mejor* con la misma rapidez. Deja que te demuestren quiénes son a través de sus acciones, en lugar de albergar expectativas no realistas. Lo cierto es que tus expectativas de los demás, con frecuencia, pueden convertirse en resentimientos que están esperando manifestarse, porque si alguien no te ha demostrado quién es, ¿cómo puedes saber qué esperar de esa persona? Por ejemplo, uso mucho las aplicaciones de servicios de compartir coche. Me di cuenta de que esperaba encontrarme con un coche limpio, que no pondrían la música a tope y que me ayudarían con mi equipaje. Pero era una falsa expectativa y solía salir decepcionado. Desde que bajé mis expectativas, estoy más satisfecho con este tipo de experiencias. Ahora más bien me sorprenden gratamente, en lugar de hacerme enfadar. Esperar que la gente haga lo que te parece apropiado, según tus reglas, no funciona, porque puede que estén actuando en un contexto distinto.

Para ayudarte a evaluar la confianza en tu equipo y tus propias expectativas respecto a él, aquí tienes unas sencillas preguntas que puedes hacerte sobre cada uno de sus componentes para evaluarlos objetivamente.

Test de expectativas

1. ¿Puedes confiar en que esta persona se presentará a la hora acordada sin despistes o excusas? ○ SÍ ○ NO

2. Si esa persona te dice que va a suceder algo, ¿suele suceder? ○ SÍ ○ NO

3. Cuando esta persona describe una conversación o hecho, ¿suele coincidir con la información que recibes de los demás de esa misma conversación o hecho? ○ SÍ ○ NO

4. Que tú sepas, ¿ha mentido esta persona alguna vez a alguien o ha dado por hecho que tú mentirías en su nombre? ¿Prefiere mentir a decir la verdad? ○ SÍ ○ NO

5. Que tú sepas, ¿ha ocultado esta persona, alguna vez, información importante para intentar evitar un conflicto con alguien? ○ SÍ ○ NO

6. ¿Has observado alguna vez una conducta hipócrita en ella, como comportarse de una manera que ella misma criticaría en otros? ○ SÍ ○ NO

7. ¿Busca excusas por su conducta, en lugar de responsabilizarse de ella? ○ SÍ ○ NO

8. ¿Ha demostrado ser coherente en su lealtad? ○ SÍ ○ NO

Ahora, basándote en tus respuestas, puedes ajustar tus expectativas sobre ciertos miembros de tu equipo. Hay personas que nunca serán puntuales. Así que no les pidas que vayan a recogerte o a llevarte al aeropuerto. Pero esa persona puede que sea la más sincera o el mejor hombro sobre el que llorar cuando lo necesites. Entender las capacidades y limitaciones de tu equipo te ayudará a saber en quién puedes confiar para cada situación.

Una vez, tuve una clienta que me dijo que aparte de la confianza y de las expectativas, lo más importante para ella era tener una buena química con su equipo. Sabía que algunos de los miembros del suyo no eran especialmente buenos llevando a término las cosas y había rebajado un poco sus expectativas respecto a ellos, pero lo tenía asumido. Lo importante es que la clave está en ser consciente: en *saber* quiénes son las personas y *esperar* de ellas solo lo que pueden dar, así no te decepcionarán ni te dispondrás al fracaso.

La química es la conexión con otra persona, eso es intangible; por una serie de razones, puede que formes la pareja más singular imaginable, pero conectáis perfectamente en un área específica. Quienes pertenecen al mundo del espectáculo tienden a valorar la química por encima de todo. Si sientes química con alguien, te sientes seguro y puedes estar abierto mentalmente. Por ejemplo, puedes tener mucha química con una persona con la que estás saliendo, pero si no compartís los mismos valores, lo más probable es que tengáis problemas. Puedes tener mucha química con un compañero de trabajo o un colaborador para un proyecto, y es estupendo, pero solo quiero que sepas que esa química puede ser limitada, es decir, que esa persona no necesariamente ha de ser una buena amiga, aunque sea buena colaboradora. En resumen, lo que quiero que recuerdes es que has de conocer a los miembros de tu equipo, para saber lo que puedes necesitar o esperar de forma realista de ellos y lo que más valoras de cada uno.

Elementos clave: inspiración, euforia e iluminación

Como puedes ver, tu equipo es un aspecto esencial para conectar verdaderamente con tu mejor versión en todas las ESFERAS. Pero es más que eso. Es algo mucho más profundo. Si en tu andadura por la vida eliges personas que te inspiren, te contagien su euforia y te iluminen, habrás conectado con una nueva experiencia, potencialmente transformadora. Al retocar tu equipo, puede que descubras que avanzas más que nunca en direcciones positivas, simplemente porque estás motivado por las personas que te rodean.

Tu equipo, o al menos algunos de sus miembros, debe ser una fuente inagotable de inspiración. Has de contar con personas que te animen a probar cosas nuevas y a que te aventures a salir de tu zona de confort. Tiene que existir un intercambio libre de ideas entre vosotros. Te has de sentir a salvo con algunos de sus integrantes o con todos, para explorar tu imaginación y encaminarte hacia tu arte o perfeccionarlo. Recuerda que todos somos artistas y que tu equipo te debe ayudar a descubrir y sublimar tu propio arte.

Las cualidades, perspectivas e ideas únicas que te aporta tu equipo han de hacer que estés eufórico, que es una versión sublimada de la felicidad o el entusiasmo por vivir. Idealmente, deberían despertar algo en el fondo de tu alma que no puedes describir, o hacerte sentir que hay todo un mundo ahí fuera esperándote para que lo explores. Quizás algunos de ellos hagan cosas fascinantes en su propia vida o hayan conseguido algo que admiras y a lo que tú mismo aspiras. Estas son las cualidades increíbles que ha de tener tu equipo.

Todos estamos asimilando constantemente información nueva, y tu equipo también debería poder enseñarte. Cuando te acuestas por la noche, espero que sientas que lo haces siendo un poco más sabio que cuando te has levantado por la mañana. Tu equipo y tú deberíais iluminaros mutuamente de todas las maneras posibles.

Amplía tus horizontes a través del poder de tu equipo; el único límite de hasta dónde puedes llegar y adónde puedes ir es tu propia imaginación.

Tal como he dicho al principio de este capítulo, la vida no está hecha para que seamos islas. La interconexión entre los seres humanos es donde se produce la magia. Tu equipo es el que puede ayudarte a medrar en todas tus ESFERAS y enriquecer y hacer más profundas tus experiencias. ¡Conecta con la fuerza que puede ofrecerte un equipo ejemplar!

Siete pasos para conseguir las metas de tu mejor versión

A hora que has examinado a fondo cada una de las ESFERAS, puedes entender mejor cuáles no están equilibradas y cuáles te impiden vivir siendo tu mejor versión. Ha llegado el momento de crear algunas metas tangibles que te ayuden a conseguir lo que deseas, necesitas y mereces. Es el momento de la verdad. Ahora es cuando te toca cambiar tu vida.

Revisa tus ESFERAS

Revisa las puntuaciones que les diste a cada una de tus ESFERAS y, a continuación, escribe las que les das actualmente, así como lo primero que te gustaría trabajar en cada una de ellas. Si, por ejemplo, sabes que has de trabajar una relación en concreto, escríbelo en la ESFERA de las relaciones. Si crees que tu salud es la prioridad y que has de hacer ejercicio con regularidad, escríbelo en salud.

A continuación, piensa en tu equipo dentro de cada ESFERA. Tendrás que crear metas para mejorar tu equipo en cada una de las ESFERAS.

La tabla que tienes a continuación, te ayudará a organizar tus pensamientos.

ESFERAS	PUNTUACIÓN ESFERAS	PUNTUACIÓN EQUIPO
Vida social		
Vida personal		
Salud		
Educación		
Relaciones		
Empleo		
Desarrollo espiritual		

Después, usaremos los datos que hayas recopilado acerca de dónde quieres mejorar y convertiremos dicha información en metas reales, utilizando los siete pasos para la consecución de objetivos. Es un proceso de convertir esperanzas, sueños y deseos en realidad. Solo tú tienes el poder para vivir como siempre has deseado, para materializarla. Te animo a que aproveches esta herramienta y la uses hasta el final, porque tu nueva vida te está esperando al otro lado de los siete pasos.

ESFERAS	PUNTUACIÓN ESFERAS	PUNTUACIÓN EQUIPO
Vida social		
Vida personal		
Salud		
Educación		
Relaciones		
Empleo		
Desarrollo espiritual		

LA AUTÉNTICA META

Ahora, vamos a revisar las metas con tu mejor versión y a asegurarnos de que estén en sintonía con ella, no con tu ego. La motivación para alcanzar tus metas ha de originarse en ese lugar de positividad y de luz que hay en tu interior y reflejar un profundo deseo de mejorar tu vida.

Cuando reflexiones sobre qué deseas en todas las áreas, es importante que te asegures de que tus deseos son realmente tuyos. A veces, queremos algo porque alguien cercano a nosotros lo tiene, porque la sociedad dice que hemos de tenerlo o porque tenerlo hará feliz a otra persona de nuestro círculo. Pero eso no son deseos auténticos. Compruébalo contigo mismo mientras haces el ejercicio y asegúrate de que todo lo que deseas procede de tu mejor versión.

Si estás pensando en emprender algo nuevo, pero sientes que tu mejor versión no vibra con ello, cambia de rumbo y encuentra una meta similar que sí lo haga. Creo que conseguir algo por el mero hecho de conseguirlo no cumple ningún propósito positivo; cerciórate de que no pierdes de vista la meta final, en todo lo que haces: la felicidad auténtica y duradera.

Paso 1: define tu meta con conductas o acciones concretas

Aunque pueda parecer una obviedad, entender lo que deseas, lo que *realmente* deseas, es el primer paso para conseguirlo. Esto es lo que quiero decir: has de ser capaz de definir la meta que intentas alcanzar, de una manera específica. Por ejemplo, no puedes desear una emoción. Proponerte ser feliz es demasiado vago. Si expresas tus metas en términos de hechos o conductas específicos, estarás más cerca de alcanzarlas. Si quieres ser más feliz, primero has de definir qué es lo que va a hacerte más feliz. Supongamos que te gusta viajar con amigos y sabes que desear que llegue el día del viaje te hará feliz. En ese caso deberías definir tu meta con hechos y conductas concretos afirmando: «Mi meta es planificar, organizar y ahorrar para hacer un viaje con mis amigos». Así es como un concepto vago, como ser más feliz, se convierte en una meta específica que se traduce en hechos o conductas.

El primer paso del proceso de fijar una meta puede suponer un punto de inflexión. Si alguna vez has sentido que no tienes suficiente fuerza o constancia para alcanzar una meta, el verdadero problema puede que haya sido no haberla definido adecuadamente. Todo aquel que alguna vez ha conseguido algo grande ha podido *reclamar* su victoria, porque primero le ha puesto un *nombre*.

Escoge un destino, márcalo en el mapa de tu vida y empieza. Te toca a ti. Escribe tu meta detallando hechos o conductas.

Mi meta es: _____

_____

_____

_____

Paso 2: expresa tu meta de manera que se pueda comprobar

El segundo paso para lograr tu meta es expresarla de manera cuantificable. De esta forma, podrás determinar tu nivel de progreso a lo largo del camino y sabrás cuándo has llegado con éxito a tu destino. Por ejemplo, si tu meta es aligerar de trastos tu casa, para ser más productivo y tener más paz, ¿qué habitaciones o armarios te has propuesto limpiar? Enuméralos uno a uno. Por ejemplo, tal vez quieras limpiar y organizar tu armario, tu habitación principal y tu garaje. Ahora tienes una meta material: tres espacios para limpiar. Sabrás cuándo has alcanzado esa meta, porque esos espacios estarán limpios y organizados.

Mi meta en términos comprobables es: _____

_____

_____

_____

Paso 3: elige una meta que puedas controlar

Hay cosas que puedes controlar como X y X. Y otras que no, como Y e Y. En la creación de metas, no es útil buscar objetivos que estén conectados con cosas que no puedes controlar. Pretender alcanzar una meta que no podemos controlar es absurdo; de ese modo, solo conseguirás frustrarte y predisponerte al fracaso. Al final del día, te das cuenta de que lo único que puedes controlar es a ti mismo.

Las únicas acciones o conductas sobre las que tienes control son las tuyas; eso significa que no puedes confiar en que otra persona haga algo concreto. Tú eres el chófer de tu vida; por tanto, tus metas no pueden depender de personas o fuerzas ajenas a ti.

¿Es controlable tu meta? ○ SÍ ○ NO

Si crees que no lo es, reflexiona sobre ella y transfórmala en una que puedas controlar. Escríbela a continuación:

Mi meta controlable es: ....

....

....

Paso 4: planifica y programa una estrategia que te conduzca a tu meta

Crear una estrategia específica para lograr tu meta es fantástico, porque existen infinidad de posibilidades y, al final, te das cuenta de qué es lo que a ti te funciona. También deberás tener en cuenta los posibles obstáculos en tu camino y crear estrategias para superarlos. Tu entorno, tu horario y tu responsabilidad son factores imprescindibles, que debes tener en cuenta cuando programes una estrategia para alcanzar una meta.

Uno de los fallos que he observado en mis clientes en el proceso de consecución de metas es que se entusiasman tanto respecto a lo que pretenden conseguir que se dejan llevar por el subidón emocional y creen que la fuerza de voluntad los conducirá al éxito. Esto es incorrecto. Es fácil entusiasmarse por algo nuevo, pero ¿qué sucede cuando ese entusiasmo se empieza a desvanecer? Es fácil desviarse del rumbo. No quiero que eso te ocurra a ti; por consiguiente, es imprescindible que planifiques tu estrategia.

Cuanto más clara la expongas, menos tentado estarás de desviarte de ella. Programarte los días para incluir lo que haga falta para conseguirla te ayudará a crear un impulso positivo. Supongamos que planificas correr medio maratón dentro de seis meses. Ahora puedes encontrar todo tipo de programas de entrenamiento detallados en Internet, para prepararte física y mentalmente, para correr 21,097 kilómetros. Encuentra uno que se adapte a tu estilo de vida y planifica tu carrera. Elige qué días de la semana vas a correr, hacer estiramientos, entrenamiento de fuerza, meditación y cualquier otra disciplina. Puedes programar tu entorno comprando la ropa adecuada y las zapatillas deportivas que llevarás. Si has programado una semana de vacaciones justo a mitad del programa de entrenamiento, piensa en cómo vas a seguir con tu plan mientras estés fuera, para no desviarte de tu propósito. Planifica con precisión lo que esperas hacer para lograr tu meta, hasta el último detalle, y ponte a ello.

Mi estrategia para alcanzar mi meta es: ....

....

....

....

Paso 5: define tu meta en pasos

Los grandes cambios que se producen en la vida van paso a paso. Comprobemos que conoces todos los pasos que se encuentran entre donde estás ahora y tu línea de meta. No querrás llegar hasta la mitad del camino sin tener ni idea de lo que vas a hacer a continuación. Antes de empezar, escribe cada paso que has de dar en el camino.

Por ejemplo, adelgazar es un objetivo bastante común, y todos sabemos que no sucede de la noche a la mañana, por más que lo deseemos. Hemos de seguir distintos pasos para adelgazar al cabo de un tiempo. Hemos de definir claramente cuáles son esos pasos desde el principio, para que nos sirvan de punto de referencia y nos ayuden a saber dónde nos encontramos en el proceso y qué es lo que tenemos que hacer. Sigamos con el ejemplo de adelgazar: supongamos que has elegido seguir la dieta paleolítica y que te has comprometido a hacer ejercicio cuarenta y cinco minutos al día, cuatro días a la semana, en tu programa de adelgazamiento. Tus pasos concretos, por tanto, serían: planificar tu cocina para tener éxito eliminando todos los alimentos y bebidas que no favorecen que consigas tu objetivo de perder peso, ir a la compra y llenar tu nevera con alimentos que creas que te ayudan a conseguir tu meta, programar los menús de la semana y preparar comida cada fin de semana para no comer cualquier cosa y dedicar días concretos en el calendario a ir al gimnasio, así no tendrás excusa para no hacer ejercicio.

Los pasos específicos que he de llevar a cabo para conseguir mi meta son: ....

....

....

....

Paso 6: asigna una fecha para conseguir tu meta

¿Te has dado cuenta alguna vez de lo fácil que es dejar las cosas por hacer si no tienes presión para terminarlas? Algunas personas dejan que su casa esté algo sucia y desordenada hasta que saben que viene alguien a visitarlas. He conocido a muchos que no estudian hasta que se acerca el examen. El poder del tictac del reloj es innegable: si se acerca la fecha del evento, es más probable que hagamos el trabajo que si no tenemos ninguna fecha concreta que hayamos de cumplir. Es la naturaleza humana.

Puesto que todos sabemos que es más fácil que terminemos algo si tenemos programada una fecha, es muy sensato planificar una para nuestras metas. Eso propiciará el sentimiento de urgencia y de propósito, nos motivará a seguir en el camino.

Este paso va más allá de fijar una fecha para conseguir nuestra meta. Nos exige que asignemos una cronología para todos los pasos que hemos de dar para alcanzarla. Supongamos que tu objetivo es conseguir un diploma. Quizás eso conlleva veinte horas de entrenamiento práctico. Si sabes que puedes contar con cuatro horas a la semana para tu entrenamiento, puedes programar una fecha en el calendario, dentro de cinco semanas a partir de ahora, cuando ya lo hayas terminado. Si hoy es 10 de agosto, habrás finalizado con el entrenamiento práctico el 14 de septiembre.

Más concretamente, si sabes que puedes entrenar los viernes, puedes reservar, en tu calendario, un espacio de cuatro horas cada viernes, desde el 10 de agosto hasta el 14 de septiembre, para hacer este trabajo. De este modo, habrás reservado tu tiempo. A continuación rellenarás las fechas clave, en las que irás completando las fases para lograr tu meta. Esto te ayudará a ser responsable.

Piensa en lo increíble que será mirar el calendario y hacer un círculo en la fecha en la que te hayas propuesto alcanzar tu meta. ¡Eso tiene mucha fuerza! Y cuando la hayas alcanzado, podrás volver a mirar el calendario para ver las pruebas de tu arduo trabajo y comprobarás que lo has conseguido, justo cuando calculaste que lo harías.

Cronología para mi meta:

Fecha límite: ....

Otras fechas importantes: ....

Paso 7: responsabilízate de tu progreso hacia tu meta

El último paso en esta fórmula, cuya eficacia está más que probada, es responsabilizarte. En el capítulo anterior, hemos revisado tu equipo y ahora tienes la oportunidad perfecta para ponerlo a trabajar. Elige a alguien que sepas que será una persona de confianza para cualquier meta específica que te propongas, cuéntale todos los detalles sobre cómo piensas alcanzarla y pídele que te ayude a responsabilizarte. Comprométete a tenerla o tenerlas (si sientes que necesitas a más de una) periódicamente informada o informadas durante el proceso, con consecuencias reales si no lo haces. Con este tipo de relación de compromiso, reduces el riesgo de dejarte llevar por la pereza, de posponer o de rendirte.

Mi(s) compañero(s) de responsabilidad en mi trabajo para lograr esta meta es/son: ....

....

....

....

No más «algún día»

Creo que hay sueños y deseos escondidos en lo más profundo de nuestra mente humana. Cuando salen a la superficie de nuestra conciencia, instintivamente, los devolvemos al lugar de donde han salido, los apartamos de nuestra vista, no les hacemos caso. ¿Por qué? Porque es más fácil que reconocerlos o incorporarlos en nuestra creciente lista de tareas pendientes. Pensamos: «¡Ah! Ya me ocuparé de esto más adelante... algún día». Algún día. ¿Cuándo es algún día, exactamente? ¿Cuándo vas a confiar en los anhelos de tu corazón? Ha llegado el momento de hacer que tus sueños se conviertan en realidad. No esperes. La vida es corta y tu papel en este mundo es más importante de lo que piensas.

Ya te he dicho que este iba a ser un capítulo cargado de acción, y la acción surgirá de *ti*. Ha llegado el momento de la alquimia, vas a transformar tus «algún día» en días de la semana. A partir de ya, vas a insuflar vida a tus sueños.

Lo harás porque ya has dado el importante paso de pensar en ti lo suficiente como para leer este libro. Te has tomado la molestia de sacar a la luz a tu mejor versión; eso quiere decir que has examinado cada rincón, recoveco y rendija de tu vida bajo ese prisma. Todo aquel que dedica su tiempo y esfuerzo a hacer eso es alguien que está dispuesto a cambiar. Para mejor y definitivamente.

Las metas de cada ESFERA

Ahora que ya entiendes el proceso de crear y lograr metas, ha llegado el momento de crear las más urgentes, controlables y realistas dentro de cada una de las ESFERAS.

Aunque te parezcan idealistas o inalcanzables, por el momento, anótalas. No importa las reservas que tuviste en el pasado ni cuántas veces hayas intentado conseguirlas y hayas fracasado.

Aunque no estén bien definidas, y solo sean susurros entre tu yo interior y tu corazón, escríbelas.

Lo que importa es que conectes contigo mismo, que seas vulnerable y sincero respecto a los deseos, esperanzas y anhelos que descubras en tu interior. Recuerda que ponerles un nombre es el primer paso imprescindible para reivindicarlos.

ESFERAS	META
Vida social	
Vida personal	
Salud	
Educación	
Relaciones	
Empleo	
Desarrollo espiritual	

Hoja de trabajo para la consecución de metas a través de los siete pasos

Te aconsejo que la primera meta en la que trabajes sea la de la ESFERA con la puntuación más baja, pues eso indica que requiere tu atención con mayor urgencia. Utiliza la hoja de trabajo que tienes a continuación para planificar cómo vas a conseguir esta y el resto de tus futuras metas. Es una herramienta muy útil, ¡haz buen uso de ella!

Paso 1: define tu meta con conductas o acciones concretas
Mi meta es:

Paso 2: expresa tu meta de manera que se pueda comprobar
Mi meta en términos comprobables es:

Paso 3: elige una meta que puedas controlar
¿Es controlable tu meta? ○ SÍ ○ NO

Si crees que no lo es, reflexiona sobre ella y transfórmala en una que puedas controlar. Escríbela a continuación:

Mi meta controlable es:

Paso 4: planifica y programa una estrategia que te conduzca a tu meta

Mi estrategia para alcanzar mi meta es: ....

....

....

....

....

Paso 5: define tu meta en pasos

Los pasos específicos que he de llevar a cabo para conseguir mi meta son: ....

....

....

....

....

Paso 6: asigna una fecha para conseguir tu meta

Cronología para mi meta:

Fecha límite: ....
Otras fechas importantes: ....

Paso 7: responsabilízate de tu progreso hacia tu meta

Mi(s) compañero(s) de responsabilidad en mi trabajo para lograr esta meta es/son: ....

....

....

....

....

Las fechas en que voy a informar a mi(s) compañero(s) de responsabilidad son: ....

....

....

....

Las consecuencias de no informar a mi(s) compañero(s) de responsabilidad son: ....

....

....

....

Ejemplos para el proceso de consecución de metas a través de los siete pasos

Para ayudarte a entender mejor este proceso, he pensado que sería útil citar ejemplos de dos de mis clientes, que detectaron una carencia en sus ESFERAS, crearon metas en torno a ellas y tuvieron mucho éxito.

Margaret había dedicado mucho tiempo y energía a triunfar en su vida profesional y a crear el estilo de vida familiar en su hogar con el que tanto había soñado, pero había descuidado y subestimado por completo algo que para ella había sido de suma importancia: su ESFERA de la espiritualidad. Su desconexión con su sistema de creencias espirituales había provocado un grave efecto dominó en el resto de sus áreas personales. Perdía la paciencia fácilmente con sus hijos, era impaciente con sus compañeros de trabajo y se había alejado tanto de su esposo que hasta dormían en habitaciones separadas. Se había dado cuenta de que incluso se atrevía a gritar a gente que no conocía, como los camareros de los restaurantes a los que acudía o las personas que estaban haciendo cola en algún comercio. Este tipo de conducta irracional no era propio de ella, en absoluto, y cuando empezamos a hablar, no entendía cómo había podido llegar a ese extremo. Pero de algo estaba segura: le aterrorizaba la idea de que ese patrón de conducta pudiera hacerle perder todo aquello por lo que tanto había luchado.

En el transcurso de nuestra conversación se dio cuenta de que su problema estaba en la ESFERA de la espiritualidad. Tiempo atrás, había estado muy vinculada a una iglesia y le encantaba contribuir en la comunidad, pero había ido relegando gradualmente esas actividades para tener más tiempo para labrarse su exitosa carrera profesional; además, su familia le exigía mucha atención. Para volver a ser como antes sabía que tenía que crear metas en dicha ESFERA.

Revisamos su equipo actual y enseguida se dio cuenta de que le faltaba algo, y reconoció que necesitaba más personas afines a su tendencia espiritual con las que poder conversar, de las que poder aprender y con las que poder crecer. Creó la meta específica, comprobable y controlable, de encontrar a tres personas nuevas para agregar a su equipo espiritual. A continuación, planificó y programó la estrategia de apuntarse al grupo de voluntarios de su iglesia y se comprometió a dedicar dos horas, dos días a la semana, para conocer a más gente y aportar algo a la comunidad. Además, iría con su hija, que se beneficiaría mucho de la experiencia de alegría y del trabajo duro que supone ayudar a personas necesitadas. Creó pasos: iría a la reunión de voluntarios el próximo jueves y así podría averiguar cuándo serían necesarios sus servicios, los de ella y los de su hija. También se puso unos tiempos: quería incorporar a tres personas nuevas a su equipo espiritual, en noventa días. Recurrió a una amiga con la que había ido antes a la iglesia para que fuera su compañera de responsabilidad. Margaret siempre había conseguido todo lo que se proponía y esta vez no fue diferente. No solo mejoró la relación con su hija, sino que su esposo también se unió al proyecto. Ahora, los tres van asiduamente a una iglesia que les encanta, incluso estudian la Biblia los miércoles por la noche en su casa. Se comprometió a alcanzar su meta y notó los efectos positivos en todas las áreas de su vida y en su equipo.

Otro ejemplo es el de Maurice. Sabía que su vicio de comer demasiado, sobre todo por la noche, estaba afectando negativamente a su salud. Así que creó la meta específica, comprobable y controlable de no comer nada más después de las nueve. Su estrategia fue cambiar su horario y cenar a las siete y media en lugar de a las seis para no tener hambre más tarde, acostarse más pronto y preparar la comida con antelación para saber exactamente lo que iba a comer. Se propuso adquirir esta rutina en dos semanas, así que se fijó una fecha de inicio en el calendario. Buscó un compañero de responsabilidad y eligió a un amigo del trabajo, que sabía que era muy estricto con el tema de los horarios de las comidas, y decidieron que se mandarían mensajes de texto, tres veces a la semana, para hacer un seguimiento. Al cabo de unos dos meses, volvió a ponerse en contacto conmigo, después de haber empezado a dar los pasos que había programado, y le iba estupendamente: ya había adelgazado unos siete kilos y tenía mucha más energía, por lo que su médico estaba muy contento con sus progresos. Le pregunté qué había cambiado esta vez respecto de las demás veces que había intentado mejorar su salud y me respondió que la diferencia estaba en haber buscado una meta específica y alcanzable y haber escrito los pasos que tenía que seguir. Cuanto más éxito tenía, más motivado estaba para seguir su plan.

Como puedes ver, con los siete pasos y una estrategia puedes esbozar rápidamente tu plan de acción para lograr tus objetivos, una vez decidas hacerlo. ¡Es muy directo!

El producto no renovable: el tiempo

Hay *muchas* formas de ocupar tu calendario, ¿no crees? Te puede parecer que eres la persona más ocupada del mundo, solo porque tratas de adelantarte a las exigencias del funcionamiento normal de tu vida y de tu casa. Quizás llenas el tiempo con obligaciones sociales y planificas, sin pararte a pensar si todos tus compromisos o lo que intentas conseguir te aportan alguna satisfacción. Hay un peligro en pasar el tiempo de una forma mecánica: es muy fácil perderte, perder la conexión con quien eres realmente y convertirte en un esclavo de tu agenda, en lugar de vivir el momento en que suceden las cosas. No te estoy sugiriendo que dejes de hacer la colada, de ir a trabajar o a la compra; hay ciertas cosas que tendrás que hacer para estar sano, aseado y alimentado, por supuesto. Simplemente, estoy intentando que te des cuenta del hecho de que sin un poco de introspección, de vez en cuando, puede que llegue el día en que descubras que te has pasado la vida haciendo cosas que realmente no eran importantes en el contexto general de tu existencia. Y lo que es peor, ninguna de ellas te entusiasma. No sientes que te den vida, energía, que te apasionen o que te ayuden a cumplir activamente tu propósito. Simplemente, las haces por rutina. Esa no es la razón por la que estás en este planeta, amigo mío, y si te acercas, aunque solo sea un poco, a esta deprimente situación, sigue leyendo, porque vamos a dar marcha atrás y a reencauzar tu vida.

Veamos detenidamente tu horario diario. Este ejercicio sirve para reflejar cómo y dónde pasas la mayor parte de tu tiempo. Ver por escrito a qué dedicas tu valioso tiempo puede ser muy revelador. Quiero que escribas cómo pasas un día típico entre semana. Escribe todo lo que haces habitualmente, cada hora. Adapta los horarios a tus horas de sueño o de vigilia. Cuantos más detalles incluyas, mejor. Si tus horarios son muy diversos, porque trabajas a tiempo parcial y tienes otras responsabilidades los días que no trabajas, escribe los programas de distintos días.

Todos los detalles importan, porque más adelante trabajaremos juntos para diseñar tus días, de manera que tengan un propósito. Quiero que reflexiones y que seas sincero en este ejercicio. A continuación, tienes algunos parámetros básicos:

1. Escribe «Me despierto» cerca del horario en que sueles abrir los ojos, pero luego incluye lo primero que haces después de despertarte. ¿Te levantas enseguida y vas directo a la ducha? ¿Te pasas quince minutos poniéndote al día en las redes sociales? ¿Vuelves a dormirte otras cinco veces? ¿Despiertas a tus hijos? ¿Te vas directamente a la cocina a tomar un café? Estos detalles sobre cómo «darle la bienvenida al nuevo día» importan.

2. Sé sincero contigo mismo: este ejercicio y el resto de los que hay en este libro son para *ti*. ¡No ganas nada mintiendo! Por ejemplo, si te pasas el tiempo haciendo algo de lo que no te sientes especialmente orgulloso, desde comerte un helado a las diez de la noche hasta mantener algún tipo de relación inapropiada, escríbelo también. No tiene por qué verlo nadie más.

05:00 ....
06:00 ....
07:00 ....
08:00 ....
09:00 ....
10:00 ....
11:00 ....
12:00 ....
13:00 ....
14:00 ....
15:00 ....
16:00 ....

17:00 ....

18:00 ....

19:00 ....

20:00 ....

21:00 ....

22:00 ....

23:00 ....

24:00 ....

Ahora nos centraremos en los fines de semana. (Si tus obligaciones laborales incluyen los fines de semana, elige el día que tienes libre, para rellenar este horario). ¿Cómo es tu fin de semana típico? ¿Duermes más? ¿Vas a algún servicio religioso? ¿Vas al cine? ¿Cenas con tus amigos? Escríbelo todo a continuación.

05:00 ....

06:00 ....

07:00 ....

08:00 ....

09:00 ....

10:00 ....

11:00 ....

12:00 ....

13:00 ....

14:00 ....

15:00 ....

16:00 ....

17:00 ....

18:00 ....

19:00 ....

20:00 ....

21:00 ....

22:00 ....

23:00 ....

24:00 ....

Echa un vistazo a tu agenda. Has de entender que esta es tu situación «antes» de la foto. Esto es lo que haces con tu tiempo ahora. Puesto que solo puedes esperar resultados basándote en el tiempo que inviertes, es más fácil adivinar el tipo de resultados que puedes esperar de tu agenda actual. Utilizaré el ejemplo de aprender un idioma nuevo: si te dedicas a comer delante del televisor mientras ves la última serie de moda o a leer detenidamente los mensajes de tus redes sociales, es un tiempo que podrías dedicar al estudio. Por otra parte, si dedicas tiempo a escuchar audiolibros en el idioma que estás estudiando o a practicar con otras personas que hablan ese idioma, estarás más cerca de lograr hablarlo con fluidez. Recuerda esta fórmula: tiempo + esfuerzo = resultados.

Si deseas cambiar tu vida, has de cambiar tu forma de emplear el tiempo. Vamos a ser un poco más específicos con estas preguntas:

¿En qué actividad pasas la mayor parte de tu tiempo? ....

....

....

....

¿Cómo te sientes respecto a la actividad a la que le dedicas la mayor parte de tu precioso tiempo? ....

....

....

....

Lo que acabas de escribir ¿es un sentimiento positivo o negativo? Marca uno de los dos. ○ **POSITIVO**   ○ **NEGATIVO**

ACCIÓN:

Si has marcado NEGATIVO, deberás descubrir una forma de sustituir esa actividad por otra que consideres positiva. En otras palabras, ¿qué haría tu mejor versión?

Por ejemplo, supongamos que, gracias al trabajo que has hecho, te has dado cuenta de que ha llegado el momento de poner fin a una relación que se ha vuelto tóxica con el tiempo. Tal vez, al revisar tu agenda diaria, has observado que el tiempo que pasas con esa persona suele terminar en una discusión o que no te sientes bien respecto a ti mismo o a tu vida. Tu primera orden del día será emplear el tiempo que sueles pasar con esta persona conversando con ella respecto a vuestra relación. Elige un momento en que los dos estéis tranquilos y un lugar neutro para la conversación. Según tus circunstancias específicas, puede que decidas poner fin a la relación o quizás estéis de acuerdo en hablar sobre los temas necesarios y ver si es posible una solución. Sea como fuere, de lo que se trata es de que te comprometas a encontrar un momento para hablar con esta persona. Luego, utiliza el tiempo que hubieras pasado con ella, que siempre daba resultados negativos, para hacer algo positivo que te incentive, te inspire, te sirva para aprender, etcétera. Incluso sería conveniente que dedicaras parte de ese tiempo a meditar o a estar sin hacer nada, en silencio y a solas. Tendrás que concederte un espacio y un tiempo para sanar la toxicidad que experimentabas en esa relación.

En algunos casos, puede que te sientas mal por cómo estás utilizando tu tiempo, no por el objeto en sí, sino por algún temor que tienes al respecto. Si ese es tu caso, veremos cómo abordar ese miedo y superarlo. Me he dado cuenta de que, a veces, lo que necesitamos es un par de gafas nuevas, no un entorno nuevo. En otras palabras, puede que nos haga falta cambiar nuestra visión de las cosas y eso solo se consigue cuando decidimos liberarnos del miedo.

Ahora, piensa en algo que te gustaría hacer, a lo cual, en el presente, apenas puedes dedicarle tiempo. Quizás te gustaría salir a pasear al aire libre para mejorar tu salud, leer libros inspiradores o aprender otro idioma. Tal vez siempre has dicho que te gustaría hacer voluntariado. Piensa en qué es lo que siempre le dices a la gente, como: «Me gustaría escribir un diario, pero no tengo tiempo» o «Me gustaría ser de las madres que hacen comidas saludables, pero siempre estoy encargando comida para llevar, porque mi frenética agenda no me permite otra cosa». Incluso puede ser que necesites dormir más, porque siempre vas con el depósito vacío; sin embargo, te quedas navegando por Internet o mirando las noticias que aparecen en tus redes sociales hasta medianoche.

Si hay algo a lo que te gustaría dedicar más tiempo, escríbelo aquí:

Volviendo a tus horarios actuales, ¿crees que es posible que puedas encontrar el momento para practicar tu afición más a menudo? Revísalos detenidamente antes de contestar, a ver si en algún sitio puedes hacer un cambio. Por ejemplo, ¿ves la televisión tres horas por la noche, cuando podrías emplear dos en hacer lo que te apasiona? ¿Crees que podrías levantarte media hora o una hora antes?

Ahora, escribe dónde crees que podrías crear más tiempo en tu agenda para hacer algo que actualmente no haces:

ACCIÓN

Hoy, incorpora en tu agenda inmediata una parte de tu tiempo para dedicarlo a algo nuevo que hace mucho que deseas hacer, aunque solo sea quince minutos. Esto demostrará que puedes encontrar el momento para hacer lo que te gusta. También, borra algo que ya no te sea útil. Si hay algo a lo que le dedicas tu tiempo y consideras que puedes utilizarlo mejor, procura hacer el cambio.

Si has reflexionado a conciencia sobre tu vida y has hecho todo este ejercicio, felicítate. Este es un primer gran paso para vivir como siempre has soñado.

Doctor Phil hace hincapié en añadir verbos a sus frases. No puedo estar más de acuerdo. Los verbos son acciones, y para cambiar, hemos de pasar a la acción. Cuando estoy con un cliente y veo que no está dispuesto a pasar a la acción, puede que pruebe varias tácticas con él, pero si realmente se planta y no hace nada, le digo que será mejor que se busque a otra persona para que lo ayude. No es que no quiera trabajar con este tipo de personas, pero creo que nunca cambiarán realmente si no salen de la teoría.

Uno de los objetivos de este ejercicio ha sido ayudarte a que aprendas a cambiar tus prioridades y que empieces a comportarte (comportamientos = acciones) como corresponde para triunfar. La única forma de saber, sin el menor ápice de duda, cuáles son tus prioridades es ver en qué estás empleando tu bien más preciado: tu tiempo. Ahora que te has enfrentado a la realidad, sabrás si hay algo que te exige un cambio. El tiempo es la única fuente no renovable que tenemos en esta vida. Piensa en ello. Cuando la gente dice: «Me gustaría recuperar esos treinta minutos de mi vida», está bromeando, por supuesto, pero hay algo de cierto en esa frase, ¿no te parece? Cuando malgastamos nuestro tiempo, estamos perdiendo algo realmente valioso. Por muy ocupados que estemos, hemos de encontrar el momento para vivir como realmente deseamos.

El tiempo que emplees en descubrir la verdad sobre ti y en diseñar la vida que deseas está bien empleado. No creo que te ilusione la idea de llegar al final de tus días y decir: «Desearía haber dedicado más tiempo a mirar las fotos de otras personas en mis redes sociales», «Desearía haber trabajado más» u «Ojalá hubiera salido más para ir a tomar algo a los bares». Cuando el reloj de arena de nuestra vida está descargando los últimos granos, las cosas a las que hubiéramos deseado dedicarnos más están muy relacionadas con nuestra pasión y nuestro propósito. Dale prioridad a lo que importa *ahora*, para no tener que lamentarte *más tarde*.

Crear nuevas metas

Crear nuevas metas debería convertirse en una forma de vida para que evoluciones. El modelo de tu mejor versión no es para que progreses hasta cierto punto y te detengas allí. Espero que los descubrimientos que has realizado en este libro te enseñen que tu mejor versión está en constante estado de evolución, lo cual significa que tendrás que seguir evaluando tus ESFERAS y encontrar nuevas áreas donde tengas que crear y alcanzar nuevas metas.

Quizás algunas de tus metas sean pequeñas y sencillas. Quizás no necesites una hoja de trabajo o hacer muchos ejercicios para conseguirlas. O tal vez tengas varias metas importantes, en las que deberás trabajar simultáneamente y planificar hasta el último detalle, para no perder de vista tu objetivo. Cualquiera que sea tu situación, espero que nunca digas: «He de trabajar en esto», sino que, por el contrario, sepas dónde estás exactamente en tu agenda para alcanzar esa meta y la fecha final en la que tienes que haberla conseguido. No algún día..., ¡solo hoy!

Conclusión

El SUV negro llegó a mi casa a las siete en punto, tal como habíamos quedado. Tomé mi equipaje, salí a la calle y entré en el vehículo. El conductor llevaba una gorra de chófer y una gran sonrisa en los labios. Durante el trayecto, ojeé las ciento treinta páginas del libro por centésima vez. Cada vez que lo revisaba, descubría algo que no había visto antes. Lo había revisado con todo mi equipo y todos estaban tan impresionados como yo por la cantidad de información importante que contenía. Había entrevistas, fotos, información de terceros, autoevaluaciones, documentos legales, etcétera.

A medida que nos adentrábamos en la ciudad y aumentaba la densidad del tráfico de la mañana, las voces del interior de mi cabeza se dejaban oír con más fuerza y las dudas empezaron a asaltarme. Rebotaban en mi mente como pelotas de *ping-pong*. Me preguntaba: «¿Llevo demasiada ropa en mi equipaje?», «¿Y si no soy bueno en esto?», «¿Estoy lo bastante cualificado para hacerlo?». Estaba entrando en un mundo totalmente nuevo para mí. Siempre había sido de los que están entre bambalinas, pero eso iba a cambiar. Me encontraba en territorio extraño y mis inseguridades estaban sacando sus feas cabezas.

Seguía dudando de mí y de lo que podía aportar en ese entorno. ¿Estaría a la altura?

Entonces, lo entendí. Eran «grabaciones» antiguas que se reproducían en mi cabeza, como la música de fondo que sonaba antes en los ascensores. ¿Era un nuevo reto para mí? Sin duda alguna. ¿Se trataba de mi ascenso a «Primera División», a la plataforma nacional e internacional número uno en temas de salud de todos los medios? Las cuotas de pantalla no engañan, el programa *Dr. Phil* es líder de audiencia en este género, por un amplio margen, desde hace años. ¡Madre mía! ¡El Congreso de Estados Unidos recurre a él para que consulte con comités bipartitos sobre temas de salud mental! Es el profesional de la salud mental más famoso del mundo. ¡Doctor Phil y Sigmund Freud son la respuesta a nuestros crucigramas! Pues sí, estaba en «Primera División».

En ese instante, me vino a la cabeza: ¡ha sido él quien *me* ha pedido que participara en el programa! ¡Un momento! ¿Qué? Casi podía oír el redoble de tambor. No fui yo quien se lo pidió... ¡Él me lo pidió a mí! Empecé a revisar sus éxitos inigualables en áreas donde muchos otros han fracasado. Mira, tiene más grados que un termómetro y me ha invitado a mí, no a otro de los miles de expertos que conoce. Había llegado el momento de poner todavía más en práctica lo que predico y de revisar mi verdad personal, para reconocer que tengo *mucho* que ofrecer y que las personas que me conocen lo saben y, en realidad, *yo también*. El deseo de ser humilde puede llegar a ser *perjudicial*, cuando te conduce a negar tu propia vocación y tus dones. De pronto, me di cuenta de que tenía más sitio para las piernas en el asiento trasero de ese SUV. ¿Por qué? Porque estaba más erguido. ¡Cuando cambió mi diálogo interior, también cambió mi lenguaje corporal! El uno influía en el otro y aumentaba mi motivación.

—¿Está nervioso? —me preguntó el chófer, sacándome por sorpresa de mi profunda introspección.

—Bueno, lo estaba. Ahora, estoy entusiasmado. Me siento como un jugador en el banquillo: «Ponme a prueba, entrenador. Estoy listo para jugar».

—Sé tú mismo, y si eres solo la mitad de bueno de lo que ellos dicen que eres, te harás de oro. —Me sonrió y yo le devolví la sonrisa. Mis pensamientos negativos habían desaparecido.

—Es un gran consejo. Gracias. —Asintió con la cabeza, confirmando la verdad que encerraba esa sencilla afirmación.

En realidad, se puede aplicar a todas las circunstancias de la vida. Sé tú mismo. Sé tu *mejor versión*. De vez en cuando, todos necesitamos recordatorios por nuestra parte y por la de los demás.

Entramos en Melrose Avenue. Cerré la carpeta y respiré profundo, mientras avanzábamos sin novedad. Entramos por la que probablemente era una de las puertas con más historia de Hollywood. Pero mis pensamientos no eran los típicos de quienes cruzan esa entrada, sino que reflexionaba sobre la gran oportunidad que tenía ante mí de usar ese poderoso «imperio del entretenimiento» no para entretener, sino para educar, estimular y fomentar el cambio. Entonces entendí realmente, quizás por primera vez, el significado de la expresión financiera *mejor y más alto uso*. Aparcamos justo delante del Estudio 29, una gigantesca nave insonorizada. Le di las gracias al conductor y bajé del coche.

Me recibió una mujer con una amplia sonrisa en su rostro. Lo primero que le pregunté fue dónde estaba el lavabo. Ese día, mi ritual cobraba especial importancia. Me condujo hasta un cuarto de baño clásico, con una larga hilera de módulos con inodoros anticuados, y como de costumbre, recordé la primera vez que hice este ejercicio. Preferiría no tener que hacerlo siempre en unos aseos públicos. ¿Y si entraba alguien?

Bueno.

Entré, dejé mis maletas en el suelo y me arrodillé delante del lavabo y del espejo. Cerré los ojos, respiré profundo y sentí que se imponía la paz interior. Repetí mis autoafirmaciones en silencio:

«Estás donde se supone que has de estar» y «El universo tiene un plan, despreocúpate y sé tú mismo». Luego, me puse de pie, miré al espejo y dije en voz alta: «No es sobre ti». Me di la vuelta y salí de los aseos fortalecido, centrado y con ganas de mostrar mi mejor versión en todo lo que sucediera durante el resto del día.

Después de la inevitable rutina de peluquería, maquillaje y vestuario, me quedé de pie a un lado mirando los monitores. Sabía que ocurriera lo que ocurriese en aquel escenario, mi verdadera y auténtica meta sería prestar un servicio. No había ego por mi parte, tenía la oportunidad de hacer lo que me gusta: ayudar a la gente a encontrar su respuesta en su interior y descubrir y realizar su mejor versión.

La vida es un viaje, no un destino. El viaje no está bajo tu control, a menos que te aferres a él, por supuesto, y cuando haces eso, tienes garantizado el sufrimiento. Te arrastrará por la calle, hasta que, al final, dejes de oponer resistencia.

El universo quiere que estés en armonía con tu mejor versión. Eres exactamente quien has de ser. Tienes una responsabilidad única en esta labor.

Las luces deslumbrantes, el público en directo, las siete cámaras gigantes, el logo de *Dr. Phil* por todo el escenario, todo eso desapareció y quedó en segundo término cuando vi los ojos del invitado que tenía sentado delante de mí. Le pedí que hiciera un par de ejercicios para ayudarlo a atar cabos y, una vez hubo terminado, al parecer tuvo una revelación.

Me sentí honrado cuando Doctor Phil me volvió a invitar a escena, e incluso otra vez más. Fue algo que jamás hubiera imaginado; además, era algo que no había buscado intencionadamente o ni tan siquiera soñado. Pero esto es lo que sucede cuando estás conectado con tu mejor versión: la vida te sorprende. Tras mi tercera aparición en el programa, Doctor Phil me citó en su despacho.

—¿Qué te parece? —me preguntó.

—¿Qué me parece qué? —respondí.

—¿Crees que hemos podido ayudarlos? Parece que hemos dado con algunas buenas soluciones para ellos.

—Estoy de acuerdo. Este episodio aportará unas buenas herramientas de aprendizaje a muchas familias que están en sus hogares.

—El ejercicio que les has hecho hacer ha sido perfecto. Ha funcionado muy bien.

Escuchar eso de sus labios fue increíble. Para qué voy a mentir.

—¿Sabes qué tienes que hacer? —me preguntó a continuación—. Has de escribir un libro.

—¿Un libro?

—Sí, y hace un mes que tenía que estar escrito.

Doctor Phil no tiene pelos en la lengua. Cuando se le ocurre algo, lo suelta.

—¿Sobre qué voy a escribir?

—Pues sobre tu mejor versión, la autenticidad y los ejercicios. Eso funciona, ayuda a la gente —me dijo.

—¡Muy bien! Me pongo a ello.

Y así es como empezó todo este proyecto. Jamás se me había ocurrido escribir un libro. No estaba en mis planes. Pero ahora que lo he hecho me siento inmensamente agradecido. Me ha servido para aclarar mis ideas, me ha hecho salir de mi zona de confort, me ha planteado nuevos retos y me ha obligado a evolucionar. Me ha enseñado a ser yo mismo, solo que mejor.

No soy ni mejor ni peor que tú, todos estamos en el camino. He aprendido que nuestro legado es irrelevante. Nuestro pasado es irrelevante. El futuro es impredecible. Este momento puede ser tu momento. Crece o déjalo. Elige crecer y la vida se abrirá a ti de formas que jamás hubieras podido llegar a imaginar. Descubre el mejor y más alto uso de tu vida conectando con la mejor versión de ti mismo. Ahora y siempre.

Agradecimientos

En primer lugar, quiero dar las gracias a mi extraordinario equipo de Dey Street Books y HarperCollins Publishers, Lynn Grady, Kendra Newton, Heidi Richter, Sean Newcott, Kell Wilson, Benjamin Steinberg, Andrea Molitor, Nyamekye Waliyaya y Jeanne Reina. Desde el primer momento supe que erais el equipo editorial con el que quería trabajar. Mi agradecimiento especial a mi editora, Carrie Thornton, la mejor colaboradora que un autor puede desear.

Gracias, Jan Miller y Lacy Lynch, de Dupree Miller. Jan, tu carisma y tu franqueza son incomparables. Me has ayudado a escribir el mejor libro posible. Hay que ver lo que ha mejorado este libro gracias al chasquido de tu látigo.

Gracias, Robin McGraw, por tu disposición a compartir comentarios despiadadamente sinceros que me han ayudado a mejorar. Siempre guardaré las notas que me enviaste. Tu sabiduría es algo fuera de lo habitual.

A veces, en nuestra vida aparecen unicornios y lo hacen en el momento adecuado. Casi son demasiado buenos para ser reales.

¡Nos aportan mucha magia, amor y resplandor! ¿Qué puedo decir, Doctor Phil McGraw? Gracias por ser mi *coach* y mi mentor. Me has aportado una perspectiva y una comprensión de la generosidad totalmente nuevas.

Phil McIntyre, gracias por ser un buen amigo y confidente. Shonda y tú sois un hermoso ejemplo de familia maravillosa y una fuente de inspiración para mí.

Gracias a Jay Glazer y a la familia de Unbreakable Performance, por ponerme en forma, literalmente. He tenido la resistencia física para escribir este libro en un tiempo récord gracias a vosotros. Jay, tu lealtad no tiene precio y me siento muy afortunado por tenerte como amigo.

A mi hermano mayor, David, y a su esposa, Carol, gracias por todas las horas que hemos pasado juntos en el sofá charlando de nuestras infancias y caminos y ayudándonos mutuamente a mejorar. Gracias por estar en mi círculo íntimo.

Gracias, Jennifer López, por enseñarme química, amor incondicional y lo que es perseguir incansablemente lo que deseas.

Joe Jonas, eres la razón por la que me encanta trabajar con artistas. Encarnas todas las cualidades que busco en un artista: bondad, consideración y altruismo. Gracias por todo tu apoyo.

Gracias, Lisa Clark, la mejor compañera de pensamiento. Me has enseñado lo que es estar con una persona inteligente y que es posible ser aprendiz de todo y maestro de muchas cosas.

Gracias a Tom y Robyn Wasserman, mis fieles animadores y puntos de apoyo, mientras yo trabajaba para crear caminos de sanación y construir vidas mejores. Gracias a mi equipo de los centros CAST por creer en mí y aguantar mis formas poco ortodoxas de dirigir la empresa.

Por último, quiero dar las gracias a Merlín, mi mejor versión. Sigamos con nuestros conjuros y viviendo la vida que hemos venido a vivir.

Referencias

Capítulo 3
1. El modelo transteórico (Prochaska y Di Clemente, 1983).

Capítulo 5
1. Artículo «Mental Exercising Through Simple Socializing: Social Interaction Promotes General Cognitive Functioning», escrito por Óscar Ybarra, Eugene Burnstein, Piotr Winkielman, Matthew C. Keller, Melvin Manis, Emily Chan y Joel Rodríguez, de la Universidad de Míchigan, y publicado por *SAGE* en el número de febrero, *Personality and Social Psychology Bulletin*.
2. James Harter y Raksha Arora, «Social Time Crucial to Daily Emotional Well-Being in U.S.», www.gallup.com, 5 de junio de 2008.
3. Adaptado de *Learning Resources*, 2002.
4. «Is a Service with a Smile' Enough?», *Organizational Behaviour and Human Decision Processes*, enero de 2005.

Capítulo 6
1. *Translational Psychiatry*, 2016, p. E727.
2. www.academic.oup.com/brain/article/134/6/1591/369496.
3. *Neural Plasticity*, volumen 2014, artículo ID 541870.
4. www.psychcentral.com/news/2014/11/18prolonged-negative-thinking-may-increase-alzheimers-risk/77448.html.
5. Mark Muraven, «Building Self-Control Strength: Practicing Self-Control Leads to Improved Self-Control Performance», *Journal of Experimental Social Psychology* 46, n. 2, 2010, pp. 465-468. PMC. Consultado en Internet el 10 de octubre de 2018.

Capítulo 7

1. Scott C. Anderson y col., *The Psychobiotic Revolution: Mood, Food, and the New Science of the Gut-Brain,* National Geographic Partners, Washington D.C., 2017.
2. David Kohn, «When Gut Bacteria Change Brain Function», *Atlantic,* 24 de junio de 2015, www.theatlantic.com/health/archive/2015/06/gut-bacteria-on-the-brain/395918/.
3. www.eurekalert.org/pub_releases/2018-08/esoc-coh081618.php.
4. www.nature.com/articles/s41598-017-17373-3.
5. www.sciencedirect.com/science/article/pii/S0166432816 302571.
6. www.ncbi.nlm.nih.gov/pmc/articles/PMC2990190/.
7. www.ncbi.nlm.nih.gov/pmc/articles/PMC2647148/.
8. www.sciencedirect.com/science/article/pii/S01651781120081 53?via%3Dihub.

Capítulo 8

1. www.bbc.com/future/story/20170828-the-amazing-fertility-of-the-older-mind.
2. Matthew Solan, «Back to School: Learning a New Skill Can Slow Cognitive Aging», www.health.harvard.edu/blog/learning-new-skill-can-slow-cognitive-aging-201604279502

Capítulo 11

1. Laura E. Wallace, Rebecca Anthony, Christian M. End y Baldwin M. Way, «Does Religion Stave Off the Grave? Religious Affiliation in One's Obituary and Longevity», 2018, www.journals.sagepub.com/doi/abs/10.1177/1948550618779820.
2. Deborah Cornah, «The Impact of Spirituality on Mental Health: A Review of the Literature», Mental Health Foundation, 2006, www.mentalhealth.org.uk/sites/default/files/impact-spirituality.pdf.
3. «Spiritual Engagement and Meaning», Pursuit of Happiness, 2016, www.pursuit-of-happiness.org/science-of-happiness/spiritual-engagement/.
4. Ozden Dedeli y Gulten Kaptan, «Spirituality and Religion in Pain and Pain Management», *Health Psychology Research* 1, n.º 3, 2013, p. 29, doi:10.4081/hpr.2013.1448.
5. Rudy Bowen y otros, «Self-Rated Importance of Religion Predicts One-Year Outcome of Patients with Panic Disorder», *Depression and Anxiety* 23, n.º 5, 2006, pp. 266–273, doi:10.1002/da.20157.
6. Lisa Bridges y Kristin Moore, «Religion and Spirituality in Childhood and Adolescence», Child Trends, 2002, www.childtrends.org/wpcontent/uploads/2002/01/Child_Trends2002_01_01_FR_ReligionSpiritAdol.pdf.

Sobre el autor

Mike Bayer, conocido como Coach Mike, es el fundador y director ejecutivo de los centros CAST, la clínica por excelencia donde acuden artistas, atletas, ejecutivos y cualquiera que quiera vivir de una manera más auténtica, con éxito y feliz. Mike es *coach* de desarrollo personal y de vida, cuya misión es ayudar a las personas a lograr una salud mental sólida, para llegar a ser su mejor versión. Es el creador de la Fundación CAST, que se encarga de promover cambios culturales y sociales que sirvan para eliminar el estigma de las enfermedades mentales. Asimismo es miembro de la junta de asesoría de Doctor Phil McGraw y participa frecuentemente en el programa *Dr. Phil*, como Coach Mike.